JN028089

特別支援学校・特別支援学級・通級による指導・
通常の学級による支援対応版

発達障害/知的障害/情緒障害の教育支援

ミニマムエッセンス

心理・生理・病理、カリキュラム、指導・支援法

編著

渡邉貴裕・橋本創一・尾高邦生・霜田浩信・熊谷　亮・今枝史雄・
田口禎子・杉岡千宏・細川かおり・真鍋　健・大伴　潔

福村出版

はじめに

　ノーマライゼーションの理念が社会全体に浸透しつつあるなか，障害のある人たちへの支援は，幼児期のインクルーシブ保育の定着，学齢期の学校教育の充実，就労の広がりと定着，余暇やレジャーへの参加等，自立と社会参加という目標に向けて，着実にその礎がつくられてきています。とりわけ特別支援教育においては，1人ひとりの教育的ニーズに応じたきめ細やかな教育支援はもちろんのこと，校内の支援体制や地域連携の仕組みをどのように構築していくか等，指導者や支援者に必要とされる役割も多岐にわたります。より質の高い，本人の立場に立った支援を実践していくことが今後ますます求められていきます。そのためにも対象となる子どもたちを中心に据え，そのうえで具体的な支援方法と，その方法を包含したシステム全体を，関係者が連携してつくり出していかなければなりません。

　本書で取り上げる「知的障害」「発達障害」「情緒障害」は，それぞれ著しく関係が深く，共通性と重複の両面が見られます。支援を考える際には，その違いや境目を明確に理解したうえで，共通することや同じ方法・ツールなどが使える場合には積極的に活用していくべきでしょう。本書の内容は，「知的障害」「発達障害」「情緒障害」の教育支援について，基礎的・実践的・応用的に学ぶために，特別支援学校教諭免許状の第二・三欄カリキュラムをすべて網羅しています。そして，わが国における学校現場（さまざまな療育・支援フィールドを含む）の実際，時間割，具体的な指導・支援方法，教材・支援ツール，連携の実際などを紹介しながら，児童生徒の教育支援にあたり指導・支援者が学ぶべき「ミニマムエッセンス」についてわかりやすく解説しています。また，本書は30章（1章〔C1〕～30章〔C30〕）から構成されていますが，授業や講習のテキスト・指導書として活用していただく際には，大学講義15コマ，免許法認定講習10コマ，初任者研修6コマなど，目的別・時間別・用途別に各章を組み合わせて（カスタマイズして）使うことができます。

　特別支援教育や障害児療育，障害者福祉にかかわる多くの方々の実践や研究にご活用いただけましたら幸いです。

2021年3月

編者代表　渡邉貴裕・橋本創一・大伴　潔

特別支援学校教諭免許状のカリキュラム〈第二欄〉
——「知的障害」「発達障害」「情緒障害」に関連して——

障害のある幼児，児童又は生徒の心理，生理及び病理に関する科目	**1. 障害児の心理**
	(3) 知的障害児の心理及び発達と実態把握
	(7) 情緒障害児の心理及び発達と実態把握
	(8) LD・ADHD・高機能自閉症等の児童生徒等の心理及び発達と実態把握
	2. 障害児の生理と病理
	(1) 発生期，胎生期及び周産期における障害： 遺伝及び遺伝性疾患，染色体異常，発生・出生
	(2) 中枢神経系における障害： 脳・神経系とその障害，精神病理
	(4) 障害に対する医療的対応： 医療的なケア
	(5) 生育期における障害の起因等： 生育期における障害の主な起因とその対応
	3. 諸検査の基礎
	(1) 検査の意義とアセスメント
	(2) 主な検査の種類と方法及び留意事項： 発達検査法，知能検査法，音声・言語・コミュニケーションに関する検査法，生理学的検査法
	(3) 諸検査の活用と実際
障害のある幼児，児童又は生徒の教育課程及び指導法（各障害種別に関する自立活動を含む）に関する科目	**1. 障害児の指導**
	(3) 知的障害児の指導： ア．知的障害児に応じた教育課程編成 イ．各教科等の指導の工夫（教科別の指導，領域・教科を合わせた指導等を含む） ウ．職業教育と進路指導 エ．自立活動の具体的指導 オ．情報機器等の活用
	(7) 情緒障害児の指導： ア．情緒障害児に応じた教育課程編成 イ．各教科の指導の工夫 ウ．自閉症等の特性に応じた指導 エ．選択性かん黙等の特性に応じた指導
	2. 重複障害児の指導
	(1) 重複障害児の概念： 重複障害児の概念（重度・重複障害を含む）／重複障害児の実態把握と指導
	(2) 重複障害児の教育課程編成と個別の指導計画： 重複障害教育課程編成上の特例等／個別の指導計画の作成／評価とその方法
	(3) 重複障害児の指導の実際： 知的障害と他の障害との重複障害／その他の重複障害
	3. LD・ADHD・自閉スペクトラム症等の幼児，児童又は生徒の指導
	(1) 学習面や行動面における気付きと実態把握
	(2) 個別の指導計画の作成と評価
	(3) 指導の実際： 学習面での著しい困難への対応／行動面での著しい困難への対応／LD・ADHD・自閉スペクトラム症等の特性に応じた指導／通常の学級における指導と特別の場における指導
	(4) 特別支援教育コーディネーターの役割と関係機関と連携した校内支援体制の確立

★講義・研修マトリックスの作成例★

●モデルＡ（大学講義）；

【知的障害概論〔15コマ〕】第Ⅰ部（4）：C1, C2, C6, C7 ／第Ⅱ部（4）：C11, C15, C16, C19 ／第Ⅲ部（7）：C24, C25, C26, C27, C28, C29, C30

【発達障害教育支援論〔15コマ〕】第Ⅰ部（6）：C2, C3, C4, C5, C6, C7 ／第Ⅱ部（3）：C14, C17, C19 ／第Ⅲ部（6）：C21, C22, C23, C28, C29, C30

●モデルＢ（免許法認定講習）；

【知的障害教育総論〔10コマ〕】第Ⅰ部（3）：C1, C6, C7 ／第Ⅱ部（3）：C11, C15, C16 ／第Ⅲ部（4）：C20, C24, C29, C30

【LD・ADHD／重複障害教育総論〔10コマ〕】第Ⅰ部（2）：C3, C4 ／第Ⅱ部（3）：C14, C17, C18 ／第Ⅲ部（5）：C22, C23, C24, C29, C30

●モデルＣ（初任者研修）；

【知的障害教育〔6コマ〕】第Ⅰ部（2）：C1, C6 ／第Ⅱ部（2）：C13, C15 ／第Ⅲ部（2）：C29, C30

【情緒障害児の理解と支援〔6コマ〕】第Ⅰ部（2）：C8, C9 ／第Ⅱ部（2）：C10, C18 ／第Ⅲ部（2）：C24, C29

など

★特別付録★

各章の要点をまとめたスライド（Power Point）を作成しました。福村出版ホームページの新刊紹介の左にある【データのダウンロード】をクリックしてリンクページへ進み，本書書名の下の「ダウンロード」より取得できます。大学の授業や認定講習等の資料として自由にご活用ください。無償・無許諾でご利用いただけますが，媒体で転載使用をされる場合は出典名を必ず明記してください。

目 次

Ⅲ　支援方法と指導法

I

心理・生理・病理

1章 知的発達障害（IDD）の原因と障害特性

渡邉貴裕

1. 知的発達障害とは

知的発達障害（Intellectual Developmental Disability: IDD）の定義は，世界保健機関（WHO），アメリカ知的・発達障害学会（AAIDD），アメリカ精神医学会（APA）がそれぞれ示しています。これらの中で，APAの定義では，「知的機能および適応行動（概念的，社会的および実用的な適応スキルによって表される）の双方の明らかな制約によって特徴づけられる能力障害である。この能力障害は，18歳までに生じる」としています。

一方，わが国の教育分野では，文部科学省が特別支援学校学習指導要領解説各教科等編（小学部・中学部）において，「知的障害とは，知的機能の発達に明らかな遅れと，適応行動の困難性を伴う状態が，発達期に起こるものをいう」と定義しており，いずれも知的機能と適応行動の両面から知的障害を捉えていることがわかります。

なお，医学的な診断名は「知的発達障害（IDD）」で，福祉的には障害の状態を示すカテゴリー名として，「知的障害（ID）」が使用されます。

2. 知的障害の原因疾患

知的障害は，染色体異常，母体内感染症，代謝疾患などが原因で起こることがあります。原因疾患についての整理法として「原因が生じた時期による整理」「原因の特定の有無による整理」などがあります。前者は，出生以前に原因が生じたと考えられる「先天性」と，出生ないし出生後の早期において脳に何らかの障害を受けて生じたと考えられる「後天性」とに分けて整理する考え方です。

また後者は，「病理型」と「生理型」とに分けて整理します。「病理型」は一定の疾患が明確であり，その結果として障害が生じたことが特定できる，原因のはっきりとわかっているものを指します。「生理型」は，知能を形成する遺伝子の組み合わせの欠陥が原因ではないかと推測されています。この整理法では知的障害の約4分の3が現時点で原因の特定できない「生理型」に当てはまるとされています。知的障害の原因と時期を図1-1に示します。

図1－1　知的障害の原因と時期

3．ダウン症の原因と頻度，制約

　知的障害の原因疾患が「先天性」で「病理型」の障害例に「Down syndrome（ダウン症候群）」（わが国ではダウン症と呼ばれる）があります。ダウン症の原因は21番目の常染色体の異常です。21番目の染色体が過剰に3本あり合計すると47本の染色体があるものを21トリソミー型（94〜97％），過剰な染色体が他の染色体にくっつき合計すると46本の染色体数のものを転座型（約2％），体の中の部分によっては染色体が46本の細胞と1本多い47本の細胞がモザイク状に入り混じったものをモザイク型（1〜2％）といいます。こうした染色体異常の原因は，まだ明らかになっていません。誕生から数ヶ月の間にほとんどの者がダウン症の発見のための診断を受けます。診断方法は，染色体検査によるものです。ダウン症の出生頻度は，国や人種に関係なく，新生児あたり650〜1000人に1人の割合とされており，母体の加齢により発生頻度が増加します。

　ダウン症はさまざまな身体的・精神的な制約を生じる者が多いといわれています。身体的な制約としては，先天性心疾患，低身長，肥満，筋緊張の弱さ，眼科的問題，難聴などの合併症があげられます。また，精神的な制約としては，適応障害やうつ病，急激退行，アルツハイマー病などがあげられます。そのため，生涯を通じた健康管理やストレス管理が重要となります。

4．知的障害の有病率と診断基準

> 🔑 **キーワード**
>
> **DSM-5**：DSMとは，アメリカ精神医学会（APA）が出版している，精神疾患の診断

基準・診断分類です。正式名称は「精神疾患の診断・統計マニュアル（Diagnostic and Statistical Manual of Mental Disorders）」といい，その頭文字を略してDSMと呼びます。2013年（日本語版は2014年）に第5版『DSM-5』が出版され，最新版として使われています。

APAの「精神疾患の分類と診断の手引き（DSM-5）」によれば，知的障害の有病率は一般人口の約1%であり，年齢によって変動します。また，男女比はおよそ1.6：1（軽度）〜1.2：1（重度）といわれています。とくに重度知的障害の有病率は，おおむね1000人につき6人の割合です。

DSM-5における知的障害の診断基準は以下の通りです。

A. 臨床的評価および個別化，標準化された知能検査によって確かめられる，論理的思考，問題解決，計画，抽象的思考，判断，学校での学習，および経験からの学習など，知的機能の欠陥。
B. 個人の自立や社会的責任において発達的および社会文化的な水準を満たすことができなくなるという適応機能の欠陥。継続的な支援がなければ，適応上の欠陥は，家庭，学校，職場，および地域社会といった多岐にわたる環境において，コミュニケーション，社会参加，および自立した生活といった複数の日常生活活動における機能を限定する。
C. 知的および適応の欠陥は，発達期の間に発症する。[1]

---

5. 知的障害の分類

知的障害の分類には，原因による分類，行動特性による分類，障害の程度による分類などがあります。

障害の程度による分類はさらに，知能検査の結果，社会的成熟度，そして支援の程度などの基準を設定し，それに基づいて細かく分類されています。知能の高低や遅速を知る尺度に知能指数（Intelligence Quotient: IQ）があります。IQは「精神年齢（MA）÷ 生活年齢（CA）× 100」で求められ，その程度により，知的障害を軽度（IQ70〜51），中等度（IQ50〜36），重度（IQ35〜21），最重度（IQ20未満）の4段階に分類されています。また，軽度知的障害よりも高いIQの場合は，境界（ボーダー）領域知能（IQ85〜71）とされています。割合としてとくに多いのは軽度知的障害で，全体の約80%といわれています。重い運動障害を伴った重度知的障害を「重症心身障害」と表記することもあります。

こうした障害の分類は，分類すること自体を目的とするのではなく，教育や支援をどう行っていくかを考える手がかりとして位置づけることが大切です。

6. 障害の程度と適応機能

　障害の程度による分類において，上記のような知能検査の結果から導き出す方法は，比較的簡便であることから，わが国においても長年用いられてきました。しかしながら，これらはあくまで知的機能のみに着目したものであり，適応行動などが考慮されておらず，さらに障害を環境との関係から捉えるという観点も盛り込まれていません。そこで，現在では知能検査の結果以外にも，他のアセスメント結果等と合わせた解釈，日常生活場面での適応行動の観察，その後の継続的で定期的なフォローにより総合的に判断されるのが一般的になっています。

　適応機能とは，日常生活でその人に期待される要求に対して，いかに効率よく適切に対処し，自立しているのかを表す機能です。たとえば，食事の準備・対人関係・お金の管理等を含むもので，成人となって社会生活を営むために重要な要素となります。

　DSM-5では，重症度評価の指標として適応機能が重視され，以下の3つの領域（概念的領域，社会的領域，実用的領域）に関して，それぞれ具体的な状況から重症度の判定を行うかたちとなりました。

A．概念的領域：記憶，言語，読字，書字，数学的思考，実用的な知識の習得，問題解決，および新規場面における判断においての能力についての領域。

B．社会的領域：特に他者の思考・感情・および体験を認識すること，共感，対人的コミュニケーション技能，友情関係を築く能力，および社会的な判断についての領域。

C．実用的領域：特にセルフケア，仕事の責任，金銭感覚，娯楽，行動の自己管理，および学校と仕事の課題の調整といった実生活での学習および自己管理についての領域。[2]

---

7. 適応行動とアセスメント

　わが国における適応行動評価の客観的尺度として，日本版Vineland-II適応行動尺度が発行されています。対象年齢は0歳から92歳までで，幅広い年齢層における適応行動を明確に得点化でき，コミュニケーション，日常生活スキル，社会性，運動スキルの4つの適応行動領域に分けて評価します。

　ASIST学校適応スキルプロフィール（2014年）は，適応スキル・支援ニーズのアセスメントと支援目標の立案，特別支援教育・教育相談・障害者支援のために刊行されたもので，もちろんその主たる対象の1つには知的発達障害があります。AAIDDの適応スキルを充分に踏まえたもので，ASIST学校適応スキルプロフィール：A尺度（適応スキルの把握）およびB尺度（特別な支援ニーズの把握）からなります。

　これらの標準化された検査を用いることに加え，学校や教師が独自に作成した調査項目

等を用いて行動観察を行うことや，保護者から家庭の様子について聞き取りを行うことも有効です。

　知的障害に加えて，自閉症・情緒障害，肢体不自由，言語障害，視覚障害，聴覚障害，病弱・身体虚弱といった複数の障害をあわせ有する場合には，適応行動の困難さもさらに多くなります。そのため，重複障害の場合は，その状態等を十分に考慮したうえで，検査等の結果を解釈していくことが重要です。

8. 知的障害の障害特性と支援の考え方

　特別支援学校学習指導要領解説では，知的障害のある児童生徒の学習上の特性等として以下の3点をあげています。

(1) 学習によって得た知識や技能が断片的になりやすく，実際の生活の場で応用されにくいこと。

(2) 成功経験が少ないことなどにより，主体的に活動に取り組む意欲が十分育っていないこと。

(3) 実際的な生活経験が不足しがちであることから，実際的・具体的な内容の指導が必要であり，抽象的な内容の指導よりも効果的であること。

　また，知的障害は知的な機能だけが遅れるのではなく，感情や意志などにも障害を伴うことが容易に理解できます。これまで知的障害の心理学的研究としては，知覚，記憶，学習，言語・コミュニケーション，数概念等，多様な領域で取り組まれてきました。そうした研究により明らかとなってきた知的障害の一般的な心理・行動特性としては，受動性，依存性，低い自己評価，欲求不満に対する耐性の低さ，攻撃性，衝動制御力の乏しさ，情動的な自己刺激的行動，自傷行為等に見られます。またこれらは，生物学的要因と環境要因（教育の機会，さまざまな刺激，適切な支援等）との相互作用によって，その症状の強さが形成されています。たとえば，ダウン症の研究では，心理行動特性や発達領域から鑑みて，個人内プロフィールとして，得意で優位な側面（「視空間機能」「社会的スキルの習得」「ノンバーバルな対人関係」「音楽・表現」等）と制約が大きく劣弱な側面（「健康・運動」「言語性短期記憶」「数概念・算数」「性格行動特性（頑固，切り替えの悪さ，過緊張／過剰適応）」「発音不明瞭」等）が明確になっています。支援の考え方としては，伸ばすべき才能を見出し長所促進型の支援を行う場合と，制約が大きい側面を補正または改善するための支援を行う場合の両方にアプローチしていくことが求められます。

　こうした知的障害の障害特性（学習上の特性，心理・行動特性等）を踏まえ，特別支援学校学習指導要領解説では次のような教育的対応が重要であるとしています。

　①児童生徒の実態等に即した指導内容を選択・組織する。②児童生徒が，自ら見通しをもって行動できるよう，日課や学習環境などを分かりやすくし，規則的でまとまりのある学校生活が送れるようにする。③望ましい社会参加を目指し，日常生活や社会生活に必要

な技能や習慣 が身に付くよう指導する。④職業教育を重視し，将来の職業生活に必要な基礎的な知識や技能及び態度が育つよう指導する。⑤生活に結び付いた具体的な活動を学習活動の中心に据え，実際的な状況下で指導する。⑥生活の課題に沿った多様な生活経験を通して，日々の生活の質が高まるよう指導する。⑦児童生徒の興味・関心や得意な面を考慮し，教材・教具等を工夫するとともに，目的が達成しやすいように，段階的な指導を行うなどして，児童生徒の学習活動への意欲が育つよう指導する。⑧できる限り児童生徒の成功経験を豊富にするとともに，自発的・自主的な活動を大切にし，主体的活動を促すよう指導する。⑨児童生徒一人一人が集団において役割が得られるよう工夫し，その活動を遂行できるよう指導する。⑩児童生徒一人一人の発達の不均衡な面や情緒の不安定さなどの課題に応じて指導を徹底する。

　これらの対応は，すべての児童生徒への対応で留意すべき内容であるといえますが，知的障害のある児童生徒に対しては，その際の指導を丁寧に繰り返し行うことが大切であるとされています。

🔑 キーワード

ICD-11：ICD は，世界保健機関（WHO）が作成している病気の分類です。「ICD」は略称で，正式名称は「International Statistical Classification of Diseases and Related Health Problems（疾病及び関連保健問題の国際統計分類）」といいます。日本語では「国際疾病分類」とも呼ばれています。2019 年に 30 年ぶりの改訂が行われ，第 11 版「ICD-11」となりました。

🔖 調べよう・深めよう！

調べよう：知的障害の障害特性に起因する学校生活（生活面や学習面）での困難とその対応について調べてみよう。

深めよう：ダウン症に多い疾患とその対応や健康管理について整理してみよう。

事例紹介

自分の気持ちを言葉に代わる方法で相手に伝えるようになった A さん

知的障害特別支援学校に在籍するダウン症の A さんは，言葉の理解や言葉の表出に遅れが見られますが，動作の模倣がうまく，ジェスチャーで表現したり，音楽やリズムに合わせて身体を動かしたりすることが得意です。有意味語の獲得や使用を目指して，サイン言語や絵カードによるコミュニケーション指導を行いました。また，文字学習への関心が高いことを利用して，文字の読み書き学習をカルタ等の視覚的教材と並行して取り組むことで，理解言語も増え，自分の気持ちを言葉に代わる方法で教員や友だちに伝える場面が増えてきました。

《注記》

(1) 日本精神神経学会（日本語版用語監修），髙橋三郎・大野裕（監訳）(2014)．DSM-5 精神疾患の診断・統計マニュアル　医学書院，p.33 診断基準より引用。

(2) 日本精神神経学会（日本語版用語監修），髙橋三郎・大野裕（監訳）(2014)．DSM-5 精神疾患の診断・統計マニュアル　医学書院，p.36 診断基準より引用。

《引用・参考文献》

American Psychiatric Association (2013). *Diagnostic and Statistical Manual of Mental Disorders, 5th ed. (DSM-5)*. Washington, D.C.: American Psychiatric Publishing.［日本精神神経学会（日本語版用語監修），髙橋三郎・大野裕（監訳）(2014)．DSM-5 精神疾患の診断・統計マニュアル　医学書院］

橋本創一・熊谷亮・大伴潔他（編著）(2014)．特別支援教育・教育相談・障害者支援のために　ASIST学校適応スキルプロフィール——適応スキル・支援ニーズのアセスメントと支援目標の立案——　福村出版.

橋本創一・三浦巧也・渡邉貴裕他（編著）(2020)．教職課程コアカリキュラム対応版 キーワードで読み解く特別支援教育・障害児保育＆教育相談・生徒指導・キャリア教育　福村出版.

稲垣真澄・加賀佳美（2020）．知的障害（精神遅滞）　厚生労働省e-ヘルスネット．https://www.e-healthnet. mhlw.go.jp/information/heart/k-04-004.html（2020年12月20日閲覧）

菅野敦・玉井邦夫・橋本創一他（編）(2013)．ダウン症ハンドブック 改訂版——家庭や学校・施設で取り組む療育・教育・支援プログラム——　日本文化科学社.

文部科学省（2018）．特別支援学校学習指導要領解説各教科等編（小学部・中学部）.

2章　自閉スペクトラム症（ASD）の原因と障害特性

霜田浩信

1.　自閉症の概念と歴史

　1943年にアメリカのジョンズ・ホプキンス大学の児童精神科医カナー（Kanner, L.）が11例の知的障害を伴う自閉症の症例報告をし，翌年2つの症例を追加して「早期幼児自閉症（early infantile autism）」と呼称しました（Kanner, 1944）。1944年にはオーストリアのアスペルガー（Asperger, H.）が「幼児期の自閉性精神病質」と題した論文を発表し，言語能力が高い症例が報告されました。当時，自閉症の原因論は不適切な養育環境に求める考えが主となっており，カナーも精神分裂病（現在の統合失調症）の一症状を表す用語である「自閉」という言葉を用い，「Autism」と名づけました。その後，認知・言語発達との関連が示され（Rutter et al., 1967），脳の生物的な異常が原因として想定されるようになりました。そして，1976年にイギリスのウィング（Wing, L.）が，著書『早期小児自閉症』の中でアスペルガー症候群という用語でアスペルガーの自閉性精神病質の概念を紹介したり，1981年に「アスペルガー症候群」という論文を発表したりすることによって自閉症の概念そのものが広がり，自閉症とアスペルガー症候群の2つを核としたうえで連続した症状を示す連続体としてのスペクトラム概念が提唱されるに至りました（ウィング, 1998）。

　世界保健機関（WHO）による国際疾病分類であるICD-10（WHO, 1992）やアメリカ精神医学会（APA）の刊行するDSM-IV（APA, 1994）では，「広汎性発達障害（Pervasive Developmental Disorders）」という診断カテゴリーを定め，その下位分類として，①自閉性障害，②レット障害，③小児期崩壊性障害，④アスペルガー障害，⑤特定不能の広汎性発達障害（非定型自閉症を含む）の5つに分類しました。2003年の文部科学省による高機能自閉症やアスペルガー症候群の定義はDSM-IVに基づいて定められています。DSM-IVにおける自閉性障害では約75％から80％の人が知的障害を伴っているといわれます。一般的には自閉症の①対人的相互反応における質的な障害，②コミュニケーションと想像的活動の質的な障害，③行動，興味および活動の限定，反復的で常同的な様式といった3つの行動特性をもっていながら，知的には障害がない場合，高機能自閉症と呼ばれます。一方でアスペルガー症候群は，高機能自閉症と同様に知的障害を伴わず，自閉症の診断基準上である「言葉によるコミュニケーション」には問題がないとされます。つまり，自閉症の行動特性の「対人関係に結びにくさ」「強いこだわり」が行動特性としてあげられています。しかし，アスペルガー症候群は実際の生活場面では，相手の感情や気持ち，さらには状況

を理解することが困難であるため，勘違いなどを含めて言葉によるコミュニケーションが困難になることが少なくありません。このことを踏まえて，ICD-11やDSM-5では自閉スペクトラム症として診断名や診断基準が統一されました。

2．DSM-5／ICD-11によるASDの診断基準

　2013年に公開されたDSM-5では，自閉スペクトラム症における重症度の違い，発達段階や暦年齢による症状の変化の大きさを踏まえ，スペクトラムの概念が取り入れられ，下位分類の整理と統合によって「自閉スペクトラム症（Autism Spectrum Disorder: ASD）」へ名称が変更されました。そして，診断基準がDSM-Ⅳの①対人的相互反応における質的な障害，②コミュニケーションと想像的活動の質的な障害，③行動，興味および活動の限定，反復的で常同的な様式といった3軸から，DSM-5では①社会的コミュニケーションと社会的相互の持続的な欠陥，②制限された反復される行動や興味や活動の様式の2軸へ整理されました（図2−1，表2−1）。

　なお，このDSM-5より，ASDが抱えやすい感覚の過敏や鈍麻について診断基準に加えられています。また，自閉症に関する重症度を社会的コミュニケーション，限局された反復的な行動の2領域でレベル1（支援を要する）〜レベル3（非常に十分な支援を要する）の水準で捉えています。さらに知的障害の有無，言語障害の有無を明らかにし，ADHD（注意欠如・多動症）との併存の有無を確認することが重要となります（DSM-Ⅳでは認められな

図2−1　DSMにおける自閉症診断の変化

表2－1　DSM-5によるASDの診断基準

A．	複数の状況で社会的コミュニケーションおよび対人的相互反応における持続的な欠陥があり，現時点または病歴によって，以下により明らかになる（以下の例は一例であり，網羅したものではない）。
⑴	相互の対人的－情緒的関係の欠落で，例えば，対人的に異常な近づき方や通常の会話のやりとりのできないことといったものから，興味，情動，または感情を共有することの少なさ，社会的相互反応を開始したり応じたりすることができないことに及ぶ。
⑵	対人的相互反応で非言語コミュニケーション行動を用いることの欠陥，例えば，まとまりのわるい言語的，非言語的コミュニケーションから，アイコンタクトと身振りの異常，または身振りの理解やその使用の欠陥，顔の表情や非言語的コミュニケーションの完全な欠陥に及ぶ。
⑶	人間関係を発展させ，維持し，それを理解することの欠陥で，例えば，さまざまな社会的状況に合った行動に調整することの困難さから，想像上の遊びを他人と一緒にしたり友人を作ることの困難さ，または仲間に対する興味の欠如に及ぶ。
B．	行動，興味，または活動の限定された反復的な様式で，現在または病歴によって，以下の少なくとも2つにより明らかになる（以下の例は一例であり，網羅したものではない）。
⑴	常同的または反復的な身体の運動，物の使用，または会話（例：おもちゃを一列に並べたり物を叩いたりするなどの単調な常同運動，反響言語，独特な言い回し）。
⑵	同一性への固執，習慣への頑なこだわり，または言語的，非言語的な儀式的行動様式（例：小さな変化に対する極度の苦痛，移行することの困難さ，柔軟性に欠ける思考様式，儀式のようなあいさつの習慣，毎日同じ道順をたどったり，同じ食物を食べたりすることへの要求）。
⑶	強度または対象において異常なほど，きわめて限定され執着する興味（例：一般的ではない対象への強い愛着または没頭，過度に限局したまたは固執した興味）。
⑷	感覚刺激に対する過敏さまたは鈍感さ，または環境の感覚的側面に対する並外れた興味（例：痛みや体温に無関心のように見える，特定の音または触感に逆の反応をする，対象を過度に嗅いだり触れたりする，光または動きを見ることに熱中する）。
C．	症状は発達早期に存在していなければならない（しかし社会的要求が能力の限界を超えるまで症状は完全に明らかにならないかもしれないし，その後の生活で学んだ対応の仕方によって隠されている場合もある）。
D．	その症状は，社会的，職業的，または他の重要な領域における現在の機能に臨床的に意味のある障害を引き起こしている。
E．	これらの障害は，知的能力障害（知的発達症）または全般的発達遅延ではうまく説明されない。知的能力障害と自閉スペクトラム症はしばしば同時に起こり，自閉スペクトラム症と知的能力障害の併存の診断を下すためには，社会的コミュニケーションが全般的な発達の水準から期待されるものより下回っていなければならない。

出典：日本精神神経学会（日本語版用語監修），髙橋三郎・大野裕（監訳）（2014）．DSM-5 精神疾患の診断・統計マニュアル　医学書院，pp.49-50診断基準より転載

かったASDとADHDの併存が，DSM-5では認められました）。ASDにおける併存症は表2－2を参照してください。併存症は広範囲に及び，これらの併存疾患に関連する困難さや苦痛，社会的支障が大きいことも多く，治療・教育支援を有効に行うためにも併存する症状を考慮して進めていくことが必要です。なお，他の遺伝学的疾患（レット症候群，脆弱X症候群，ダウン症候群など）の症状の一部としてASDの症状が現れることがあります。

　また，2019年にWHOで採択されたICD-11におけるASDの概説（Description）では，「①ASDは，社会的相互作用および社会的コミュニケーションを開始および維持する能力の永続的な不全，ならびに一連の制限された反復的で柔軟性のない行動および関心のパターンによって特徴づけられる。②障害は発達期に発症し，通常，幼児期に起こる。抱える不全は，個人，家族，社会，教育，職業，またはその他の重要な機能分野に障害を引き

表2－2　ASDにおける併存症

◇ 知的能力障害	◇ 言語の障害
◇ 注意欠如・多動症	◇ 発達性協調運動症
◇ 特定の学習困難（読み書き，および計算）	
◇ 不安症	◇ 抑うつ症

起こすのに十分なほど深刻である。③ASDでは知的機能と言語能力について全範囲を示す」などと記述されています。

3. ASDの出現率，診断時期，アセスメント

> **🔑 キーワード**
>
> **共同注視**：生後10ヶ月過ぎあたりから見られる，視線や指さしなどを用いて大人と一緒のものを見る等の行為で，三項関係や他者の伝達意図の理解を伴って成立します。
>
> **アイコンタクト**：子どもは，生後3ヶ月ごろまでには発声・表情を伴ったアイコンタクトを確立します。「アイコンタクト」と「共同注意」によって，子どもと親は，お互いの注意と情動をつなぎ，さまざまな対象へのかかわりを相互参照・共有します。
>
> **指さしの発達**：相手の有無にかかわらず「興味」のあるものへの指さし（生後10〜11ヶ月ごろ），相手に「要求」を伝える指さし（生後10〜14ヶ月），気になることを伝えたり，共感することを求めたりする「叙述・共感」の指さし（12〜18ヶ月），相手からの質問に「応答」する指さし（18ヶ月）があります。

　DSM-5（APA, 2013）によると，アメリカやそれ以外の諸国におけるASDの頻度は人口の1%に及んでおり，子どもと成人ともに同様の値となっています。この数値はDSM-IVにおける自閉性障害の有病率である0.3〜0.5%より高くなっていますが（APA, 1994），診断基準の拡大，認知度の高まり，研究方法の違い，またはASDの真の増加を反映しているのかは不明です。また，ASDは女性の4倍近く多く男性に診断されるとしています。

　ASDの症状は典型的には生後2年目（月齢12〜24ヶ月）で気づかれますが，症状がより軽微であれば24ヶ月以降でないと気づかれません。最初の症状は乳幼児期における言語発達の遅れとして気づかれることが多く，しばしば人への関心の欠如，人の顔を見ないまま手を取り要求する（クレーン）など，対人的相互反応やコミュニケーションの独特さとして示されたり，奇妙で反復的な行動や一般的な遊びの欠如として明らかになったりします。一方で，生後1年の間に共同注視，指さし，アイコンタクトなどの対人的反応の欠如を示す場合もあります。

　ASDの症状を測定するアセスメントとしては，表2－3が一例としてあげられます。いずれも診断や療育・支援に必要となる情報を系統的かつ効率的に収集するアセスメントです。

表2－3　ASDの症状を測定するアセスメント

1次スクリーニング	◇M-CHAT（Modified Checklist for Autism in Toddlers：乳幼児期自閉症チェックリスト修正版） 乳幼児健康診断などの一般母集団を対象として何かしらの問題を抱える児を特定する「1次スクリーニング」として実施され，16〜30ヶ月の児を対象として，共同注意，社会的参照などの非言語コミュニケーション，感覚過敏，常同行動など独特の行動様式を尋ねる
2次スクリーニング 診断的アセスメント	◇SCQ（Social Communication Questionnaire：対人コミュニケーション質問紙） ◇PARS-TR（Parent-interview ASD Rating Scale-Text Revision：親面接式自閉スペクトラム症評定尺度 テキスト改訂版） ◇新装版 CARS-小児自閉症評定尺度（Childhood Autism Rating Scale） ◇自閉症スペクトラム指数（Autism-Spectrum Quotient: AQ） ◇ADI-R（Autism Diagnostic Interview Revised）：ASD児者の養育者を回答者とする半構造化面接によって発達歴や日常生活の行動などASD診断に関連する情報を収集する ◇ADOS-2（Autism Diagnostic Observation Schedule Second Edition）：検査用具や質問項目を用いて，ASDの評価に関連する行動を観察する　等

4. ASDの心理・行動特性，併存症

(1) ASDにおける発達特性（社会性の発達）

　ASDにおける社会性の困難さとしては，乳児期早期から，視線を合わせることや身振りをまねすることなど，他者と関心を共有することが困難であり，幼児期・学童期以降も他児とのかかわりがしばしば一方的だったりと，感情を共有することが苦手であったりし，対人的相互関係を築くのが難しくなります。このように，他者の心情を理解し，状況を捉えて，他者と適切にかかわることが苦手である結果，言語コミュニケーションのみならず，身振りや表情などの非言語コミュニケーションを含めて苦手となります。それは，たとえ言葉による会話ができても他者の感情や意図を捉えないまま字義通りに相手の言葉を捉えてしまい，勘違いしたかかわり方をすることにもつながります。そのため社会的なルールやソーシャルスキルの獲得と使用が困難になることがあります。

　このようなASDの特徴から，ASDの本質的な障害は対人認知にあるという「心の理論（の障害）」仮説が1980年代から出てきました（たとえば，Baron-Cohen, Leslie, & Frith, 1985）。心の理論とは，人の行為の背景にはその人の気持ちや考えがあることを理解し，他者の心を類推し理解する能力です。定型発達の子どもは4歳半〜5歳にかけて獲得されますが，ASD児者の場合には困難を示すことがあります。この心の理論の獲得状況を確認する課題が「誤信念（false belief）課題」であり，代表がサリーとアン課題です（図2－2）。ASD児はこの課題を通過しにくいとの指摘があります。

(2) ASDにおける行動特性（同一性保持，固執）

　状況の認識が苦手であったり，周囲からの情報を適切に捉えることが苦手であったりすると，状況に応じてルールや手順を自分で組み立てたり，修正したりすることに困難さが

図2-2　サリーとアン課題

生じやすくなります。また，予定やスケジュールが変更された場合には，なぜ変更された
のか理由がわからず，また納得できず混乱していくことになります。その結果，状況に応
じた行動ができなくなり，それを回避するか，自分が思い描けるこれまでの決められた
ルールや手順，スケジュールに頼らざるをえなくなるのです。それが同一性保持・固執に
つながる可能性があります。

（3）青年期の姿，予後

　ウィング（1998）は，ASD児の人間関係の持ち方のパターンとして，「孤立型」「受動型」
「積極奇異型」の3つをあげており，その経過・予後について，早期療育が適切に行われた
ケースでは孤立型から受動型へ促進され，知的障害があっても受動型であれば簡易な作業
や職業への適応の可能性があり，積極奇異型も療育によって青年期に向けて受動型に近づ
きやすくなると述べています。それゆえにASD児の実態に応じた適切な支援が望まれます。

5．ASDへの支援

（1）支援機関，特別支援学級・通級による指導・特別支援学校

　ASD児の状態像は多様であり，知的障害の有無のみならず，年齢や発達段階によって

表2-4　知的障害特別支援学校における
知的障害のあるASD児童生徒の在籍状況

学部	在籍数	知的障害のある自閉症（自閉傾向含む）	
		在籍数	割合
小学部	29,727	14,577	49.0%
中学部	21,659	9,045	41.8%
高等部	54,482	17,382	31.9%
合計	105,868	41,004	38.7%

表2-5　ASD児童生徒のみが在籍する学級数

	小学部	中学部	高等部	合計
2017（平成29）年度	575	215	121	911
2018（平成30）年度	394	140	137	671

表2-6　ASDのない児童生徒との
異なる指導内容の有無：校数（割合）

	あり	なし
2016（平成28）年度	463（59.8%）	311（40.2%）
2017（平成29）年度	147（29.9%）	344（70.1%）
2018（平成30）年度	117（18.2%）	527（81.8%）

表2-7　ASDのある児童生徒独自，または，より重点的に取り組んでいる指導内容：回答数

指導場面 ＼ 指導内容	コミュニケーション手段	ワークシステム・スケジュール等	場面の構造化	ソーシャルスキル	レジャースキル
教科別の指導	350	449	531	337	107
日常生活の指導	442	521	517	463	153
生活単元学習作業学習	365	514	540	434	247
自立活動	436	366	382	539	152
その他の指導	189	196	212	242	251

表2-4〜2-7の出典：2018（平成30）年度　全国特別支援学校知的障害教育校長会　情報交換会資料をもとに作成

も症状が異なることがあります。また個人の能力間においても得意・不得意の差が大きくなることがあります。そのため，幼児期においては療育機関や一般の幼稚園・保育園を固定的でなく組み合わせて利用したり，学齢期における学ぶ場も通常学級，通級指導教室，特別支援学級，特別支援学校のようにさまざまであったりします。一方で，知的障害特別支援学校に在籍する知的障害のあるASDの児童生徒数は全体で4割近くにのぼります（表2-4）。以前は，ASDの児童生徒のみの学級や教育課程を編成する学校も見られたり，ASDの児童生徒に特化した指導方法が実施されたりする傾向がありましたが，近年は，指導方法では知的障害の児童生徒にも適用できることなどからASDの児童生徒のみに特化することなく用いられています（表2-5，表2-6，表2-7）。

（2）環境設定

　ASD児をはじめとして障害のある児童生徒は学習・生活する環境において状況理解が難しいことがあるため，「何をどのようにすればよいのか」をわかりやすく伝えることが求められます。そのため，TEACCHプログラム（Treatment and Education of Autistic and related Communication handicapped Children）の考え方に基づいて環境設定がされることがあります。これは環境やそこにおける情報を整理し，状況理解を容易にするものです。たとえば，①エリアと期待される行動を対応させ，エリアを明確な仕切りで分けるといった

① 環境の物理的構造化

③ ワークシステムによる教材提示

② スケジュールの提示

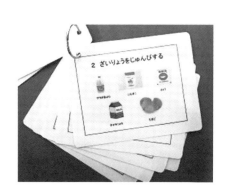
④ 活動の手順表（めくり形式）

図2−3　ASD児への環境設定・支援ツール

写真提供：埼玉県立行田特別支援学校（①・③），東京学芸大学附属特別支援学校（②），
群馬大学共同教育学部附属特別支援学校（④）

「物理的構造化」，②見通しをもたせるための「スケジュール提示」や「個別化スケジュール」，③「ワークシステム」として，a. どんな活動をするのか，b. どのくらいの時間・量を活動するのか，c. 活動はいつ終わるのか，d. 終わったあとは何をするのかを視覚的に明確に伝える，④音声言語だけではなく，絵・写真・実物・文字などの視覚支援によってコミュニケーションをとる，などを行います（図2−3）。

(3) コミュニケーションへの配慮

　コミュニケーションへの配慮として，1人ひとりの言語理解・表出の状態を踏まえながら，音声言語，サイン言語，絵・写真カード等，本人の理解と表出が可能なコミュニケーション手段を用いることが大切です。そして，情報提示，指示や説明においては，具体的にコンパクトに伝えることが大切であり，とくに，こちらの心情や状況を踏まえないと捉えられない指示・依頼ではなく，本人が行う行動そのものを言語化した伝え方が必要となります。

　自分の意思を他者に適切に表現するための支援も重要です。生活年齢や発達段階に応じ

て他者に対して「要求」「拒否」「報告」を適切に行うことができるように支援することが必要です。加えて，適切な「質問」「主張」への支援が必要です。いずれにしても学習や生活を通して相手からの情報を適切に受け取り，自らの意思の適切な表現ができるような支援が必要となります。

(4) 社会的ルールやソーシャルスキル獲得への配慮

　状況認識や他者の心情理解に困難さがあるため，社会的なルールをはじめとしてソーシャルスキルを計画的に指導することが必要です。暗黙のルールを含めて，①定義：「○○する」とは，②理由：なぜそのルールやスキルが必要か，③具体的なルール・スキルと手順，④状況に応じたルールとして具体的に文書や手順にして教えることがあります。また，それらルールやソーシャルスキルを活動や生活を通して教えていくことも必要です。

(5) 問題行動への対応や望ましい行動への対応

　問題行動への対応には，まずその原因を捉えなければなりません。何がきっかけでその問題行動が生じているか，問題行動を維持している要因は何かについて丁寧な行動観察に基づいて捉えることが必要となります。応用行動分析（Applied Behavior Analysis: ABA）は，ASD児をはじめとして障害のある子どもの必要なスキルを獲得したり，問題行動を改善したりするために用いる支援方法です。「先行刺激（きっかけ）―行動―後続刺激（結果）」の三項随伴性という枠組みに当てはめて行動を観察・分析していきます。そして支援を考える際には，問題行動の原因に基づいて，①問題行動のきっかけを除いて，望ましい行動が起こりやすい環境整備をし，②問題行動の代わりになる望ましい行動を教えます（望ましい行動が生じやすい環境設定やきっかけを提示するなど）。また，③対応：問題行動が生じた場合・望ましい行動が生じた場合のそれぞれの対応（修正の仕方・褒めるなど）をとります。

(6) 薬物療法

　ASD児者が睡眠障害，不注意，多動・衝動性，自傷行為，攻撃性，さらに不安，うつ，興奮，緊張など精神症状が顕著な場合には，医師の診断に基づいて薬物治療が用いられることがあります。しかし，薬物療法はASDをはじめとした神経発達症に対する第一選択の方法ではなく，環境調整，ソーシャルスキルトレーニング，言語コミュニケーション指導等に基づいた指導・支援が中心となり，薬物療法は併存症や二次障害，合併する精神疾患によって日常生活で支障をきたしている場合に用いられます。子どもが服薬を行っている場合，教員の立場としては，薬の正しい情報を保護者から得て，服薬前と後の変化が捉えられるように観察し，子どもの様子を保護者らに正しく伝えるようにすることが望まれます。

調べよう：ウィング（Wing, L.）のあげた「孤立型」「受動型」「積極奇異型」とはどういうものでしょうか？

深めよう：感覚過敏を抱える ASD 児に対し，教室内ではどんな配慮が必要でしょうか？

事例紹介

その場の状況や言葉の文脈から意味を適切に汲み取ることができない B くん

B くんは，通常の小学校 1 年生の ASD のある男の子。給食の食べ終わりがいつも最後になります。ある日「なんでみんなは約束守らないの？」と先生に尋ねてきました。どうやら「給食は最後まで食べなさい」と言われたことを給食時間の最後まで食べるという意味に受け取ったようです。「最後までというのは，残さず食べるという意味だよ」とあらためて伝えると安心していました。

《引用・参考文献》

American Psychiatric Association (1994). *Diagnostic and Statistical Manual of Mental Disorders, 4th ed. (DSM-IV)*. Washington D.C.: American Psychiatric Association.［髙橋三郎・大野裕・染矢俊幸（訳）(1996). DSM-IV 精神疾患の診断・統計マニュアル　医学書院］

American Psychiatric Association (2013). *Diagnostic and Statistical Manual of Mental Disorders, 5th ed. (DSM-5)*. Washington D.C.: American Psychiatric Association.［日本精神神経学会（日本語版用語監修），髙橋三郎・大野裕（監訳）(2014) DSM-5 精神疾患の診断・統計マニュアル　医学書院］

Baron-Cohen, S., Leslie, A. M., & Frith, U. (1985). Does the autistic child have a "theory of mind"? *Cognition, 21*(1), 37-46.

Kanner, L. (1944). Early infantile autism. *Journal of Pediatrics, 25*, 211–217.

Rutter, M., & Lockyer, L. (1967). A five to fifteen year follow-up study of infantile psychosis. I. Description of sample. *The British Journal of Psychiatry, 113*(504), 1169-82.

Wing, L. & Gould, J. (1979). Severe impairments of social interaction and associated abnormalities in children: Epidemiology and classification. *Journal of Autism and Developmental Disorders, 9*, 11-29.

ウィング，L（著），久保紘章・清水康夫・佐々木正美（訳）(1998). 自閉症スペクトル——親と専門家のためのガイドブック——　東京書籍.

World Health Organization (1992). *The ICD-10 Classification of Mental and Behavioural Disorders: Clinical Descriptions and Diagnostic Guidelines*. World Health Organization.［融道男・中根允文・小見山実他（監訳）(2005). ICD-10 精神および行動の障害——臨床記述と診断ガイドライン——（新訂版）　医学書院］

World Health Organization. (2019). *The ICD-11 International Statistical Classification of Diseases and Related Health Problems*. World Health Organization. https://icd.who.int/en/（2020 年 9 月 21 日閲覧）

3章 学習障害（限局性学習症）（LD）の原因と障害特性

今枝史雄

「発達障害のある方々は『できる』『できない』の間に『できるけど疲れること』がたくさんある」とは児童精神科医・吉川徹氏の言葉ですが，これをLD（学習障害／限局性学習症）の中核症状といわれる読み書き困難に置き換えれば，「『読める・書ける』『読めない・書けない』の間に『読める・書けるけど疲れる』がある」になると考えられます。LDのある人々が「読める・書けるけど疲れる」のはなぜでしょうか？　LDの概念から近年の診断基準の変化，障害特性とその対応方法について，本章で述べていきます。本章を通して，LD（学習障害）は「Learning Disabilities」や「Learning Disorders」の略称ではない「見方・考え方」があることを考えてみてください。

1. LDの概念と近年の診断基準の変化

LD（学習障害）について，文部科学省の定義は表3-1の通りです。

表3-1　文部科学省におけるLDの定義

学習障害とは，基本的には全般的な知的発達に遅れはないが，聞く，話す，読む，書く，計算する又は推論する能力のうち特定のものの習得と使用に著しい困難を示す様々な状態を指すものである。　学習障害は，その原因として，中枢神経系に何らかの機能障害があると推定されるが，視覚障害，聴覚障害，知的障害，情緒障害などの障害や，環境的な要因が直接の原因となるものではない。

出典：文部省（1999）

この定義の要点として，「聞く，話す，読む，書く，計算する又は推論する」といった基本的な学習能力のうち，特定の領域のつまずきによって学習困難が起きるとされており，全領域にわたって能力の低さが認められる場合には知的障害となります。また，中枢神経系における情報の入力，整理・処理，出力の過程のいずれかが，十分に機能していないことが原因なのですが，どの部分に，どのような機能障害があるかについては十分に解明されていません。

また，文部科学省が現在用いているのは教育的定義であり，医学的定義とは異なります。医学的定義はアメリカ精神医学会（APA）のDSM（精神障害の診断・統計マニュアル：Diagnostic and Statistical Manual of Mental Disorders）に示されています。2013年に刊行されたその第5版にあたるDSM-5によれば，従来，LD（Learning Disorders）と呼ばれていた用語はSLD（限局性学習症：Specific Learning Disorders）と示されるようになりました。

表3−2　DSM-5におけるSLDの診断基準

A. 学習や学業的技能の使用に困難があり，その困難を対象とした介入が提供されているにもかかわらず，以下の症状の少なくとも1つが存在し，少なくとも6カ月間持続していることで明らかになる：
1. 不的確または速度が遅く，努力を要する読字（例：単語を間違ってまたゆっくりとためらいがちに音読する，しばしば言葉を当てずっぽうに言う，言葉を発音することの困難さをもつ）
2. 読んでいるものの意味を理解することの困難さ（例：文章を正確に読む場合があるが，読んでいるもののつながり，関係，意味するもの，またはより深い意味を理解していないかもしれない）
3. 綴字の困難さ（例：母音や子音を付け加えたり，入れ忘れたり，置き換えたりするかもしれない）
4. 書字表出の困難さ（例：文章の中で複数の文法または句読点の間違いをする，段落のまとめ方が下手，思考の書字表出に明確さがない）
5. 数字の概念，数値，または計算を習得することの困難さ（例：数字，その大小，および関係の理解に乏しい，1桁の足し算を行うのに同級生がやるように数字的事実を思い浮かべるのではなく指を折って数える，算術計算の途中で迷ってしまい方法を変更するかもしれない）
6. 数学的推論の困難さ（例：定量的な問題を解くために，数学的概念，数学的事実，または数学的方法を適用することが非常に困難である）

B. 欠陥のある学業的技能は，その人の暦年齢に期待されるよりも，著明にかつ定量的に低く，学業または職業遂行能力，または日常生活活動に意味のある障害を引き起こしており，個別施行の標準化された到達尺度および総合的な臨床消化で確認されている。17歳以上の人においては，確認された学習困難の経歴は標準化された評価の代わりにしてよいかもしれない。
C. 学習困難は学齢期に始まるが，欠陥のある学業的技能に対する要求が，その人の限られた能力を超えるまでは完全には明らかにはならないかもしれない（例：時間制限のある試験，厳しい締め切り期間内に長く複雑な報告書を読んだり書いたりすること，過度に重い学業的負荷）。
D. 学習困難は知的能力障害群，非矯正視力または聴力，他の精神または神経疾患，心理社会的逆境，学業的指導に用いる言語の習熟度不足，または不適切な教育的指導によってはうまく説明されない。

出典：日本精神神経学会（日本語版用語監修），髙橋三郎・大野裕（監訳）（2014）．DSM-5　精神疾患の診断・統計マニュアル　医学書院，pp.65-66診断基準より転載

DSM-5におけるSLDの診断基準は表3−2の通りです。

　この定義の要点は，下位分類に読字障害，書字表出障害，算数障害の3つがあることです。世界保健機関（World Health Organization: WHO）が2018年に発表したICD-11（国際疾病分類第11版：International Statistical Classification of Diseases and Related Health Problems 11th ed.）では，発達性学習症（Developmental Learning Disorders）がLDに関連する診断となり，読字不全，書字表出不全，算数不全，他の特定される学習不全，特定不能が下位分類となっています。読字障害，書字表出障害，算数障害の3つがあることが，DSM-5との共通点です。

　文部科学省が2012（平成24）年に実施した「通常の学級に在籍する発達障害の可能性のある特別な教育的支援を必要とする児童生徒に関する調査」によると，学習面に著しい困難を示す児童生徒は4.5％であり，その中でも「聞く」または「話す」に著しい困難を示す児童生徒が1.7％，「読む」または「書く」に著しい困難を示す児童生徒が2.4％，「計算する」または「推論する」に著しい困難を示す児童生徒が2.3％であるとされています。また，2006（平成18）年4月に学校教育法施行規則第73条21に規定されている通級による指導の対象者に「学習障害者」「注意欠陥多動性障害」が加わりました。特別支援教育資料（2018〈平成30〉年度）によれば，2018（平成30）年度に通級による指導を受けている「学習障害者」は小学校で1万6142名，中学校で4069名，高等学校で82名，計2万

293名となっています（文部科学省, 2019）。高等学校における通級による指導は2018（平成30）年に開始されましたが，小・中学校における通級による指導の「学習障害者」の人数は2006（平成18）年は1351名であったため，12年間で約15倍になっていることがわかります。それだけ，LDに対する認知が広まったことが考えられます。

通級による指導で教育を受けている児童生徒以上に，小・中学校の通常の学級には，LDのある児童生徒が在籍しています。それらを想定して授業つくりを行うことが求められます。では，こうしたLDのある児童生徒はどのような特徴（障害特性）があるのでしょうか？

2. LDの障害特性

> 🔑 **キーワード**
>
> **モーラと音節**：モーラとは，音韻の時間的単位のことです。日本語は仮名文字1文字が1モーラとなります。音節とは，1つの母音を中心とした音のまとまりです。「撥音」等は前の音節の一部となります。たとえば，「りんご」や「きって」は3モーラ，2音節，「しんぶん」は4モーラ，2音節です。

わが国の教育的定義によるLDは「聞く」「話す」「読む」「書く」「計算する」「推論する」の特定の領域のつまずきによって学習困難が起きるとされています。文部科学省が2012（平成24）年に実施した「通常の学級に在籍する発達障害の可能性のある特別な教育的支援を必要とする児童生徒に関する調査」では，これら6つの領域における児童生徒の困難の状況を表3-3のようにまとめています。

DSM-5やICD-11による医学的定義に基づく困難は，読字，書字表出，算数の3点で，その特徴は以下のように整理することができます。

①読字障害

視覚機能や音韻処理等の問題で，文字，単語，文章を読むことが遅かったり，不正確だったりします。したがって，文章内容を理解することも難しくなります。

②書字表出障害

文字の形を想起できないことで，文字のつづりを間違えたり，拗音，促音，長音等の特殊音節を含む単語を書くのを間違えたり，省略したりします。また，視覚認知の問題で書いた文字のバランスが悪くなることがあります。

③算数障害

学習のための基礎的な技能である数や量的な把握，数の操作を習得する過程のどこかにつまずきがある状態です。数の合成，足し算，引き算，掛け算の九九といった基礎的な計算が難しい場合や，簡単な計算はできるものの，文章題になると式を立てることが難しいといった場合があります。

表3−3　6つの領域でLD児が示す困難の状況

聞く	・聞き間違いがある ・聞きもらしがある ・個別に言われると聞き取れるが，集団場面では難しい ・指示の理解が難しい
話す	・話し合いが難しい ・適切な速さで話すことが難しい ・言葉に詰まったりする ・単語を羅列したり，短い文で内容的に乏しい話をする ・思いつくままに話すなど，筋道の通った話をするのが難しい ・内容をわかりやすく伝えることが難しい
読む	・初めて出てきた語や，普段あまり使わない語などを読み間違える ・文中の語句や行を抜かしたり，または繰り返し読んだりする ・音読が遅い ・勝手読みがある（「いきました」を「いました」と読む） ・文章の要点を正しく読み取ることが難しい
書く	・読みにくい字を書く ・独特の筆順で書く ・漢字の細かい部分を書き間違える ・句読点が抜けたり，正しく打つことができない ・限られた量の作文や，決まったパターンの文章しか書かない
計算する	・学年相応の数の意味や表し方についての理解が難しい ・簡単な計算が暗算でできない ・計算をするのにとても時間がかかる ・答えを得るのにいくつかの手続きを要する問題を解くのが難しい ・学年相応の文章題を解くのが難しい ・学年相応の量を比較することや，量を表す単位を理解することが難しい ・学年相応の図形を描くことが難しい
推論する	・事物の因果関係を理解することが難しい ・目的に沿って行動を計画し，必要に応じてそれを修正することが難しい ・早合点や，飛躍した考えをする

出典：文部科学省（2012）より作成

　以上の教育的定義，医学的定義の中でも，LDの中核症状となるのは「読み書きの困難」です。ここで「読める・書けるけど疲れる」原因を，視機能と音韻処理という問題に焦点を当てて，もう少し詳しく見ていきます。

　視機能の問題は，視覚情報の入力と認知の2つの問題があります。視覚情報の入力は，遠くのものを見る力（遠見視力）と近くのものを見る力（近見視力）の切り替えが難しい，両眼がそろって上下左右に動かない等があげられます。遠見視力と近見視力の切り替えがうまくいかないと，黒板の字を手元のノートに写すことが難しなります。両眼がそろって動かないと，ノートのマスに合わせて文字を書くことが難しくなります。視覚情報の認知は，文字や図形の形の認識・記憶が困難，あるいはイメージで覚えることが困難といったことがあげられます。イメージで覚えることが困難になると，たとえばダンスの振付等を覚えることも難しくなります。児童生徒とかかわる際に，読み間違いが多い，読んだあとに極端に疲れている様子が見られる，眼球がうまく動いていない等が問題を発見する視点になります。

音韻処理の問題は，音韻意識に関係します。音韻意識とは単語を構成する音韻的要素（モーラ）を意識的に使うことを指します。日本語ではモーラを単位とする音韻意識の発達が文字の習得に関連しています。音韻意識の発達が，拗音（ょ），促音（っ），長音（ー）といった特殊音節の認識につながるのですが，LDのある児童生徒は特殊音節の認識が弱い場合があります。音韻意識の未発達が原因で，文字をまとまりとして読むことが難しくなり，単語を覚えることの難しさにつながります。児童生徒とかかわる際に，文章を読むのが遅い，文章の意味理解が伴っていない等が問題を発見する視点になります。筆者が読み書き困難の疑いのある児童生徒と最初にかかわる場合，「しょうがっこう」もしくは「ちゅうがっこう」をひらがなで書いてもらうよう説明しています。音韻処理に問題がある場合，「しよがっこう（拗音が困難）」「しょうがつこう（促音が困難）」「しょーがっこー（長音が困難）」と書く場合があります。

3. LDの障害特性に合わせた対応方法

> **✂ キーワード**
> **ビジョントレーニング**：対象物を眼でゆっくり追うなどの眼球運動を高めるトレーニングと，模写やパズルなどを行う視空間認知を高めるトレーニングの2種類があります。
> **音声教材**：発達障害等により，通常の検定教科書では一般的に使用される文字や図形等を認識することが困難な児童生徒に向けた教材で，パソコンやタブレット等の端末を活用して学習します。

LDの中核症状である「読み書き困難」について，その原因を視機能と音韻処理の問題に焦点を当てて見てきました。ここでは，障害特性に合わせた対応方法として，トレーニングと合理的配慮という2つの視点から考えていきます。

視機能に問題がある場合は，視知覚認知トレーニングの1つであるビジョントレーニングを行うことがあります。毎日，朝の会の5分間など，学級全体，個人で取り組んでいる場合があります。音韻処理に問題がある場合は，知っている単語数を増やすトレーニングをします。単語の絵カードや動作，形容詞のカードを見せながら，単語と動作を結びつける練習をしていきます（例：リンゴ→食べるorおいしい）。このとき，児童生徒に単語の絵カードだけを見せるのではなく，動作や形容詞のカードを見せて，セットで覚えることがポイントです。

しかしトレーニングにも限界があります。そこで，ICT（情報通信技術）機器の使用も含めた合理的配慮が必要となります。2016（平成28）年から，学校においては，教育の公平性を担保するために，障害のある児童生徒の個別の教育的ニーズに合わせた合理的配慮の提供を義務化する障害者差別解消法が施行されました。LDのある児童生徒の合理的配慮として提供されるものには音声教材があり，2020（令和2）年度は，文部科学省は6つの

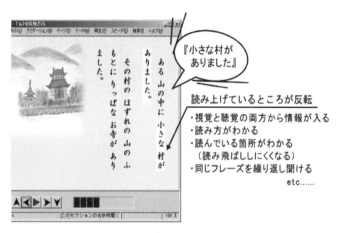

図3－1　マルチメディアDAISY教科書の特徴

出典：日本ライトハウス文化情報センターホームページ（http://www.lighthouse.or.jp/
iccb/library/index_library/index_mmd/library-26731/）より

団体に委託し，音声教材を製作しています。その中のマルチメディアDAISY教科書は通常の教科書と同様のテキスト，画像を使用し，テキストに音声をシンクロ（同期）させて読むことができるものです。ユーザーは音声を聞きながらハイライトされたテキストを読み，同じ画面上で絵を見ることもできます。マルチメディアDAISY教科書は専用のアプリを用いることで文字の大きさ，読み上げるスピード，背景色等を変更することができるため，LDのある児童生徒の実態に合わせて調整・変更が可能です（図3－1）。音声教材には，マルチメディアDAISY教科書のほかにも，「AccessReading」「音声教材BEAM」「ペンでタッチすると読める音声付教科書」などがあります。音声教材はLDのある児童生徒の読み困難の軽減や，通常の学級で活用することで主体的な授業参加や，自己肯定感の向上につながっていきます。しかし，活用するためには周囲の大人（教員・保護者等）やクラスメイトのLDに対する正しい理解が必要となります。

4．おわりに：児童生徒の見方を変えて味方になる

　ICT機器や音声教材の活用をすることで，LDのある児童生徒の教育的ニーズに応じた指導・支援が可能となります。紙媒体の教科書を使用する児童生徒と比較すると，ICT機器や音声教材の活用は特別な対応になるのではなく，「学び方の違い」と捉えることが大切です。この章ではLDを「Learning Disabilities」の略称ということで話を進めてきましたが，現在，LDは「Learning Difference＝学び方の違い」「Learning Diversity＝学び方の多様性」の略と考えられるようになってきました。「読める・書けるけど疲れる」という児童生徒が学習に参加するために，周囲の人々（教師・クラスメイト・保護者）がICT機器等の「学び方の違い」「学び方の多様性」を認めることが重要となります。こうしたLDのある児童生徒に対する見方を変えることで，児童生徒の味方になるような教育が求めら

れているのです。

🐧 **調べよう・深めよう！**

調べよう：音声教材以外のLDのある児童生徒に対する合理的配慮を調べてみよう。

深めよう：周囲の人々にLDのことを理解してもらうためにどのように説明したらよいか考えてみよう。

事例紹介

通級による指導で音声教材を使っているCさん

通級による指導では音声教材を使用して，自ら勉強しています。ある日，通常の学級で音声教材を使っているときにクラスメイトから「ずるい，遊んでいる」と言われ，音声教材を使うことができなくなりました。担任の先生が学級の全員に，Cさんが使っている音声教材を使ってみてもらうと，クラスメイトは「楽しい，私も使いたい」「遊んでいるんじゃなかったんだね」と知り，その後は通常の学級でも音声教材を使えるようになりました。

《引用・参考文献》

American Psychiatric Association (2013). *Diagnostic and Statistical Manual of Mental Disorders, 5th ed. (DSM-5).* Washington, D.C.: American Psychiatric Association.［日本精神神経学会（日本語版用語監修），髙橋三郎・大野裕（監訳）（2014）．DSM-5 精神疾患の診断・統計マニュアル　医学書院］

文部科学省（2012）．「通常の学級に在籍する発達障害の可能性のある特別な教育的支援を必要とする児童生徒に関する調査」調査結果．

文部科学省（2019）．特別支援教育資料（平成30年度）．

文部省（1999）．学習障害児に対する指導について（報告）．

World Health Organization (2019). *The ICD-11 International Statistical Classification of Diseases and Related Health Problems.* World Health Organization.

注意欠如・多動症（ADHD）の原因と障害特性

熊谷　亮

1.　ADHDの概念と定義・歴史

　ADHD（Attention-Deficit/Hyperactivity Disorder）とは，不注意，多動性，衝動性の3つを主症状とする発達障害です。中枢神経系の何らかの機能不全によるものと推定されており，前頭前野での実行機能系や報酬系システムの機能障害によって，不注意や多動性，衝動性をきたすとする考え方が提唱されています。ADHDのもととなる障害概念は1900年代初頭に登場していますが，1940年代までは遺伝要因や脳損傷などの病理的な要因と考えられていました。しかし，その原因となる脳損傷を証明することができないとする議論があり，1942年にStraussとWernerが，1959年にはノブロック（Knoblock）とパサマニック（Passamanic）が「微細脳損傷（Minimal Brain Damage: MBD）」という概念を提唱しています。その後，脳損傷という名称の適切性に関する議論がなされたのち，「微細脳機能障害（Minimal Brain Dysfunction: MBD）」という名称が提唱されました。1980年に作成されたDSM-Ⅲでは「注意欠陥障害（attention-deficit disorder）」という概念でまとめられ，下位分類として「多動を伴うもの」「多動を伴わないもの」の2つに分けられました。その後1994年に発表されたDSM-Ⅳでは，「注意欠如／多動性障害」と名称を変更し，「不注意優勢型」「多動衝動性優勢型」「混合型」という下位分類を定義し，これら3つの型は現在のDSM-5にも引き継がれています。

　教育的な定義と医学的な定義は異なります。教育的な定義や判断基準は文部科学省の「今後の特別支援教育の在り方について（最終報告）」（2003）の中で定義づけられています（表4－1，表4－2）。文部科学省による教育的な定義では，発症年齢が7歳以前となっていますが，後述するDSM-5による医学的診断基準では発症年齢が12歳未満となっています。これは文部科学省の定義がDSM-5の改訂前であるDSM-Ⅳをもとに作成されているためです。ADHDに関する法令として発達障害者支援法（2016年8月改正）があげられます。この法律では，ADHDを含めた発達障害の早期発見と発達支援を行い，支援が切れ目な

表4－1　文部科学省によるADHDの定義

　ADHDとは，年齢あるいは発達に不釣り合いな注意力，及び／又は衝動性，多動性を特徴とする行動の障害で，社会的な活動や学業の機能に支障をきたすものである。
　また，7歳以前に現れ，その状態が継続し，中枢神経系に何らかの要因による機能不全があると推定される。

表4－2　文部科学省によるADHDの判断基準

以下の基準に該当する場合は，教育的，心理学的，医学的な観点からの詳細な調査が必要である。
1.　以下の「不注意」「多動性」「衝動性」に関する設問に該当する項目が多く，少なくとも，その状態が6カ月以上続いている。
　○不注意
　　・学校での勉強で，細かいところまで注意を払わなかったり，不注意な間違いをしたりする。
　　・課題や遊びの活動で注意を集中し続けることが難しい。
　　・面と向かって話しかけられているのに，聞いていないようにみえる。
　　・指示に従えず，また仕事を最後までやり遂げない
　　・学習などの課題や活動を順序立てて行うことが難しい。
　　・気持ちを集中させて努力し続けなければならない課題を避ける。
　　・学習などの課題や活動に必要な物をなくしてしまう。
　　・気が散りやすい。
　　・日々の活動で忘れっぽい。
　○多動性
　　・手足をそわそわ動かしたり，着席していてもじもじしたりする。
　　・授業中や座っているべき時に席を離れてしまう。
　　・きちんとしていなければならない時に，過度に走り回ったりよじ登ったりする。
　　・遊びや余暇活動におとなしく参加することが難しい。
　　・じっとしていない。または何かに駆り立てられるように活動する。
　　・過度にしゃべる。
　○衝動性
　　・質問が終わらないうちに出し抜けに答えてしまう。
　　・順番を待つのが難しい。
　　・他の人がしていることをさえぎったり，じゃましたりする。
2.　「不注意」「多動性」「衝動性」のうちのいくつかが7歳以前に存在し，社会生活や学校生活を営む上で支障がある。
3.　著しい不適応が学校や家庭などの複数の場面で認められる。
4.　知的障害（軽度を除く），自閉症などが認められない。

く行われることに関する国および地方公共団体の責務などについて規定されています。

2．ADHDの診断基準

　アメリカ精神医学会（APA）のDSM-5に示される診断基準では，不注意と多動性・衝動性という2つのカテゴリー中の9項目のうち6項目（17歳以上では5項目）以上が，少なくとも6ヶ月持続するという臨床的な判断によって行われます。症状が該当することに加えて，①それらの症状が12歳未満で発症していること，②家庭と学校，職場など，2つ以上の異なる状況において同様の症状があること，③その症状によって，社会的，学業的，職業的に著しい制約があること，④その症状が統合失調症などの精神病性障害の経過中にのみ起こるものではなく，他の精神疾患ではうまく説明されないこと，に該当する必要があります。診断の際には不注意と多動性・衝動性の両方の基準を満たす混合型，不注意のみ基準を満たす不注意優勢型，多動性・衝動性のみを満たす多動・衝動優位型の3つに分けられます。また，症状の重症度を特定する必要があります。①診断を下すのに必要な項目数以上の症状はあったとしてもその数が少なく，症状がもたらす社会的・職業的制約が少ない軽度，②症状や制約が「軽度」と「重度」の間にある中等度，③診断を下すのに必要

な項目数以上の症状がある，またはいくつかの症状がとくに重度である，または症状が社会的，職業的に著しい制約をもたらしている重度，の3段階に分類することになります。

3．ADHDの出現率，原因

　ADHDは，子どもの約5％，成人の約2.5％に認められ，男女比は小児期で2：1，成人期では1.61：1で男性に多く，男性に比べ女性は主に不注意の特徴を示す傾向があるといわれています。文部科学省によって2012年に公表された調査結果によると，通常の学級に在籍し，知的発達に遅れはないものの学習面または行動面で著しい困難を示すとされた児童生徒の割合は6.5％にのぼり，そのうち「『不注意』又は『多動性―衝動性』で著しい困難を示す」と担任教師が回答した割合は調査対象者の3.1％でした。ADHDは通級による指導の対象となっており，2019年5月時点で，通級による指導を受けているADHD児は，小学校で2万626名，中学校で3933名，高等学校が150名，合計2万4709名でした。いずれの学校段階においても，通級による指導を受けている児童生徒のうち2割前後がADHD児でした。

　ADHDは家族内集積性があり，高い遺伝性があることが指摘されています。双生児研究では，片方の子どもがADHDと診断され，もう片方の子どももADHDと診断される割合は50〜80％といわれています。また，ADHDのある子どもとない子どもを比べると，ほかの兄弟がADHDと診断されるリスクは2〜8倍にのぼります。このように遺伝率は高いと考えられている一方で，確定因子は解明されていません。個々の単一の遺伝子の影響は少ないものの，複数の遺伝子が相互に影響し合い，そこに複数の環境要因の影響を受けて，相互に関連し合いながらリスクを高めていくと考えられています。

　環境要因として，出生前では妊娠中の母親の喫煙，アルコールなどの要因が加わることで発症リスクが高まります。周産期では低出生体重児においてADHDの発現が2倍に増加することが指摘されています。

　不適切な養育や児童虐待（身体的虐待，性的虐待，ネグレクト，DV〈ドメスティック・バイオレンス〉の目撃を含む心理的虐待）などの養育環境で幼児期を過ごした子どもにも落ち着きのなさや衝動性の高さといった特徴が認められます。その一方で，神経発達症群の子どもは，幼児期から虐待の被害に遭う割合が高く，ADHDではとくにそのリスクが高いといわれています。そのため，子どもが示しているADHD様症状がADHDによるものなのか，それとも虐待などの不適切な養育によるものなのかを慎重に判断する必要があります。

4．ADHDの経過／発見と気づき

　障害の特性や経過といっても，障害の程度や周囲の理解や対応によってさまざまな経過をたどります。適切な支援がなされることで，行動上の問題が目立たなくなる場合もあり

ます。

　乳児期にADHDの診断がつくことはありませんが，ADHD児の保護者があとから振り返ったときに，頻繁にかんしゃくを起こしていた，夜になかなか寝ない／すぐに起きてしまう，よく動いていたなどの特徴を示していたという場合も多くあります。このような育てにくさを感じる保護者に対して適切なサポートが行われないと，不適切な養育に発展し，症状が悪化していくこともあります。

　幼児期になると，保護者や保育者などの大人が子どもの困難さに気づき，診断がつき始めます。歩き始めるようになると，行動範囲が格段に広がっていきます。事前に注意をしていても，大人が目を離すと1人で走って行ったり，スーパーで気になる商品にすぐに手を伸ばしたりします。また，幼児期には幼稚園や保育園での集団生活が始まります。身体の一部を常に動かしている，離席をする，教室から飛び出す，カッとなってすぐに友だちに手を出すなどの行動が目立つようになり，保護者や保育者から叱られることも多くあります。

　学童期になると，離席やすぐにカッとなって手が出たり物を投げたりするというような行動に加えて，先生からの質問に対して出し抜けに答えてしまう，集中力が持続する時間が短い，課題に最後まで取り組むことが難しい，ケアレスミスが多いといった学習場面での困難さが顕著になります。また，小学校に入学して学校生活が始まると，身支度や身のまわりの物の管理を自分自身で行う必要性が出てくるため，不注意の症状も目立つようになります。たとえば，忘れ物をする，整理整頓ができずに机やロッカーのまわりに物が散乱しているなどの行動が見られることがあります。

　周囲からの適切な理解や支援がある場合，思春期以降になると多動性・衝動性に起因するような離席などの行動は次第に収まってきます。しかし，不注意症状は持続することが多く，テストでのケアレスミスや財布・定期などの大切な物をなくす等の症状が顕著になります。また，思春期以降は，学齢期と比べて生活が複雑になり，処理すべき課題や予定が多くなることからスケジュール管理に支援が必要な場合もあります。不注意優勢型のADHDはこの時期以降に気づかれることも多くあります。失敗体験が積み重なったり，周囲から適切な理解・支援が得られなかったりすると不登校や非行などの二次障害や反抗挑発症や素行症，強迫症，うつ病，脱抑制型対人交流症などの疾患を引き起こすことが多いのも特徴です。

5. 他の障害との関連

　神経発達症群の障害は併存することが多く，DSM-5では複数の障害の併存が認められるようになりました。ADHDにおいても神経発達症群の他の障害が併存することがあります。とくに，限局性学習症や発達性協調運動障害，自閉スペクトラム症，チック・トゥレット症が併存することが指摘されています。

同じような行動問題であってもその背景が異なることが多くあります。たとえば授業中，教科書に落書きをしている子どもがいた場合に，その行動がADHDに代表されるように注意を持続することが難しいことから起こっている可能性，読字困難を示すLD（学習障害），あるいは全般的な理解力の困難を示す知的障害に代表されるように教科書の文字を読むことが難しく授業からの逃避のために起こっている可能性，自閉スペクトラム症に代表されるように自分の好きなものを描くことにこだわっているために起こっている可能性などの要因が考えられます。行動の背景が異なると支援の手立ても異なります。そのため，それぞれの障害について理解したうえで子どもの実態を把握し，それぞれに応じた支援を行う必要があります。

6. 薬物療法

　ADHDの治療法として有効性や安全性が確認されている保険適用薬はわが国ではメチルフェニデート徐放剤（商品名「コンサータ」）とアトモキセチン（商品名「ストラテラ」）の2種類であり，ADHD児者の7〜8割に効果が認められています。しかし，食欲不振，頭痛，不眠，眠気などの副作用を伴う場合があります。副作用が現れた場合にも服薬によるメリットと副作用によるデメリットを比較しながら服薬を継続するか否かを検討する必要があります。重篤で慢性的な副作用の報告は多くないものの，環境調整や対象児への教育的支援や保護者に対するペアレントトレーニングなどの支援を行ったにもかかわらず症状が改善しない場合に，薬物療法を行うことが望ましいでしょう。

7. 特性や支援方法

> ### 🔑 キーワード
> **トークンエコノミー**：対象児に目標とする行動が生じた際にシールなどのごほうび（トークン）を与え，トークンが貯まった場合に好きな物や活動と交換することで，望ましい行動を増加させたりする指導法です。
> **感情コントロール**：感情コントロールをするためには，①自分自身が抱いている感情を認識（認知）し，②感情を処理・制御し，③周囲の状況に働きかけることが必要になります。感情コントロールに困難さがある場合には，まずは対象児がどの過程でつまずいているかを特定し，そのつまずきに対して支援を行うことが重要です。
> **ソーシャルスキルトレーニング（SST）**：モデリングやロールプレイングなどを通して，集団参加の際に必要となるスキルを獲得するために行われる指導法です。

　ADHDは注意を持続させることが困難であり，また周囲の音などの刺激に気をとられやすい，その一方で，興味・関心のある事柄に熱中すると他者から話しかけられても気が

つかない過集中といわれる様相を示すこともあります。そのため，ADHDは注意を持続することが難しいというより，注意のコントロールをすることが難しいという言い方が適しています。このような特性のある子どもが授業に取り組めるようにするためには，学習環境の調整が必要となります。教室では座席を前にして一斉指示だけでなく個別の声かけを行う，周囲の刺激になるようなものを減らす，一度に複数の指示を与えることを避ける，説明をする際には視覚的に提示する，注意集中の持続時間に応じた課題を設定する，興味・関心のある教材を用意するなどがあげられます。また，ADHDはあとから大きな報酬をもらうよりも，小さな報酬をすぐにもらうほうを好む傾向にあります。大きな目標を達成したときにご褒美を与えるよりも，適切な行動をとったときにそのつど与えたほうが効果的です。そのためトークンエコノミーシステムを活用した支援も有効でしょう。

　衝動を抑制し行動を制御することの困難さにより，すぐにカッとなって感情を爆発させたり手を出したりすることがあります。感情コントロールが難しい場合には，まずは自分の感情の状態を意識させることが重要になります。自分の気持ちを言葉に出したり数値化したりすることで感情の状態を認識しやすくなります。また，ソーシャルスキルトレーニング（SST）を実施して状況に適したコミュニケーションスキルを獲得させることで，困難場面に対処できるようにすることも大切です。

　ADHD児は自己評価が低くなりやすく，不登校や引きこもりなどの二次的な障害が引き起こされることも多くあります。家庭，学校，医療機関などの関係機関が連携しながら，支援を行っていく必要があります。

🐾 調べよう・深めよう！

調べよう：ペアレントトレーニングではどのようなことをするのでしょうか？

深めよう：実行機能とは何でしょう？　実行機能に制約がある場合，どのような困難さとして現れ，どのような支援方法が有効でしょうか？

事例紹介

小学校通常学級に在籍する男児への支援

　Dくんは小学4年生でADHDのある男の子です。4月に別の小学校から転校してきました。転校後のDくんはすぐにクラスに慣れたものの，授業中に離席をしたりすぐに怒って友だちへの暴言や暴力などのトラブルを起こしたりすることが多くありました。こうした状況を受けて，転校から1ヶ月たった5月に，保護者や担任，特別支援教育コーディネーターなどによる話し合いの場がもたれ，Dくんへの支援が行われることになりました。学習場面では，Dくんが着席して授業に参加できているときには，10分から15分ごとに「頑張っているね」と称賛をしたり，プリントの配布係として授業中に立って気持ちを発散できるような役割を与えたりしました。感情コントロールの困難さに対しては，イライラしたときの発散方法を事前にDくんと話し合い，実

践するよう促しました。そして，Dくんとのかかわり方について保護者と確認をして，本人なりの頑張りを認めるようにしました。このような支援を11ヶ月間実施した結果，授業中の離席はなくなり授業に意欲的に取り組むようになりました。また，イライラしたときに自分で対処行動をとることができるようになり，友だちとのトラブルは大きく減少しました。5年生となった現在は，クラスのリーダー的な存在として楽しく学校生活を過ごしています。

《引用・参考文献》

ADHDの診断・治療指針に関する研究会・齊藤万比古（編）(2016). 注意欠如・多動症―ADHD―の診断・治療ガイドライン 第4版　じほう.

American Psychiatric Association (2013). *Diagnostic and Statistical Manual of Mental Disorders, 5th ed. (DSM-5).* American Psychiatric Association. ［日本精神神経学会（日本語版用語監修），髙橋三郎・大野裕（監訳）(2014). DSM-5 精神疾患の診断・統計マニュアル　医学書院］

平岩幹男（総編集）(2016). データで読み解く発達障害　中山書店.

特別支援教育の在り方に関する調査協力者会議 (2003). 今後の特別支援の在り方について（最終報告）.

5章　発達性協調運動障害（DCD）の原因と障害特性

村上祐介

1. DCDとは

> 🔑 **キーワード**
>
> **不器用**：不器用とは，子どもを見ている側が子どもに期待する動作と，実際の子ども
> の動作とが一致しないときに感じられるものです。言い換えれば，「不器用」は子ど
> もの中にあるのではなく，見ている側と子どもとの間にあるもの，と表現できます。

　体育や音楽，図工，家庭科，あるいは理科の実験などの実技系の授業で，「不器用さ」が目立つ子どもに出会ったことはあるでしょうか。これまで，「不器用な子（clumsy child）」などと呼ばれてきた子どもたちが，近年，発達障害支援の中で何らかの「支援が必要な子ども」と認知されるようになりました。それがDCD（発達性協調運動障害：Developmental Coordination Disorder）です。ここで「支援が必要な子ども」と述べた背景には，純粋にさまざまな運動課題が「できない」という次元ではなく，運動課題でのつまずきによって重大な心理的問題が生じてしまい，そのことが生涯にわたって生活に影響を及ぼしてしまうことを意味しています。DCD当事者である笹森理絵さんは，「DCDは運動発達に問題があるというよりは，そのために著しく自尊心が低くなることに本質的な問題がある。『何をやるにも自分はだめ』と思ってしまう」と話しています（笹森, 2016）。DCD児への支援では，その子どもに合った環境づくりを行うことが最も大切であり，運動に対して肯定的な態度を継続できるように支援することが求められます（カーツ, 2012）。

2. DCDの診断基準

　端的に表すと，「A. 運動技能の拙劣さ」「B. 運動技能の拙劣さが及ぼす影響」「C. 幼少のころから体を動かすことが苦手」「D. 運動技能の習得を困難にする他の障害がない」になります（宮原, 2017）。「A. 運動技能の拙劣さ」のみに目が行ってしまいがちですが，実はAの診断基準だけではDCDではありません。冒頭でも述べましたが，DCD特性のある子どもが支援を必要とする背景には，「自分はダメ」と思ってしまう心理的問題が強く関係しています。このことにかかわる診断基準が「B. 運動技能の拙劣さが及ぼす影響」になります。日常生活や学校生活，仕事のための技能や余暇活動に支障をきたし，本人やま

A. 協調運動技能の獲得や遂行が，その人の生活年齢や技能の学習および使用の機会に応じて期待されるものよりも明らかに劣っている。その困難さは，不器用さ（例：物を落とす，または物にぶつかる），運動技能（例：物を摑む，はさみや刃物を使う，書字，自転車に乗る，スポーツに参加する）の遂行における遅さと不正確さによって明らかになる。
B. 診断基準Aにおける運動技能の欠如は，生活年齢にふさわしい日常生活活動（例：自己管理，自己保全）を著明におよび持続的に妨げており，学業または学校での生産性，就労前および終業後の活動，余暇，および遊びに影響を与えている。
C. この症状の始まりは発達段階早期である。
D. この運動技能の欠如は，知的能力障害（知的発達症）や視力障害によってはうまく説明されず，運動に影響を与える神経疾患（例：脳性麻痺，筋ジストロフィー，変性疾患）によるものではない。

出典：日本精神神経学会（日本語版用語監修），髙橋三郎・大野裕（監訳）（2014）．DSM-5 精神疾患の診断・統計マニュアル　医学書院，p.73診断基準より転載

わりの人々が「困っている」という状況が確認されることで，DCDへの支援の必要性が確認されます。

　DSM-5によると，DCDの発症率は5〜11歳の子どもの5〜6%とされています。他の発達障害との併存については，注意欠如・多動症（ADHD）と限局性学習障害（SLD）は併存率が30〜50%という報告があり，とくにADHDとDCDの併存のことをDAMP症候群と呼ぶこともあります。自閉スペクトラム症（ASD）は80%以上にDCDの特性が認められるという報告がありますが，特有の認知方略などが運動遂行に影響している可能性を考慮する必要があります。知的発達障害（IDD）では，運動発達上の問題が知的発達によるものなのかどうかの線引きが難しいという問題がありますが，知的発達（IQ）の水準と比較して著しく運動発達に困難さが認められる場合にDCDと診断されます（表5－1）。このように，DCDは他の発達障害との併存が多いことが認められています。DCDが疑われる子どもと出会ったときには，他の発達障害との関連を念頭に置き，支援の方向性を考えていくことが必要になります（辻井・宮原，2019）。

3．DCDの原因

　DCDには「協調（coordination）」という医学的用語が使われています。体育学では，「協応」と訳されてきました。医学的には，「協調とは，感覚入力・統合から，運動企画，運動出力，フィードバックなどの一連の脳の機能」と定義できます。したがって，脳の機能を中心として，これら一連のプロセスのどこかに，運動技能に影響を与える何らかの特徴があると考えることができます。しかし現状では，その特徴は明らかにされていません。最近では，脳機能イメージング研究，あるいは遺伝子研究などの発展に伴い，胎児期からの運動発達の機序も注目されています。なお，早産・低出生体重児においてDCDのリスクが高まることもわかっています（Edwars et al., 2011）。

　一方，「協調」は，「支援」という文脈では別の捉え方があります。「協調」のプロセスの特定の部分に問題があるという考え方ではなく，「協調」する主体と環境との相互作用

を考えるという視点です（七木田, 2005）。子どもがその時々で出合った環境に適応するために, 自らの身体の動きを試行錯誤するプロセスがまさに「協調」で, そのやり方がまわりの期待と適合していない, というのがDCDの特性といえます。このように, 「協調」を環境との相互作用によって現れるものという考え方は, 支援を考えるためにとても重要になります。

4. 支援の実際

(1) 2つのアプローチ

DCDへの支援は, これまでリハビリテーションとして作業療法や理学療法の分野が牽引してきました。ここでは過程指向型（障害指向型）と課題指向型という2つのアプローチを紹介します。

これら2つのアプローチは, それぞれが敵対するものではありません。表5-2のように社会モデル（ICF：国際生活機能分類）の3階層を下敷きとしてこの2つのアプローチを見てみると, 過程指向型アプローチは「心身機能・身体構造」へのアプローチ, 課題指向型アプローチは「活動」や「参加」へのアプローチと考えることができます。つまり, DCD特性のある子どもを中心として, 支援者がどのような立場で, 何を目的として支援が行われるのかを明確にすることで, どのようなアプローチによって支援するかの道筋が見えてきます。

表5-2 DCD児への支援における2つのアプローチ

過程指向型アプローチ （障害指向型アプローチ）	課題指向型アプローチ
・DCD児が運動スキルを獲得できないのは, 何らかの心理的過程の欠陥（deficiency）があるためだという立場によるもの ・運動スキルの発達の遅れや阻害の原因となっていると考えられる「協調」のプロセスの一部（たとえば感覚や知覚, 記憶, 注意, 動作のプランニングなど）に焦点化し, その部分の向上を図ることでDCD児のパフォーマンスを向上させることを目指す	・個々の子どもに合わせた教授方法やペースで, 適切な運動スキルを直接的に教えようとするもの ・その子どもが直面している運動課題について, 子どもの生活場面での文脈やまわりの環境に自然な流れで結びつけながら, ときに基本課題に戻り, ときに応用課題に挑戦しながら, 子ども自身が主体的に学んでいけるように支援を行う
ICFの3階層における 「心身機能・身体構造」へのアプローチ	ICFの3階層における 「活動」や「参加」へのアプローチ

(2) 教育現場での支援

教育現場では, 専門家のサポートがあれば過程指向型アプローチを実施することができます（岩永, 2014）。しかし, 多くの教育現場では, 学校の先生がDCD児への支援を盛り込みながら全体への授業を進めることが多いと思います。ここでは課題指向型アプローチの手法をもとに, いくつかのポイントを紹介します。

①その子どもの発達段階を見極める【理解】

　たとえば，鉛筆やスプーンなどを「握る」動作の発達段階，ボールを投げる動作の発達段階，このような各種の運動技能には発達の段階があります。DCD児は，期待される発達段階よりも1つ前の段階，あるいはもっと前の段階にいることがあります。「もう5年生だから」や「10歳になったから」といって発達段階の理解がないままに授業を進めると，子どもの自尊心はどんどん下がってしまいます。運動技能は，まわりから見て，「できる」「できない」がわかりやすいため，「子どもの努力不足」や「真面目にやっていない」と周囲に思われてしまうことが多いようです。この見方がDCD児を苦しめます。決してそのような見方をせず，発達段階の視点から子どもの特性を見極めることが大切です。

②課題や環境の制約を意識する【課題設定】

　DCD児への課題設定では，子どもの発達段階を理解したうえで「必ずできること」から始めることが重要です。アメリカでは，個別の支援計画を作成する際に80％の確率で成功する課題を設定しなければならない，と具体的に記されているそうです。筆者は経験上，表5−3のような難易度を意識するとよいと考えています。あまりプレッシャーがかからずに，楽しく取り組める課題，そのレパートリーが多いほど，DCDの子どもに適合した環境を構築しやすくなると考えています。

　また，課題設定を考えるうえで，図5−1のようなトライアングル（3つの制約）の考え方が参考になります。この図は，運動発達に関する学術的な本や，体育・スポーツ科学の

表5−3　課題設定の目安

同じ失敗が続く課題	×
成功の可能性が50%	△
成功の可能性が80%	○
成功の可能性が90%	◎

◎や○の課題をたくさん準備しておき，本人の意思に沿ったかたちで△あるいは×の課題を取り入れていく。△や×を行うには，本人の意思が重要である。

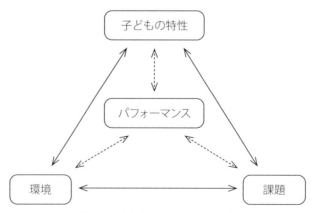

図5−1　指導に有効なトライアングル（3つの制約）
出典：Newell（1986）をもとに筆者が作成

教科書などでよく目にするもので，「子どもの特性」「環境」「課題」の3つの制約を受けながらパフォーマンスが変わっていくことを意味しています。適切な課題を設定するために，子どもの特性を理解し，取り組みやすい環境を設定します。刻々とパフォーマンスは変化していくので，それに応じて常に課題や環境に工夫を加えていきます。この図をベースに【課題設定】を考えていくことで，指導の良し悪しを分析しやすくなります。

③具体的な称賛【かかわり】

【理解】と【課題設定】が明確に行われると，自然と子どもへのかかわり方も変わってきます。そこで大事なことは，何がどのようにできたか，を具体的に称賛することです。DCD児への発達支援にかかわっていて一番うれしいのは，子どもが自分なりに考えながら，自分の方略によって運動課題を達成することができたときです。そしてそこで培われた運動技能は，生涯にわたって継続できそうな自分に合ったスポーツを見つけることに役立ちます。その基礎を形成するためにも，具体的な称賛を継続して受けることはきわめて重要なことです。学校の中で，運動への肯定的な経験を蓄積し，自分なりの方略を見つける機会をつくることがDCD児への支援で最も大事なことだと感じています。

5章

🔑 キーワード

感覚統合療法：過程指向型アプローチの代表的な支援方法。わが国では岩永（2014）が先進的にASD児やDCD児に対して効果的な支援を実践しています。

ディスプラクシア（失行）：イギリスではDCDのことをディスプラクシア（dyspraxia）と呼び，ニュージーランドなどいくつかの国でもそのように呼ばれています。日本語に訳すと「失行」になります。映画『ハリー・ポッター』で主役を演じたダニエル・ラドクリフさんは，自身がディスプラクシアであることを公表しています（宮原，2017）。

👥 調べよう・深めよう！

調べよう：DCDの子どものアセスメントについて調べてみよう。

調べよう：身近な運動技能の発達段階を調べてみよう。

事例紹介

自分に合ったスポーツとの出会い

Eくんは小学校5年生です。著しい不器用さのために，学校の体育の授業に出ることができなくなりました。「なんとかしてほしい」という思いから，家庭教師のようなかたちで私と一緒に運動を行うようになりました。本人のやりたいことを中心に，あるときは用具やルールの工夫を一緒に考えながら，楽しい運動の時間を過ごしました。今思うと，このようなかかわりは課題指向型アプローチに近かったと感じています。その後，私はEくんの家庭教師をやめることになりました。理由は，Eくんが新

しい活動に参加することになったためです。それはトランポリンの活動でした。私は
Eくんに会えなくなることに寂しさを覚えましたが，Eくんが自分に合ったスポーツ
を見つけてくれたことをとてもうれしく思いました。その後，Eくんは家庭の都合で
海外に行くことになり，移住先でDCDの診断を受けたと聞きました。そこではDCD
という特性を受け入れてくれる環境があるようで，とても有意義な生活を送っている
ようです。

《引用・参考文献》

Edwards, J., Berube, M., Erlandson, K., Haug, S., Johnstone, H., Meagher, M., Sarkodee-Adoo, S., & Zwicker, J. G. (2011). Developmental coordination disorder in school-aged children born very preterm and/or at very low birth weight: a systematic review. *Journal of Developmental & Behavioral Pediatrics, 32*(9), 678-687.

岩永竜一郎（2014）．自閉症スペクトラムの子どもの感覚・運動の問題への対処法　東京書籍．

カーツ，L・A（著），七木田敦・増田貴人・澤江幸則（監訳）（2012）．不器用さのある発達障害の子どもたち　運動スキルの支援のためのガイドブック——自閉症スペクトラム障害・注意欠陥多動性障害・発達性協調運動障害を中心に　東京書籍．

宮原資英（2017）．発達性協調運動障害——親と専門家のためのガイド——　スペクトラム出版社．

七木田敦（2005）．身体的不器用さを示す子どもの動作分析——Bernstein のアプローチからみえてくるもの——　発達障害研究，*27*，28-36.

Newell, K. M. (1986). Constraints on the development of coordination. In M. G. Wade, & H. T. A. Whiting (Eds.), *Motor development in children: Aspects of coordination and control* (pp.341–360). Dordrecht: Martinus Nijhoff Publishers.

笹森理絵（2016）．発達障害のある当事者視点からみた運動発達上の困難さ——「不器用さ」とともに生きる——　臨床発達心理実践研究，*11*，5-9.

辻井正次・宮原資英（監修），澤江幸則・増田貴人・七木田敦（編著）（2019）．発達性協調運動障害［DCD］——不器用さのある子どもの理解と支援——　金子書房．

6章　知的障害・発達障害・重複障害の発達と行動の特性 （発達支援の視点から）

杉岡千宏

1. 知的障害・ダウン症・自閉スペクトラム症ごとの発達特性

　知的障害（ID）はダウン症（DS）などが代表的な障害であり，DSよりIDという状態を引き起こすと解釈されます。DSM-5によると，IDと自閉スペクトラム症（ASD）はしばしば同時に起こることが示されています。

　ここでは，主にIDとDS，ASDごとに「運動」「認知」「言語コミュニケーション」「社会性」「生活習慣」に関して整理していきます。障害種ごとに大きな幅がありますが，大まかな特性を紹介します。

○運動

　IDにおいて協調運動や運動動作技能，持久力などに困難が見られます。DSは粗大運動，巧緻運動のいずれの発達にも遅れが認められます。根底には筋緊張低下があるといわれています。一方で，ダンスなどで見られる豊かな表現が強みであるといえます。ASDにおいては身体的不器用さや姿勢制御の問題などの運動面の偏りが指摘されています（是枝，2014）。

○認知（7章参照）

　ID，DS，ASDに共通する特性として，具体的な思考，視覚的認知が強みである一方で，抽象的な思考や聴覚的認知に弱さが見られます。

○言語コミュニケーション

　IDにおいては，言語理解や言語表出において全般的に遅れが見られます。DSは，言語理解に加えて言語表出の制約（発音不明瞭）がある一方で，友好的な対人関係により楽しくコミュニケーションがとれるといった強みもあります。ASDは共同注意の困難さにより初期の言語発達が遅れることが指摘されています。コミュニケーションの本質的な要素であるニュアンスや，抽象的な事項や字義通りではない言語の解釈につまずきを示します。

○社会性

　IDでは，友だち関係を築いていくような対人スキルや社会的ルールの理解などに困難さを示します。DSは，頑固さや切り替えの悪さ，過緊張や過剰適応といった面にサポートを要するものの，表情豊かで社交的な面もあります。ASDは他者の心情を理解し，状況を捉えて，他者と適切にかかわることに苦手さがあります。

○生活習慣

　IDにおいては，食事，排泄，衣服の着脱など日常生活のあらゆる場面につまずきが示されることがありますが，一度身につけた知識や技能等は着実に実行されることが多いとされます。DSはIDのつまずきに加え，口内の特徴により食事においてあまり噛まずに飲み込むことなどから，肥満を示しやすい特性，ASDにおいては，感覚刺激に対する過敏さまたは鈍感さなどの特性があげられます。また，限定された反復的で常同的な行動，興味，活動の様式をもちます。特定の行動や活動へのこだわりや変化に対する抵抗等に支援が必要となりますが，興味のある分野に没頭できる点は強みともいえるでしょう。

2. 知的障害児者の発達と教育・支援

(1) 乳幼児期

　知的障害の多くは1歳6ヶ月検診や3歳児検診において，言葉の遅れ，全般的な知的発達や運動発達の遅れ，合併症などから気づかれ，多くの場合，保健所などでは親子教室などのフォローアップが行われます。乳幼児の知的障害児への療育支援では，障害の早期発見から療育へとスムーズにつなげていくことが大切です。また，地域の社会的資源に違いはあるものの，子どもや保護者のニーズに応じた継続的で効果的な療育サービスを受けることが望まれます。幼児期の支援の場はさまざまです。特別支援学校の幼稚部，知的障害児通園施設，保育園や幼稚園や子ども園等に所属しながらの療育機関の利用などがあげられます。

○就学先の決定

　就学先を選択する際には，入学前年に市区町村の教育委員会で就学相談が実施されます。選択基準は，障害の程度に加え，教育的ニーズ，学校や地域の状況，保護者や専門家の意見等を総合的に勘案して，障害のある児童生徒の就学先を個別に判断・決定する（2013年の学校教育法施行令の改正）とされています。これまでの「就学基準」による決定から，子どもの教育的ニーズに応じた柔軟な選択が可能となりました。

(2) 児童期~青年期

　特別支援学校学習指導要領解説各教科等編（小学部・中学部）（文部科学省，2018a）をもとに知的障害のある児童生徒の学習上の特性とその対応について表6－1に示します。知的障害のある児童生徒は緩やかな発達ではあるものの，一度身につけた知識や技能は，着実に実行されることが多いという特性もあります。一方で，知的発達障害やLD，ADHD，ASDなどのある児童生徒は，学習や対人関係，運動，行動情緒などの側面に教育的な支援ニーズが生じることがあります。加えて，学校という複雑な生活環境下で不登校や心気的な訴えといった学校不適応に発展することもあります。

　知的障害特別支援学級の対象となる知的障害者の障害の程度は，「知的発達の遅滞があ

表6－1　児童生徒の学習上の特性とその対応

特　　性	対　　応
学習によって得た知識や技能が断片的になりやすく，実際の生活の場面の中で活かすことが難しい	実際の生活場面に即しながら，繰り返して学習することにより，必要な知識や技能等を身につけられるようにする継続的，段階的な指導が重要
成功体験が少ないことなどにより，主体的に活動に取り組む意欲が十分に育っていないことが多い	学習の過程では，児童生徒が頑張っているところやできたところを細かく認めたり，称賛したりすることで，児童生徒の自信や主体的に取り組む意欲を育むことが重要
抽象的な内容の指導は効果的とはいえない	実際的な生活場面の中で，具体的に思考や判断，表現できるようにする指導が効果的

り，他人との意思疎通に軽度の困難があり日常生活を営むのに一部援助が必要で，社会生活への適応が困難である程度のもの」と示されています（2013〈平成25〉年10月4日付け25文科初第756号初等中等教育局長通知）。特別支援学級は，制度上，小学校，中学校，高等学校および中等教育学校において設置することができます。しかし，現状では高等学校と中等教育学校での設置はありません。

　知的障害の特別支援学校の対象である子どもの障害の程度は，学校教育法施行令第22条第3項において，「一　知的発達の遅滞があり，他人との意思疎通が困難で日常生活を営むのに頻繁に援助を必要とする程度のもの。二　知的発達の遅滞の程度が前号に掲げる程度に達しないもののうち，社会生活への適応が著しく困難なもの」と示されています。特別支援学校（知的障害）には，小学部，中学部，高等部が設けられることが多く，なかでも高等部生徒数の割合が高いという現状があります。知的障害のある生徒の中学校の卒業後の進路は，特別支援学校の高等部か，もしくは高等学校に入学するかのどちらかとなります。よって，高等部の段階から特別支援学校へ入学する生徒が増加することになるといえます。

○卒業後の自立に向けた教育

　特別支援学校高等部では，自立に向けて1人ひとりのニーズに沿って進路指導が行われ，知的障害者の働く場は広がりつつあります。一方で，離職するケースも見られることから，就労後も必要な支援を受けながら働けるような就労支援が取り組まれています。

（3）成人期～高齢期

　知的障害のある生徒の学校教育終了後の進路はさまざまです。就職，就労支援事業の利用，福祉施設等の利用などがあげられます。就職には，知的障害関係施設で働く福祉的就労や，企業等で働く一般就労などがあります。一般に知的障害者が離職する最も大きな理由として生活上の問題があげられます。つまり，これまで培ってきた日常の生活をしていく力が，仕事を続けるうえで，基本として問われます。

　生涯発達の視点から「生きがいをもって生活すること」が成人期の豊かな生活のために

必要なことの1つといえるでしょう。また,「自分は必要とされているのだ」と実感できる活躍の場,素敵な出会いにつながる余暇の場,疲れを癒し日々の活力を得られる住まいの場,健康維持の支援や生活上の課題を応援してくれる支援者とのつながりなどを地域社会の中で実現することも重要です。

3. 重複障害児について

(1) 重複障害の定義

「重複障害」の語句の使われ方は,文部科学省や厚生労働省等によって,また法令や制度によっても異なっています。文部科学省は,特別支援学校教育要領・学習指導要領解説総則等編(幼稚部・小学部・中学部)において,「重複障害者とは,当該学校に就学することになった障害以外に他の障害を併せ有する児童生徒であり,視覚障害,聴覚障害,知的障害,肢体不自由及び病弱について,原則的には学校教育法施行令第22条の3において規定している程度の障害を複数併せ有する者」としています(文部科学省,2018b)。

つまり,重複障害者については,障害を複数合わせ有するという基準で考えると1人ひとりの障害の状態はきわめて多様です。そこで,本章においては重複障害の中でも「盲ろう」「重症心身障害」「強度行動障害」に焦点を当てて紹介していきます。

○盲ろう

「盲ろう」とは視覚障害(盲)と聴覚障害(ろう)からできた言葉で,目と耳の両方が不自由な状態をいいます。盲ろうには大きく分けて,全盲ろう・盲難聴・弱視ろう・弱視難聴の4つの障害のタイプがあります。盲ろう者のそれぞれの状態によって触手話,指点字,手書き文字,弱視手話,音声,筆談などさまざまなコミュニケーションの方法があります。支援の方法も状況に応じて行っていく必要があります。

(2) 知的障害と他の障害の重複障害について

表6-2は,特別支援学校の幼稚部・小学部・中学部・高等部を合わせた重複障害学級の学級数において,どのような障害種別を対象にして重複障害学級を設置したかを示しています。それぞれの障害種別の合計数の全重複障害学級(1万4887学級)に対する割合を示したものとなっています。この表から,99%近くの学級が知的障害を含む複数の障害を対象としていることがわかります。その中で最も多いのは,知的障害と肢体不自由を対象と

表6-2 重複障害学級に占める障害種別の割合

視覚障害	聴覚障害	知的障害	肢体不自由	病弱
8.9%	9.5%	98.8%	74.6%	44.3%

出典:全国心身障害児福祉財団(2015)をもとに文部科学省「特別支援教育資料」(平成30年度)より作成

する学級，続いて知的障害と肢体不自由と病弱，知的障害と病弱です。

○重症心身障害

　重症心身障害の名称は，重症心身障害児施設の名称に由来しています。児童福祉法第43条の4によると，「重症心身障害児施設とは，重度の精神薄弱及び重度の肢体不自由が重複している児童を入所させ，これを保護するとともに，治療および日常生活の指導をすることを目的とする施設とする」とされています。つまり，重症心身障害は，重複障害の中でも，重度の知的障害と重度の肢体不自由を重複して有するといえます。周囲の人からのかかわりに対して応答がとても微弱であったり不明瞭であったりすることと，自らの意思や欲求を表すことも難しいことから，コミュニケーションがとりにくい場合が多くなります。学校生活や日常生活の中や，社会生活を送るために他人とのやりとりは必要なので，重症心身障害児にとってもコミュニケーション支援は重要になります。コミュニケーションの支援方法としてAAC（拡大代替コミュニケーション）などがあります。

○強度行動障害

　強度行動障害とは，行動障害児（者）研究会（1989）によると，「精神科的な診断として定義される群とは異なり，直接的他害（噛み付き，頭突き等）や，間接的他害（睡眠の乱れ，同一性の保持等），自傷行為等が通常考えられない頻度と形式で出現し，その養育環境では著しく処遇の困難な者であり，行動的に定義される群。家庭にあって通常の育て方をし，かなりの養育努力があっても著しい処遇困難が持続している状態」とされています。

　これまでの研究の歴史によると，重度・最重度の知的障害および自閉症と強度行動障害との関連が示されています。障害特性に環境がうまく合わないことにより，状態が悪化し，強度行動障害として表出するといえます。生まれたときから強度行動障害というわけではありません。国立重度知的障害者総合施設のぞみの園よると，おおむね6つの支援（①構造化された環境の中で，②医療と連携をしながら，③リラックスできる強い刺激を避けた環境で，④一貫した対応のできるチームを作り，⑤自尊心を持ち一人でできる活動を増やし，⑥地域で継続的に生活できる体制づくりを進める）に集約することができるとされています（強度行動障害支援者養成研修（基礎研修）プログラム作成委員, 2014）。

🔑 キーワード

ピアジェの認知発達論：ピアジェ（Piaget, J.）は，認知の発達を感覚運動期（0～2歳），前操作期（2～7歳），具体的操作期（7～12歳），形式的操作期（12歳以上）の段階に分けて考えることを提唱しました。

シェマ：外界に適応するにあたって繰り返し使用する認識の枠組みのことです。

物の永続性：対象が視界から見えなくなっても存在し続けていることを認識できることです。

調べよう・深めよう！

調べよう：知的障害の特性について整理しよう。

深めよう：強度行動障害を防ぐためにどんな支援やアプローチができるか考えてみよう。

事例紹介

ダウン症のある児童の主体的な取り組み

小学校の特別支援学級に在籍しているダウン症のFさんは，宿泊学習の際にカバンに付けるバンダナを1人で結ぶことができませんでした。細かい工程に分けて何度も練習を続けました。「自分で結びたい」と必死に取り組むのですが，うまく結べず，悔しい思いを全身で表しました。あきらめることなく練習を続けていくと，徐々にできる工程が増えていき，最終的には自分で上手に結べるようになりました。

《引用・参考文献》

American Psychiatric Association (2013). *Diagnostic and Statistical Manual of Mental Disorders, 5th ed. (DSM-5)*. Washington, D.C.: American Psychiatric Publishing.［日本精神神経学会（日本語版用語監修），髙橋三郎・大野裕（監訳）(2014)．DSM-5 精神疾患の診断・統計マニュアル　医学書院］

傳田健三 (2017)．自閉スペクトラム症（ASD）の特性理解　心身医学, *57*(1), 19-26.

橋本創一・熊谷亮・大伴潔他（編著）(2014)．特別支援教育・教育相談・障害者支援のために　ASIST学校適応スキルプロフィール──適応スキル・支援ニーズのアセスメントと支援目標の立案──　福村出版.

橋本創一・三浦巧也・渡邉貴裕他（編著）(2020)．教職課程コアカリキュラム対応版 キーワードで読み解く特別支援教育・障害児保育＆教育相談・生徒指導・キャリア教育　福村出版.

菅野敦・玉井邦夫・橋本創一他（編）(2013)．ダウン症ハンドブック 改訂版──家庭や学校・施設で取り組む療育・教育・支援プログラム──　日本文化科学社.

是枝喜代治 (2014)．ASD（Autistic Spectrum Disorder）児者の初期運動発達の偏りに関する研究──保護者へのアンケート調査を基に──　自閉症スペクトラム研究, *12*(3), 23-33.

行動障害児（者）研究会 (1989)．強度行動障害児（者）の行動改善および処遇のあり方に関する研究　キリン記念財団.

強度行動障害支援者養成研修（基礎研修）プログラム作成委員 (2014)．強度行動障害支援者養成研修（基礎研修）受講者用テキスト. 国立重度知的障害者総合施設のぞみの園. https://www.nozomi.go.jp/investigation/pdf/report/04/05.pdf（2021年2月24日閲覧）

文部科学省（編）(2018a)．特別支援学校学習指導要領解説各教科等編（小学部・中学部）　開隆堂出版.

文部科学省（編）(2018b)．特別支援学校教育要領・学習指導要領解説総則編（幼稚部・小学部・中学部）　開隆堂出版.

文部科学省初等中等教育局特別支援教育課 (2018c)．特別支援教育資料（平成30年度).

太田俊己・佐藤愼二（編著）(2020)．改訂新版 知的障害教育総論　放送大学教育振興会.

ソールニア，C・A & ヴェントーラ，P・E（著），黒田美保・辻井正次（監訳）(2014)．自閉症スペクトラム障害の診断・評価必携マニュアル　東京書籍.

東京学芸大学特別支援科学講座（編）(2007). インクルージョン時代の障害理解と生涯発達支援　日本文化科学社.

全国盲ろう者協会. 盲ろう者とは. http://www.jdba.or.jp/deafblind/top.html（2020年5月28日閲覧）

全国心身障害児福祉財団（2015）. 新重複障害教育実践ハンドブック　全国心身障害児福祉財団.

6章

知的障害・発達障害の認知機能の特性 （脳科学の視点から）

山口　遼・橋本創一

1. 数・計算

　事物の個数や量を正確に把握するためには，数量概念の発達がカギになります。知的障害児を対象とした研究では，保存概念の研究と数の初期概念の研究に大別することができます。計数技能として，口頭カウンティング（音声数詞を生成すること），事物のカウンティング（事物の個数を言うこと），基数の使用（最後にカウントした数を基数として使うこと），集合の取り出し（指示された数の事物を取り出すこと）があげられます。分離量の計数については定型発達児と発達傾向に大差はありませんが，より複雑で知覚的にまぎらわしい課題では知的障害児の正答率が低下し，2集合の多少等判断や保存課題では，知的障害児は通常発達よりも精神年齢で1・2年の遅れを示すことが報告されています。中・軽度知的障害児で正確に「5」まで口頭カウンティングできた者は約30％であり，数詞生成の難しさを指摘する報告もあります。また，知的障害児は規則に従った音声数詞の間違い（たとえば，"twenty"を"two-teen"）を示す研究もあります。同研究では，「いくつ？」の質問に対して13名中9名の知的障害児（精神年齢3〜4.5歳）が，一貫して基数を利用したとしています。カウンティングにおける誤り発見課題を実施した研究では，中・軽度知的障害児の約40％が，人形の行った1対1対応原理の適用の誤りを発見したことを明らかにしました。

　計数技能の中では，集合の取り出しが他と比べ困難であると指摘され，その要因として，①目標の数の記憶，②数詞による事物の命名，③目標と現在の音声数詞の比較という複数のプロセスが重複し，ワーキングメモリに負担がかかり遂行が困難になることが考え

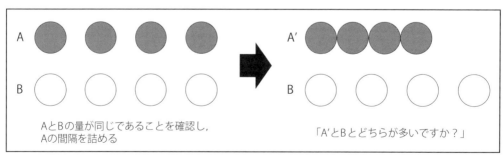

A　AとBの量が同じであることを確認し，Aの間隔を詰める

A'　「A'とBとどちらが多いですか？」

Point!：数の保存概念が確立すると（およそ7歳以降），配置が変わっても「同じ」であることがわかる。しかし，確立していない場合は知覚によって影響され，判断を誤ってしまう。

図7-1　保存課題の例

られています。近年では，数概念の「記号的側面」と「集合操作的側面」の発達を区別して論じることの必要性が主張されるようになり，後者の遅れが知的障害児に認められることが示唆されています。山口（2012）は中学生の知的障害児に対して数概念（計数・多少等判断・保存）および均等配分課題を実施しました。その結果，数概念の発達や均等分配方略の差異は，精神年齢に関係していることがわかりました。精神年齢を対応させた定型発達児と比較すると，課題の取り組み方が一部異なること，均等分配課題の成績がやや低いことも明らかにしました。ほかに，精神年齢や数概念の発達がともに幼児期段階であっても簡単な演算スキルを有している生徒がいること，計数技能の有無や多少等判断の有無によって，採用する均等配分方略に違いが見られることを明らかにしました。

2. 記憶・ワーキングメモリ

> **🔑 キーワード**
>
> **ワーキングメモリ**：注意制御のもとでの一時的な貯蔵システムを指します。情報の保持のみを行う短期記憶とは異なり，情報の保持と処理を同時に行うシステムです。

　知的障害に関する初期の研究では，1960年代に刺激痕跡説や皮質飽和説が提唱され，記憶の構造要因（感覚情報貯蔵・短期記憶・長期記憶）の障害が注目されました。1970年代の後半から記憶の制御要因（注意・符号化・リハーサルなど）の障害を指摘する研究が多くなされるようになり，リハーサルを自発的に行わないため，長期記憶への転送が困難になり成績が悪いという結果が注目されました。ほかにも，知的障害児の体制化や精緻化について検討がなされ，いずれも知的障害児は自発的には行わないことが指摘されました。

　感覚記憶に関して，単語を1つずつ呈示し，その後呈示していない単語をランダムに混ぜて再認判断を行う研究では，精神年齢を対応させた定型発達児と比較すると音韻的な再認の誤り（呈示された単語と音韻的に似ている単語で答える）が多いことが指摘されました。短期記憶に関して，スターンバーク課題により短期記憶における検索時間を検討する研究では，生活年齢を対応させた健常者と比べ，知的障害者は検索が遅いことがわかりました。また，ブラウン・ピーターソン課題によって短期記憶における減衰速度を検討する研究では，健常者と比較して減衰速度は速く，とくに語を記憶した際に顕著であったことを報告しています。数唱課題とコルシブロック課題を用いて，ダウン症児の音韻性の短期記憶と視空間性の短期記憶を定型発達児と比較した研究では，定型発達児はコルシブロック課題よりも数唱課題の成績が高いのに対し，ダウン症児はコルシブロック課題の成績のほうが高く，視空間性の短期記憶の高さが示唆されました。また，他の数唱課題とコルシブロック課題を用いた研究によると，精神年齢を対応させた定型発達児とダウン症児の成績を比較した結果，ダウン症児では短期記憶の中でも言語情報をつかさどるシステムは脆弱だが，視空間情報は比較的良好に保たれていると報告しています。さらにダウン症児者の

表7−1 Pick UP！ 読んでおきたい論文・実験研究

数・計算	天岩静子（1973）．Piagetにおける保存の概念に関する研究．教育心理学研究, *21*(1)，1-11.
	Baroody, A. J. (1999). The development of basic counting, number, and arithmetic knowledge among children classified as mentally handicapped. *International Review of Research in Mental Retardation*, *22*, 51-103.
	山口真希（2012）．知的障害児における数概念の発達と均等配分の方略．発達心理学研究, *23*(2)，191-201.
記憶	Jarrold, C. & Baddeley, A. D. (1997). Short-term memory for verbal and visuospatioal information in Down's syndrome. *Cognitive Neuropsychiatry*, *2*, 101-122.
	堂山亞希・橋本創一・熊谷亮他（2017）．ダウン症児の記憶特性：認知面と行動面の特徴．発達障害支援システム学研究, *16*(2)，79-87.
言語	Austin, J. L. (1962). *How to do things with words*. UK: Oxford University Press.
	Chapman, R. S., Schwartz, S. C., & Bird, E. K. (1991). Language skills of children and adolescents with Down syndrome: I. comprehension. *Journal of Speech, Language, and Hearing Research, 34*, 1106-1120 .
	大伴潔（2006）．障害と言語発達．心理学評論, *49*(1)，140-152.
誤信念課題	Abbeduto, L., Short-Meyerson, K., Benson, G. et al. (2004) Relationship between theory of mind and language ability in children and adolescents with intellectual disability. *Journal of Intellectual Disability Research*, *48*(2), 150-159.

言語情報と視空間情報の短期記憶の容量は，精神年齢の増加に伴い大きくなり，言語情報の短期記憶は精神年齢の増減にかかわらず一貫して脆弱であると報告しています。視空間的な位置記憶に関して，軽度知的障害者は健常者と成績が変わらないことを指摘しています。

　ワーキングメモリは音韻ループと視空間的スケッチパッドの2つのシステムを下位成分にもち，数秒間の情報の保持と処理を同時に行う機能を担っています。音韻ループに関しては，精神年齢を対応させた定型発達児よりも成績が低くなることが一貫して報告されています。一方で，視空間的スケッチパッドに関しては，精神年齢を対応させた定型発達児と変わらない成績を示す報告が多いものの，定型発達児よりも成績が有意に低いと報告しているものもあり，一貫した結論に至っていません。堂山他（2017）はダウン症児の短期記憶・ワーキングメモリの強みとして，単純な視覚的な短期記憶や指示への反応性・応答性の高さがあること，弱さとして短期記憶における負荷の受けやすさや複雑な指示の遂行性があり，ワーキングメモリの弱さが影響していると指摘しています。

3. 言語・統語・コミュニケーション

　知的障害においても言語発達に遅れが見られ，定型発達児は1語文の理解言語と発話がほぼ同時期に可能となりますが，知的障害児は理解言語が発話に先立つことが指摘されています。精神年齢を対応させた定型発達児と発話における語彙量を比較した研究では，定型発達児は会話で使用する語彙が個人によって異なるのに対して，知的障害児は生活経験が浅いために，重要な語彙を共通して使う傾向が高くなると報告しています。ダウン症児

系列位置曲線	いくつかの事物を同時に覚えるとき，覚える順番によって記憶の度合いに差が生じることを指し，初頭効果・親近性効果がある
ワーキングメモリスパン課題	Miller（1956）によると，人が記憶できる量はチャンクという単位で表すと7±2の範囲で収まると指摘している
三つ山課題	子どもの視点取得の発達に関する測定課題として，Piaget（1948）が考案した

の対象物名の理解が始まるのは，定型発達児における発達段階と同じレベルに到達したときとする報告もあります。それ以降においても，精神年齢に対応して理解言語も発達していくと指摘されており，多くは精神年齢を対応させた定型発達児と同程度の水準です。一方で音声言語の発達は非言語能力よりも遅れることを示しており，非言語的能力で統制された定型発達児と比較して低いことが示されています。ダウン症児者の構文理解に関して，成長速度が遅さは顕著であり青年期には低下することがあると報告されています。また，進行形-ingなどの文法形態素は短時間の言語要素であるため，その理解は聴覚的短期記憶や聞こえの状態によって左右されると報告しています。これらのように，理解言語面よりも構文理解や音声言語に困難があるといえます。音声言語については，構音器官の形態や微細な協調運動の困難さ等の要因による発音の不明瞭さが困難を生じている可能性もあります。

　子どもは大人との相互作用を繰り返しながらコミュニケーション能力を獲得していきます。語用論において研究が進められており，この研究はAustin（1962）（表7－1参照）による発話行為理論（発語媒介行為・発語内行為・発語行為）に基づいています。Bates et al.（1975）はこれに基づき，乳幼児期のコミュニケーション発達を3段階（聞き手効果段階・意図伝達段階・命題伝達段階）に分けました。McLean, et al.（1987）は重度知的障害児のコミュニケーション評価において，身振り行動を相手や事物との距離と象徴性により分類し，その重要性を指摘しました。発話がなくとも意図伝達はなされており，McLeanらは意図伝達段階を，初期意図伝達段階（接触身振りが優勢な段階）と後期意図伝達段階（離れた身振りが優勢な段階）に区別しました。また，発語のない最重度知的障害児者について，意図伝達段階における原命令・原叙述行動を検討しました。初期意図伝達段階にある者で原叙述タイプの行動出現率が著しく低く，後期意図伝達段階・命題伝達段階にある者とは異なる特徴を示し，定型発達乳児には見られないことを報告しました。非言語的コミュニケーションについて，ダウン症児は非言語的な叙述や要求行動（指さしながら大人のほうを見るなど）は乏しいことが示されています。自閉スペクトラム症児は非言語的コミュニケーション自体の獲得が難しい場合が多く，獲得しても発達はかなり遅滞することが指摘されています。

7
章

4. 誤信念課題

🔑 **キーワード**

心の理論：他人の考えを推測したり，意図や感情を理解したりする能力を指します。
代表的な課題に，サリーとアン課題（誤信念課題）があります。

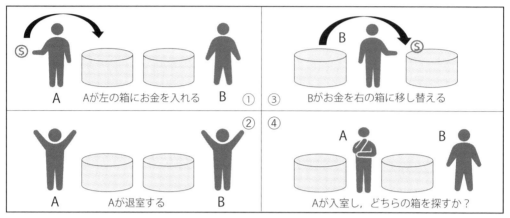

Point!：①～④の絵を被験者に示し，「Aはどちらの箱を探す？」と質問する。心の理論が発達し
ていると（およそ4～5歳）「左」と答えられるが，発達が遅れていると「右」と答えてしまう。

図7－2　誤信念課題の例

　知的障害児者の心の理論については，精神年齢を対応させた定型発達児者と誤信念課題
の成績を比較したいくつかの研究により，定型発達児者よりも成績が低いことが指摘され
ています。つまり，知的障害児者は自己あるいは他者の信念を対象化して捉えることに困
難があるといえます。一方で，誤信念課題ではストーリーと問いを理解し，それに対して
適切に答えることが求められ，言語的負荷の高い課題といえます。そのため，知的障害児
者の心の理論について誤信念課題を用いて検討する場合，言語機能の問題との関連を考慮
に入れる必要があります。そこで，非言語性の精神年齢を対応させた知的障害児と定型発
達児を比較するかたちで，誤信念課題の成績と言語能力の関連を検討した研究では，誤信
念課題の成績と言語能力の相関は見られず，さらに，定型発達児と誤信念課題の成績を比
較したところ，有意に低いことが認められました。これは，非言語性の精神年齢と言語能
力を統制したうえでなお，知的障害児は心的状態の気づきやそれに基づく内省的な情報処
理が困難であることを示すものと考えられます。

　知的障害児は共同注意行動ができる一方で，知的な遅れがあり，測定が難しいことか
ら，知的障害児に関する自己理解など「自己」に関する研究はあまり進んでいません。知
的障害児は知的発達の程度が軽度から重度まで幅広く，理解力に加え言語表現にも個人差
が大きくあり，自己に対する測定が難しく評価が避けられる傾向にあります。知的障害の
ある人の自己理解は同程度の精神年齢の定型発達児に比べて遅滞していると指摘されてい

ます。小島（2010）は他者との比較において自己を形成する時期において，知的障害児の否定的な自己概念形成を予防するためには，どの集団の誰との比較により自己概念の形成を生じているのかを明らかにし，支援方法を検討すべきとしています。さらに，「重要な他者」からの称賛・叱責の頻度は，知的障害児の学業領域と運動領域に対して影響を及ぼしており，より賞賛が多く，叱責の少ない対象児ほど学業領域と運動領域の自己概念を高めること，また，他者のことをより意識している対象児ほど自己についてより語ることができるものの，社会的受容感が低いことを明らかにしています。

> 🔑 **キーワード**
>
> **実行機能**：ある目標を達成するように計画を立て，反応や行動を調整しながら目標状態へ達するための必要な能力を指します。ワーキングメモリ・シフティング等を包括した概念です。

> 👥 **調べよう・深めよう！**
>
> **調べよう**：数量概念（数感覚・数処理・数概念）の発達過程についてまとめよう。
>
> **調べよう**：記憶の構造・制御システムを図式化し関連する用語についてまとめよう。
>
> **調べよう**：言語の構成要素と機能についてまとめよう。

> **事例紹介**
>
> **重度知的障害のある生徒と学校生活**
>
> Gさんは，特別支援学校中学部3年の男子生徒です。重度の知的障害があり，発語もありません。しかし，表情は豊かでうれしい・楽しいときの笑顔がとても素敵です。移動教室の思い出を発表する授業では，担任教師の支援のもと身振り・手振りも交え，パワーポイントを使って発表することができました。

7章

《引用・参考文献》

Bates, E., Camaioni, L., & Volterra, V. (1975). The acquisition of performatives prior tospeech. *Merrill-Palmer Quarterly of Behavior and Development, 21*, 205-226.

堂山亞希・橋本創一・熊谷亮他（2017）．ダウン症児の記憶特性――認知面と行動面の特徴―― 発達障害支援システム学研究, *16*(2), 79-87.

橋本創一（2020）．知的障害・発達障害児における実行機能に関する脳科学的研究――プランニング・注意の抑制機能・シフティング・ワーキングメモリ・展望記憶―― 福村出版.

小池敏英・北島善夫（2001）．知的障害の心理学――発達支援からの理解―― 北大路書房.

小島道生（2010）．知的障害児の自己概念とその影響要因に関する研究――自己叙述と選択式測定法による検討―― 特殊教育学研究, *48*(1), 1-11.

松本茉莉花・菊池哲平（2017）．ダウン症候群の知能特性――CHC理論の視点から―― 熊本大学教育学部紀要, *66*, 145-154.

McLean, J. & Snyder-McLean, L. (1987). Form and fanction of communicative behaviour among persons with severe developmental disabilities. *Australia and New Zealand Journal of Developmental Disabilities*, *13*, 83-98.

Miller, G. A. (1956). The magical number seven, plus or minus two: Same limits on our capacity for processing information. *Psychological Review*, *63*, 81-97.

三好一英・服部環（2010）．海外における知能研究とCHC理論　筑波大学心理学研究，*40*，1-7．

Piaget, J. & Inhelder, B. (1948). *La représentation de l'espace chez l'enfant*. Presses Universitaires de France. (Translated by Langdon, F. J. & Lunzer, J. L. (1956). *The child's conception of space*. London: Routledge & Kegan Paul.)

山口真希（2012）．知的障害児における数概念の発達と均等配分の方略　発達心理学研究，*23*(2)，191-201．

8章 幼児・児童・青年期に見られる食事・睡眠・排泄等の問題，心気的訴え／親子関係の問題，虐待（愛着の問題），心的外傷後ストレス障害（PTSD）の原因と障害特性

三浦巧也・堂山亞希

1. 情緒障害の理解と支援

> ### ✎ キーワード
>
> **情緒障害**：情緒障害とは，状況に合わない感情・気分が持続し，不適切な行動が引き起こされ，それらを自分の意思ではコントロールできないことが継続し，学校生活や社会生活に適応できなくなる状態をいいます（文部科学省初等中等教育局特別支援教育課，2013）。
>
> **児童心理治療施設**：情緒発達のための環境整備とメンタルケアを目的として，1961年に法制化された児童福祉施設です。心理的困難や苦しみを抱え，日常生活の多岐にわたり生きづらさを感じて心理治療を必要とする子どもたちを，入所または通所させて治療を行う施設です。退所した子どもについては，保護者も含めて相談その他の援助を行っています。

　情緒障害という用語は，1961（昭和36）年に児童福祉法改正で規定された情緒障害短期治療施設（現在は児童心理治療施設）において，初めて公式に使用されました。

　情緒障害で見られる問題となる行動は，内向性と外向性の2つに分けられます。内向性の行動とは，周囲から介入しないかぎり周囲に迷惑や支障が生じないものを示します。外向性の行動とは，周囲からの介入がなければその行動自体が周囲の人に迷惑や支障を生じるものを示します（表8−1）。

　情緒障害には，診断基準はありません。子どもが置かれた生活環境によって判断基準が変化します。そのため，情緒障害と判断するうえで，情緒の現れ方の歪曲，正常からの逸脱，適応・不適応の線引きが大変難しいとされています。支援を行う判断基準の決め手として，情緒の歪曲の過度や不適応反応によって，社会生活に支障をきたしているかどうかが要点とされています。また，社会生活での困難によって子ども自身が日常的に生きづらさを抱えているかどうかも要点となります。

　判断基準が曖昧な子どもの主観による情緒障害について，障害観としてスペクトラム（連続体）の性質をもっていることを理解することが重要となります。スペクトラムという性質を意識することは，情緒障害児のもつ異質性や短所，弱みのみに着目するのではなく，同質性や長所，強みにも着目して支援を行うことにつながります。こうした見方を支

表8−1　情緒障害児に見られる問題行動

	問題行動（反復性・常同性・習慣性がある行動）の種類
内向性	・かん黙 ・不登校 ・ひきこもり ・指しゃぶりや爪かみ ・抜毛 ・拒食や過食 ・不眠や腹側な睡眠習慣 ・夜尿や失禁 ・引っ込み思案や孤立 ・無気力
外向性	・離席や教室からの抜け出し ・集団逸脱行動 ・反抗 ・暴言や暴力 ・反社会的行動（粗暴行為や虚言等） ・非行（退学や窃盗，暴走行為等） ・性的逸脱行動 ・自傷行為

出典：文部科学省初等中等教育局特別支援教育課（2013）をもとに作成

援者間で共有することで，子どもの適応状態を向上させるための支援が促されることでしょう。

　教育現場では，診断のない，あるいは診断を受けるほどの症状を示さなくても，何らかの要因によって生きづらさを示し，支援を必要とする子どもたちがいます。情緒障害の概念や枠組みが教育現場で維持されることによって，診断のない，あるいはDSM-5の診断基準によらない，原因が特定されないが学校生活で不適応の状態を示し，生きづらさを抱える子どもたちを支援対象として引き上げることにつながります（村中，2017）。

　情緒障害児への支援には，社会生活における適応状態の促進があげられます。環境によって生じる緊張や不安を緩和させてあげるように配慮・調整することが大切です。また，情緒障害児については，低年齢の段階から医療機関や療育機関とも連携した適切な教育的対応が必要となる場合もあります。加えて，支援にかかわる者は，保護者の悩みや抱えている課題などを十分に聞き取りながら，保護者とともに支援の方向性や具体的な支援の内容などを検討していくことも大事なことでしょう。

2．精神障害の理解と支援

　精神障害については，精神保健及び精神障害者福祉に関する法律（1950〈昭和25〉年法律第123号）第5条で「この法律で『精神障害者』とは，統合失調症，精神作用物質による急性中毒又はその依存症，知的障害，精神病質その他の精神疾患を有する者をいう」とされています。教育分野では，精神疾患という用語が，2009（平成21）年度改訂の特別支援学

表8－2　精神障害の例

背景要因	障害等の種類
対人関係・親子関係	・摂食障害 ・不安障害 ・心的外傷後ストレス障害（PTSD） ・うつ状態
本人の素因	・強迫性障害 ・うつ病 ・統合失調症

出典：文部科学省（2013）をもとに作成

校学習指導要領解説総則等編に初めて例示として記述されました。現在，特別支援学校（病弱）における精神疾患などのある児童生徒への指導の充実が望まれています。

　国立特別支援教育総合研究所（2019）が2015（平成27）年に実施した調査によると，精神疾患および心身症のある児童生徒数（特別支援学校・学級）は，小学生（小学部を含む）は378人であり，通常の学級も含めた全児童数における割合は0.006％でした。中学生（中等部を含む）は685人であり，通常の学級も含めた全生徒数における割合は0.019％，高校生（特別支援学校高等部）は578人であり，高等学校などの全生徒数における割合は0.017％でした。

　精神障害について文部科学省初等中等教育局特別支援教育課（2013）では，対人関係・親子関係の問題を背景として神経症状態になっている場合と，本人の素因と関連して精神障害状態が生じている場合があるとされています（表8－2）。

　森山（2016）は，特別支援学校（病弱）における精神疾患などのある児童生徒の教育的ニーズについて，「心理」「社会性」「学習」「身体」「学校生活」「自己管理」の6つのカテゴリーがあることを示しました。教育的ニーズを捉える観点として，小学部・中学部・高等部のいずれの学部においても「心理」が重要であること，「学習」や「学校生活」については発達障害の特性を考慮する必要があること，思春期における生徒指導上においては「社会性」が重要であることが指摘されています（図8－1）。

　各教育的ニーズを踏まえて支援や配慮を導入するためには，多階層的な視点が重要であるとされています。たとえば，臨床心理的なアプローチや緊急的な対応を必要とする「受容期」，比較的落ち着いた段階で教育面での試行や社会生活やソーシャルスキルトレーニング（SST）が試行できる「試行期」，安定した状況で将来を見据えた社会自立，キャリア教育の視点をもって復学に向けた教育や学習支援ができる「安定期」に階層分類されます。それぞれが有機的に関連し，当該児童生徒の実態把握に合わせて，包括的に教育的な支援や配慮を計画することが望まれます。

　復学する場合には，安定期の取り組みに加えて受容期の対応が必要なこともあります。また，予防的な考え方では，通常学級の当該児童生徒には，受容期と試行期の取り組みを同時並行的に行うことで，病状が悪化することを防ぐことができる可能性も考えられます。こうした教育的ニーズに対する個別性と，支援・配慮に関する個別性を踏まえた取り

8章

図8-1　精神疾患などのある児童生徒の教育的ニーズのカテゴリーおよびサブカテゴリー

出典：森山（2016）をもとに作成

組みが有機的に行われることにより，発達障害の二次的障害を含む精神疾患および心身症のある児童生徒が，よりよく生活することにつながるでしょう。

> **調べよう・深めよう！**
>
> **調べよう**：「精神障害者保健福祉手帳」とは？
>
> **深めよう**：通常学級において情緒障害のある児童生徒に対して，どんなことに気をつけて支援すればよいでしょうか？

3.　児童虐待の実態と支援

> **キーワード**
>
> **児童虐待**：児童虐待防止法では，保護者がその監護する児童（18歳未満）に対して行う以下の行為であると定義されています。
> ①身体的虐待：児童の身体に外傷が生じ，又は生じるおそれのある暴行を加えること
> ②性的虐待：児童にわいせつな行為をすること又は児童にわいせつな行為をさせること
> ③ネグレクト：児童の心身の正常な発達を妨げるような著しい減食又は長時間の放
> 　置，保護者以外の同居人による身体的虐待・性的虐待行為の放置など
> ④心理的虐待：児童に対する著しい暴言又は著しく拒絶的な対応，児童が同居する家
> 　庭内における配偶者に対する暴力（面前DV〈ドメスティック・バイオレンス〉）など
> **児童養護施設**：保護者のない児童や虐待や経済的理由など適切な家庭環境でない児童

を入所させて支援する児童福祉施設です。児童指導員や保育士が働いており，児童相談所と連携しながら，児童に安定した生活の場を提供し，健全な成長・発達を支援し，自立のための援助を行います。

児童虐待は，2000年11月に施行された「児童虐待の防止等に関する法律」によって初めて定義されました。この法律では，すべての人は，「児童虐待を受けたと思われる児童」を発見したときには，児童相談所などへ通告しなければならないことが定められています。虐待の確証がなくても，児童虐待と思われるような事態（例：いつも汚れた服を着ている，何日もお風呂に入っていないなど）があれば，通告義務が生じます。

児童相談所の虐待対応件数は，年々増加の一途をたどっています（図8-2）。増加の理由として，前述の通告義務の法令化により医師や保育士など子どもに直接かかわる職種による通告が促されたこと，虐待に対する社会的関心や問題意識が高まったこと，児童虐待通告専用ダイヤル「189（いちはやく）」の創設，警察との連携の強化などがあげられます。

虐待発生のリスク要因として，「①保護者の要因（育児不安や心身の不調・病気，保護者の被虐待経験など）」「②子どもの要因（発達の遅れや疾患・障害，育てにくい気質など）」「③養育環境の要因（経済的不安，地域からの孤立，単身家庭，夫婦間の不和や暴力（DV）など不安定な家族関係など）」の3つに大別されます。これらの要因だけでなく，その他の要因も含め，複数の要因が複雑にからみ合うことで，虐待が生じる危険性が高まります。

虐待と疑われる状況が見られた場合には，迅速に組織的に対応していく必要があります。たとえば，担任教諭が1人で抱え込むのではなく，組織全体で意思決定し，役割分担を決めながら関係機関との連携も進めなければなりません。また，前述の通り，さまざまな背景が要因としてからんでいる可能性が高いことから，十分な情報収集と正確なアセスメントが必要です。さらに，身体的虐待の疑いがある場合は，外傷の写真を撮るなど証拠

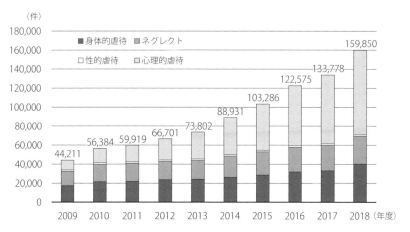

注：2011年度は東日本大震災の影響により福島県を除いて集計。2018年度は速報値

図8-2　児童相談所での児童虐待相談対応件数とその推移
出典：厚生労働省（2019）をもとに作成

を残すことも重要です。

　近年では，学校単位や市区町村の教育委員会単位で，スクールソーシャルワーカー（SSW）を配置している自治体が増えてきています。虐待に関しては福祉的な支援を必要とするケースが少なくないことから，SSWに支援チームに入ってもらい，関係機関との連携や家庭への支援において役割を担ってもらうことも非常に有効です。また，ほぼすべての市区町村に，「要保護児童対策地域協議会」が設置されており，地域の虐待やそのリスクのある家庭に関する情報が共有される場となっています。

4. 児童虐待に関連する心理的問題や精神疾患

　虐待は，子どもの心身の発達および人格の形成に重大な影響をもたらします。虐待によって，愛着障害や心的外傷後ストレス障害（PTSD）（表8-3）などの精神疾患を発症する可能性もあります。精神疾患に至らずとも，心的外傷（トラウマ）や愛着の問題から，さまざまな関連症状が出現する場合もあります（表8-4）。

　愛着障害に関して，最新の診断基準では，「反応性アタッチメント障害」と「脱抑制型対人交流障害」という2つの障害に分けて定義されています。どちらも，養育者と子どもの関係において生じる障害であり，「反応性アタッチメント障害」は養育者に対する反応が抑制されており反応がとても薄く，「脱抑制型対人交流障害」は特定の養育者にこだわらず，誰でも交流してしまうという行動をするとされています。なお，精神医学分野では愛着障害は非常に限定的な概念であり，ネグレクトや頻回な養育者の交代などといった極端に不十分な養育環境があったことが診断の前提になります。したがって。愛着障害と愛着の問題とは分けて捉えるべきであると考えられています。

表8-3　心的外傷後ストレス障害の診断基準の概要

心的外傷的出来事を経験後に，以下の4つの症状が1ヶ月以上持続し，著しい苦痛や生活上の支障をきたしている場合，診断される ①再体験症状（フラッシュバックや悪夢など） ②回避症状（出来事が発生した場所に行くことができないなど） ③認知と感情の否定的変化（「私が悪い」「誰も信用できない」といった過剰に否定的な信念など） ④過覚醒症状（不眠やイライラなど）

表8-4　虐待が子どもの心身の発達に及ぼす影響

【身体的影響】 ・打撲，切創，熱傷，骨折，頭蓋内出血などの外傷 ・栄養障害や体重増加不良，低身長など	【感情面への影響】 ・安全感，信頼感の喪失 ・感情調節障害とストレス耐性の脆弱化 ・感情のまひと解離（記憶喪失や離人感など）
【認知面への影響】 ・自己否定的な考え方，自責感 ・自尊感情の低下 ・無力感と意欲の低下	【行動面への影響】 ・多動，注意集中困難，衝動性の亢進 ・反抗，かんしゃく，攻撃的な言動 ・自傷行為，アルコールや薬物の乱用，反社会的行動

🧑‍🏫 調べよう・深めよう！

深めよう：事例のH児本人と保護者に対して，学校ではどのような対応・支援をするといいでしょうか？

事例紹介

虐待が疑われる児童の発見と支援

担任をしている4年生の学級のH児について，担任のX先生は，最近のH児の様子の変化に戸惑っていました。学級では，ちょっとした注意に対して反抗的な態度をとったかと思えば，休み時間になると身体的接触を求めるなど，気分によって様子が異なりました。

ある日の体育の授業前の着替え中，H児の腕の内側や脇腹にアザがあることに気づきました。H児に聞いても，「ちょっと…」と言うだけで明確には答えませんでした。アザの位置に違和感があったため，すぐに養護教諭に報告しました。管理職とも情報を共有し，虐待の疑いがあると判断し，校長から児童相談所に通告しました。

児童相談所による家庭への聴取の結果，中学受験を考え学習塾に通い出したが，家庭学習になかなか身が入らないH児に対し，叩いて指導することが増えていたとのことでした。保護者も反省しているとのことで，一時保護には至らず，児童相談所職員による定期的な家庭訪問が行われることになりました。

《引用・参考文献》

国立特別支援教育総合研究所（2019）．精神疾患及び心身症のある児童生徒の教育的支援・配慮に関する研究（平成29～30年度）研究成果報告書．http://www.nise.go.jp/nc/wysiwyg/file/download/1/2703（2020年7月7日閲覧）

国立成育医療センター（2019）．子どものトラウマ診療ガイドライン．https://www.ncchd.go.jp/kokoro/disaster/to_torauma_Ver3.pdf（2020年9月24日閲覧）

厚生労働省（2019）．平成30年度 児童相談所での児童虐待相談対応件数〈速報値〉．https://www.mhlw.go.jp/content/11901000/000533886.pdf（2020年9月8日閲覧）

厚生労働省雇用機会均等・児童家庭局総務課（2013）．子ども虐待対応の手引き（平成25年8月改正版）．https://www.mhlw.go.jp/seisakunitsuite/bunya/kodomo/kodomo_kosodate/dv/130823-01.html（2020年9月8日閲覧）

文部科学省（2009）．特別支援学校学習指導要領解説総則等編（幼稚部・小学部・中学部）．https://www.mext.go.jp/component/a_menu/education/micro_detail/__icsFiles/afieldfile/2009/07/22/1278525_01.pdf（2021年1月16日閲覧）

文部科学省初等中等教育局特別支援教育課（2013）．Ⅶ 情緒障害，教育支援資料──障害のある子供の就学手続と早期からの一貫した支援の充実──．https://www.mext.go.jp/component/a_menu/education/micro_detail/__icsFiles/afieldfile/2014/06/13/1340247_12.pdf（2020年7月7日閲覧）

森山貴史（2016）．精神疾患や心身症のある児童生徒の教育的ニーズに関する一考察──A特別支援学校

8章

（病弱）教員対象の調査を踏まえて——　国立特別支援教育総合研究所研究紀要, *43*, 45-57.

村中智彦（2017）. 情緒障害の概念に見られる臨床的意義　上越教育大学研究紀要, *37*(1), 119-128.

9章 児童・青年期の場面かん黙（選択性かん黙），社交不安症，強迫症／気分障害・統合失調症の原因と障害特性

日下虎太朗・田口禎子

1. 不安という感情について

　不安という感情について理解するために，人間の「感覚」について考えてみましょう。たとえば沸騰したヤカンに手が触れたとき，私たちは「熱い」と感じて瞬時に手を引っ込めるでしょう。また，タンスの角に足の小指をぶつけてしまったとき，「痛い」と感じて適切な手当てを施すでしょう。「熱さ」や「痛み」といった感覚がまったくないと，火傷をしていても骨折していても気づかずに，身体に重大なダメージを受けることになります。このように人間に生得的に備わっている「感覚」には，「その状況が身体にとってどのような影響があるか」を気づかせてくれる役割があります。さらに，一度このような経験をしたあとは，沸騰したヤカンに手を触れないように気をつけるでしょうし，タンスに足をぶつけないよう注意するようになるでしょう。つまり，「感覚」によって気づいた状況に合わせた行動を学習するのです。

　それでは，「悲しみ」や「不安」といった「感情」にはどのような役割があるでしょうか。たとえば大好きだった恋人と別れることになったとき，私たちは「悲しい」と感じるでしょう。そして，しばらくは他のことに手がつけられないほど悲しい状況が続くかもしれません。その悲しみは数週間から数ヶ月続きますが，たいていの場合は大泣きしたり友人に話を聞いてもらったりしているうちに，やがて収まり元の生活へと戻るでしょう。このように悲しみを感じている期間は，他のことに費やすエネルギーを最小限にして「失恋」という出来事と向き合い，自分を慰めることに専念します。つまり，「感情」には「その状況が心にとってどのような影響があるか」を気づかせてくれる役割があるのです。また，感覚と同様に私たちは感情によって気づいた状況に合わせた行動を学習します。

　「不安」という感情には，「安全が確保されていない」ということを知らせる役割があります。「不安」という感情が機能的に働くことによって，私たちはより慎重に行動して失敗を防ぎ，目的を安全に遂行することができるのです。しかしながら，不安が強すぎるとなかなか行動に移せずに仕事や決断が遅くなってしまったり，人前に出ることができなくなってしまったりと，学校生活や社会生活にさまざまな支障をきたしてしまうことになります。

　本章の前半では，背景に「『不安』の感じやすさ」があると考えられている障害のうち，場面かん黙〔緘黙〕（選択性かん黙）・社交不安症・強迫症を取り上げて，その障害特性や

表9−1　主な診断基準（DSM-5, ICD-11）

	DSM-5
場面かん黙（選択性かん黙）	A. 他の状況では話しているにもかかわらず，話すことが期待されている特定の社会的状況（例：学校）において，話すことが一貫してできない。
社交不安症（社交恐怖）	A. 他者の注視を浴びる可能性のある1つ以上の社交場面に対する，著しい恐怖または不安。例として，社交的なやりとり（例：雑談すること，よく知らない人に会うこと），見られること（例：食べたり飲んだりすること），他者の前で何らかの動作をすること（例：談話をすること）が含まれる。
強迫症	A. 強迫観念または強迫行為のどちらかもしくはその両方が存在する 強迫観念：(1) 繰り返される持続的な思考，衝動，またはイメージで，それは障害中の一時期には侵入的で不適切なものとして体験されており，たいていの人においてそれは強い不安や苦痛の原因となる，(2) その人はその思考，衝動，またはイメージを無視したり抑え込もうとしたり，または何か他の思考や行動（強迫行為を行うなど）によって中和しようと試みる。 強迫行為：(1) 繰り返しの行動，心の中の行為であり，それらの行為を行うように駆り立てられていると感じている，(2) 行動や心の中の行為は，苦痛の予防，緩和，恐ろしい出来事や状況を回避することを目的としているが，それらの行為は状況に対して現実的，有効的ではなく明らかに過剰である。

※1　主な診断基準を筆者が抜粋した。ICD-11については筆者による邦訳。
※2　それぞれの診断基準には「それらの症状により個人的，家族的，社会的，教育的，職業的など重要な機能領域において重大な支障をきたしている」「他の疾患によるものではない」といった項目が含まれる。
出典：日本精神神経学会（日本語版用語監修），髙橋三郎・大野裕（監訳）(2014). DSM-5 精神疾患の診断・統計マニュアル　医学書院，p.193, pp.200-201, p.235診断基準より抜粋，およびICD-11をもとに筆者が抜粋・邦訳

支援のあり方について簡単に説明します。

2. 場面かん黙（選択性かん黙）の理解と支援

　場面かん黙（選択性かん黙）とは，他の場面（主に家庭など）では話すことができるにもかかわらず，特定の場面（学校など）で一貫して話すことができないことにより，学校生活や社会生活を営むうえで重大な問題が生じている状態です。通常，5歳未満で発症することが多いですが，学校などの話すことが要求されるコミュニティに入って初めて気づかれることも少なくないといわれています。この障害の背景要因としては「不安の感じやすさ」があると考えられており，後述する社交不安症を併発しているケースも多く見られます。DSM-5やICD-10では「選択性かん黙」という名称が使用されていますが，「当事者の意思で話さないことを選択している」という誤解を招くおそれがあるとして，今後は「場面かん黙」という名称がより一般的に使用される見通しとなっています。

　場面かん黙の子どもへの支援として，抗うつ剤等の薬物療法や認知行動療法などの心理社会的支援がなされます。学校における場面かん黙の背景には学校（とくにクラス）に対する「不安」があるため，学校（クラス）が「安全な場である」と認識されるよう，子どもの不安と寄り添いながら環境調整をするといった支援がなされます。具体的には，①子

ICD-11
場面かん黙は，話すことの一貫した選択性を特徴とする。たとえば，子どもがある状況（典型的には自宅）では適切な言語能力を発揮しているにもかかわらず，特定の社会的状況（典型的には学校）において一貫して話すことができないなどのかたちで現れる。（中略）発言の失敗は，社会的状況で必要とされる話し言葉の知識や不足（たとえば，自宅と学校とは異なる言語を要求されているなど）が原因ではない。
社交不安症は，社会的相互作用，人に見られること，または人前に出ることなどのうち，1つまたは複数の社会的状況において一貫して顕著に現れる過度の恐怖または不安を特徴とする。このような行動をしたり不安症状を見せたりすることが，他者から否定的に評価されることを恐れている。社会的状況は一貫して回避されるか，強烈な恐れや不安を感じながら耐えられる。
強迫症は，強迫観念や強迫行為（だいたいにおいて併存する）を特徴とする。 強迫観念は，反復的で持続的な思考，イメージ，または衝動である。それらは侵入的で，望ましくないものであり，一般に不安と関連している。その人は強迫観念を無視または抑制しようとするか，強迫行為により中和しようとする。強迫行為とは，強迫観念によって引き起こされる反復的な行動（心の中で行われるものも含む）であり，「完全である」という感覚を得るために厳格なルールに従って行われる。強迫症が診断されるためには，強迫観念や行為に大いに（たとえば1日1時間以上）時間を費やされていること，（後略）。

どもの不安な気持ちを十分に受け止め，寄り添った言葉がけをすること，②学校（とくにクラス）が安心な場であると認識してもらうために保護者や教職員と連携しながら他の児童生徒とのかかわりや活動を工夫すること，③発言を強要することはせず，ジェスチャーや筆談など子どものできるところから始めて段階的にコミュニケーションツールを増やしていくということが考えられます。とくに当該児童生徒が「不安」という感情を自分の中に安心して保持していられるようになるための①②のようなかかわりが重要になってきます。実際には，個に応じて適切なかかわりは異なるため，対象児童生徒のアセスメントをもとに関係者が連携して，試行錯誤を重ねながら彼らに合った支援を展開していくことになります。場面かん黙の子どもは教室の中で他の児童生徒とトラブルを起こすことは少ないため，適切な支援がなされずに「放置」さ

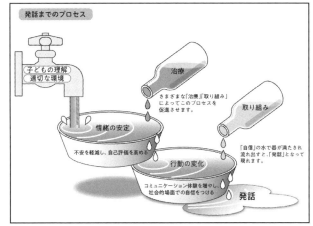

図9−1　発話までのプロセス
出典：金原・高木（2018）p.23の図を転載

れてしまうケースも少なくありません。しかしながら，学校などの社会的場面において話せない状況が続くことは，当該児童生徒にとって大きな不利益になるということを忘れてはなりません。

3. 社交不安症の理解と支援

　社交不安症とは，他者の注視を浴びる可能性のある1つ以上の場面（授業中の音読や発表，給食などの飲食，日常生活における友だちとの交流も含む）において一貫して生じる過度の不安・恐怖のため，学校生活や社会生活を営むうえで重大な問題が生じている状態です。小・中学生の年代（8〜15歳）での発症が多く，他の不安症やうつ病との併発も多いことが指摘されており，不登校の児童生徒の中には社交不安症のある子どもも少なくありません。また，子どもの場合，泣く，かんしゃく，凍りつく，まといつく，縮みあがる，話せないというかたちでその不安が表現されることも多く，他の児童生徒との間でトラブルを起こしやすいケースもしばしばあります。

　社交不安症の子どもへの支援としては，不安を抑制するための抗うつ剤などの薬物療法や，不安階層表（表9-2）を用いた「段階的エクスポージャー」などの心理社会的支援がなされます。不安階層表とは，対象となる児童生徒が不安を感じる場面をできるだけ具体的にあげ，最も不安を感じる場面を100，まったく不安を感じない場面を0としてそれぞれの不安の強度を数値で評定してもらい，表にまとめたものです。そして，出来上がった不安階層表に従って不安の小さい場面を体験させ，慣れてきたら次の段階に移るといった具合に，段階的に不安な場面に慣らしていくというのが「段階的エクスポージャー」です。ここで注意すべき点として「十分なアセスメント」「十分な心理教育」「不安を感じたときの対処法を教えること」の3つがあります。段階的エクスポージャーは，実際に対象児童生徒を不安場面にさらすことになるため，ある程度の苦痛を伴うことになります。そ

表9-2　不安階層表の例

不安レベル	不安な場面	不安の強さ
0	学校に登校する	0
1	担任のA先生と挨拶をする	10
2	朝の出欠確認のときに，名前を呼ばれて返事をする	20
3	Bくんと挨拶をする	30
4	Bくん以外の友だちと挨拶をする	40
5	Bくんと2人グループで話し合いをする	50
6	Bくんと世間話をする	60
7	生活班の話し合い活動に参加する	70
8	Bくん以外の友だちと世間話をする	80
9	生活班の中で発表する	90
最終目標	授業中に指名されて，みんなの前で発表する	100

のため，不安階層表を作るうえで十分に対象児童生徒と相談しながら，スモールステップでより具体的な場面を設定することで急な強度の変化を少なくし，負担を軽減することが必要です。また，社交不安症の子どもはもともと不安を感じやすいため，「自分がこれから何をするのか」ということがわからないことに対する不安も強く感じます。したがって，対象児童生徒に具体的にわかりやすくこれからの支援方針を説明することも重要になってきます。さらに，実際に不安を感じたときの対処法（回避ではなく深呼吸などのリラクゼーション法など）もセットで教えることも忘れてはなりません。

4. 強迫症の理解と支援

　強迫症とは，ある考えやイメージ（たとえば，「家の鍵がかかっていないのではないか」など）が繰り返し浮かんできてしまうこと（強迫観念）により，同じ行為（たとえば，鍵をかけ直すなどの確認行動）を何度も繰り返してしまうこと（強迫行為）で，学校生活や日常生活を営むうえで重大な問題が生じている状態です。強迫観念が不安を引き起こし，その対処として強迫行為を行うことで一時的には不安が和らぐものの，再び強迫観念によって不安が高まると，今度はそれまでよりもさらに強い強迫行為をせざるをえなくなるという悪循環に陥っているのです。第二次性徴の始まる思春期から20代にかけて発症するケースが多いといわれています。子どもの場合，「自分の手がウイルスに汚染されているのではないか」という強迫観念から，「何度も手洗いをする」といった脅迫行為を行うというかたちで表れることも多くあります。また，一般的には自分の中に湧き起こってくる強迫観念が「不合理である」と認識していますが（小学生など低年齢の子どもは認識していないことも多い），それでも強迫行為が止められないために，自尊心が低下したり，うつ病などの二次的な障害を発症するリスクが高いことも指摘されています。

　強迫症の子どもへの支援としては，薬物療法や心理社会的支援が行われます。場面かん黙や社交不安症と同様に「不安」を背景要因とするため，単に脅迫行為をやめさせようとするのではなく，不安に寄り添った支援を行うことが重要です。具体的には，①子どもの不安な気持ちを受け止めること，②病気からきている症状は可能な範囲で子どもに説明すること，③不安が高まったときの対処法を事前に相談しておくこと（「困ったときカード」を作るなど）などが考えられます。また，強迫症の場合学校や家庭だけで対応するのは難しいケースも多いです。そのような場合は，信頼関係ができてきた段階で，時機を見て保護者と相談しながら適切な医療機関の受診を勧めていく必要もあるでしょう。

9
章

> **🔑 キーワード**
> **分離不安症**：自宅や愛着をもっている人（母親など）から離れることに対して，持続的
> で強い不安をもっている状態。幼児期・学齢期の子どもに多く，不登校に至るケース
> もあります。

事例紹介

場面かん黙と社交不安症のある中学1年男子Iくん

場面かん黙と社交不安症があり，小学校では不登校傾向のあったIくん。Y中学校に進学が決まった3月から，小学校の担任，Y中学校のスクールカウンセラー，保護者，本人を含めた数回の支援会議を経て，就学支援が開始されました。Iくんは「毎日学校に通って，友だちと話せるようになりたい」という思いをもっていましたが，はじめは挨拶をすることもできませんでした。まず中学校が安心できる場になるために，1週間に2回のペースで相談室に来て，新しい担任の先生も含めてカードゲームをしたり絵を描いたりしながら徐々に信頼関係を深めていきました。そのうちに担任の先生と挨拶ができるようになりました。中学校に入学後，定期的な面接を続けるうちに，ほとんど休まずに登校できるようになりました。「友だちと話す」という目標に向けて毎日奮闘しています。

5. 統合失調症とは

統合失調症は，考え方や，見たり聞いたりしたものの理解の仕方が混乱する疾患です。具体的には幻覚，妄想，まとまりのない思考や行動，陰性症状などの症状を示し，多くの場合，本人に自覚（病識）はありません。妄想とは，間違っているという証拠があったとしても他者が何を言っても変わることのない誤った信念のことで，危害を加えられたり嫌がらせをされたりしていると信じる被害妄想，他者の言動，周囲からの情報が自分に向けられたメッセージだと信じる関係妄想，特別な力や富などをもっていると信じる誇大妄想などがあります。幻覚は，そこには存在しないものを聞いたり，見たりすることであり，本人には現実のように思えます。最もよくあるのは何らかの声を聴く幻聴で，本人に話しかけてきたり，本人の行動についてコメントしてきたりするものがあります。まとまりのない思考とは，脱線して滅裂な考えや発語のことであり，筋が通らない，聞き手の理解できない話をします。まとまりのない行動とは，緊張している，落ち着かない，慌ただしい，もしくは明確な目的のない繰り返す動きを指します。逆に，数時間動かない緊張病の症状になることもあります。陰性症状とは，あたかも外界にまったく興味がなくなり，そのこと自体も苦にならないかのような状態のことで，活力がなくなり，興味関心が減退し，やりたいことを達成する気持ちがなくなり，社会的なかかわりや感情を表現すること

もしなくなります。

　以前は「精神分裂病」とも呼ばれていました。ICD-11では「統合失調症またはほかの一次性精神症群」に，DSM-5では「統合失調症スペクトラム障害および他の精神病性障害群」に含まれており，関連した疾患には妄想性障害（妄想症），統合失調感情障害（統合失調感情症）などがあります。

　発症は10代後半から20代が多く，40代以降や小児期の発症もありますがまれです。未受診者も含めて，統合失調症がどのくらいの数にのぼるかについては，とくに日本では十分な調査がなされていませんが，世界各国からの報告をまとめると，生涯のうちに統合失調症にかかるのは人口の0.7％（0.3〜2.0％；生涯罹患率）とされています。男女比に大きな差はありません。急性発症する場合と緩徐に発症する場合があり，多くは時間をかけてゆっくりと発症します。遺伝子は統合失調症の発症リスクに影響があるとされますが，家族に同じ障害をもたない人で発症している場合も多くあります。

　統合失調症を完治する方法はまだ見出されていませんが，幻覚や妄想を和らげるための抗精神病薬による薬物療法を行いながら，生活技能やコミュニケーションスキル，思考技能の向上を目指した精神療法を併用して，生産的で生きがいのある生活に導くことが目指されます。また，一般的な心身の健康に気を配ること（たとえば，健康的な職位，禁煙，適度な運動）も，この疾患の治癒の一端を担います。統合失調症をもつ多くの人にとって，回復（リカバリー）とは疾患とうまく付き合っていくことであり，症状がいくつか残っていたとしても大きな機能障害には至っていないことを意味しています。

　本人が自分が病気であると理解できず，幻覚や妄想が現実と感じて治療薬を必要とせず服薬に抵抗を示したり，副作用を嫌い服薬をやめてしまったりすることもあります。そのような場合には家族が治療をサポートする必要があり，家族や教師など周囲の人も医師などメンタルヘルスケアの専門家の助けを借りながら，統合失調症について本人と一緒に学び対処方法や問題解決の技能を学ぶことが必要です。

6. 気分障害とは

> **🔑 キーワード**
>
> **認知行動療法（cognitive-behavior therapy）**：考え方と行動に焦点を当てた精神療法の一種です。現実の受け取り方やものの見方（認知）から生じる考え（自動思考）を見直し，現実に沿った柔軟なものに変えていきます。
> **カウンセリング**：傾聴し，受容し，寄り添いながら，人間の健康的なパーソナリティをターゲットに心理的安定と成長を促す援助をすること（福島, 2018）。

　気分障害は，気分，活力，生活機能に顕著な変化を引き起こす障害です。感情が極端で強烈になり，これは日常生活にある気分の浮き沈みとは明らかに異なるものです。高揚感

表9－3　DSM-5によるうつ病（大うつ病性障害）の診断基準

以下のA〜Cをすべて満たす必要がある。
A：以下の症状のうち5つ（またはそれ以上）が同一の2週間に存在し，病前の機能からの変化を起こして
　いる：これらの症状のうち少なくとも1つは，1 抑うつ気分または2 興味または喜びの喪失である。
　注：明らかに身体疾患による症状は含まない。
1．その人自身の明言（例えば，悲しみまたは，空虚感を感じる）か，他者の観察（例えば，涙を流してい
　るように見える）によって示される，ほとんど1日中，ほとんど毎日の抑うつ気分。注：小児や青年では
　いらいらした気分もありうる。
2．ほとんど1日中，ほとんど毎日の，すべて，またはほとんどすべての活動における興味，喜びの著しい
　減退（その人の明言，または観察によって示される）。
3．食事療法中ではない著しい体重減少，あるいは体重増加（例えば，1ヶ月に5％以上の体重変化），ま
　たはほとんど毎日の，食欲の減退または増加。（注：小児の場合，期待される体重増加が見られないこと
　も考慮せよ）
4．ほとんど毎日の不眠または睡眠過多。
5．ほとんど毎日の精神運動性の焦燥または制止（ただ単に落ち着きがないとか，のろくなったという主観
　的感覚ではなく，他者によって観察可能なもの）。
6．ほとんど毎日の易疲労性，または気力の減退。
7．無価値観，または過剰あるいは不適切な罪責感（妄想的であることもある）がほとんど毎日存在（単に
　自分をとがめる気持ちや，病気になったことに対する罪の意識ではない）。
8．思考力や集中力の減退，または決断困難がほとんど毎日存在（その人自身の言明，あるいは他者による
　観察による）。
9．死についての反復思考（死の恐怖だけではない），特別な計画はない反復的な自殺念慮，自殺企図，ま
　たは自殺するためのはっきりとした計画。
B：症状は臨床的に著しい苦痛または社会的・職業的・他の重要な領域における機能の障害を引き起こして
　いる。
C：エピソードが物質や他の医学的状態による精神的な影響が原因とされない。

出典：日本精神神経学会（日本語版用語監修），髙橋三郎・大野裕（監訳）（2014）．DSM-5 精神疾患の診断・統計マニュ
　アル　医学書院，p.160 診断基準より

や激しい感情・行動を特徴とする躁病エピソードや軽躁病エピソードと悲哀感や絶望感を特徴とする抑うつエピソードが入れ替わり繰り返される双極性障害や，悲しみ，空虚感，睡眠や思考の障害，日常の機能低下が起こる抑うつ障害などがあります。以前は「躁うつ病」「うつ病」と呼ばれており，現在でもこの呼称を使う場合があります。ICD-11では「気分症群」に，DSM-5では「双極性障害および関連障害群」「抑うつ障害群」に含まれており，関連した疾患には月経前不快気分障害，重篤気分調節症などがあります。

　発症は10代後半から20代が多く，小児期や60代以降の発症もあります。双極性障害は男女比に差はありませんが，うつ病は女性のほうが1.5〜3倍かかりやすいとされています。生涯のうちにうつ病にかかるのは人口の5〜17％，双極性障害は2〜8％とされています。双極性障害は家族歴がリスク因子であり，両親やきょうだいに双極性障害の人がいる成人は発症リスクが高くなります。うつ病は誰でもかかる可能性がありますが，気質，環境，遺伝などが関係しています。

　双極性障害では躁病エピソードのときに自身や家族を傷つけたり，職を失ったりするなどの生活や仕事への影響が大きく，うつ病では精神的な苦痛や絶望感から自殺の考えや企図にさえ至ることがあります。また，うつ病はほかの疾患と併発することもあり，物質使用障害，パニック症，強迫症，摂食障害などがあります。

表9－4　DSM-5による躁病エピソード（Manic Episode）

以下のA～Eをすべて満たす必要がある。
A. 気分が異常かつ持続的に高揚し，開放的で，またはいらだたしい，いつもとは異なった期間が少なくとも1週間持続する（入院治療が必要な場合，持続期間は関係ない）。
B. 気分の障害の期間中，以下の症状のうち3つ（またはそれ以上）が持続しており（気分が単にいらだたしい場合は4つ），はっきりと認められる程度に存在している。
1. 自尊心の肥大，または誇大。
2. 睡眠欲求の減少（例：3時間眠っただけでよく休めたと感じる）。
3. 普段よりも多弁であるか，喋り続けようとする心拍。
4. 観念奔逸（考えがまとまらず発言がバラバラ），またはいくつもの考えが競い合っているという主観的な体験。
5. 注意散漫（すなわち，注意があまりにも容易に，重要でないかまたは関係のない外的刺激によって他に転じる）。
6. 目標志向性の活動（社会的，職場または学校内，性的のいずれか）の増加，または精神運動性の焦燥。
7. まずい結果になる可能性が高い快楽的活動に熱中すること（例：制御のきかない買いあさり，性的無分別，またはばかげた商売への投資などに専念すること）。
C. 症状は混合性エピソードの基準を満たさない。
D. 気分の障害は，職業的機能や日常の社会活動または他者との人間関係に著しい障害を起こすほど，または自己または他者を傷つけるのを防ぐため入院が必要であるほど重篤であるか，または精神病性の特徴が存在する。
E. 症状は，物質（例：乱用薬物，投薬，あるいは他の治療）の直接的な生理学的作用，または一般身体疾患（例：甲状腺機能亢進症）によるものではない。
注：　身体的な抗うつ治療（例：投薬，電気けいれん療法，光療法）によって明らかに引き起こされた躁病様のエピソードは，双極 I 型障害の診断にあてはまらない。

出典：日本精神神経学会（日本語版用語監修），高橋三郎・大野裕（監訳）（2014）．DSM-5 精神疾患の診断・統計マニュアル　医学書院，p.124診断基準より

　気分障害は治療で症状が軽減するものであり，多くの場合薬物療法，精神療法，健康的な生活習慣の組み合わせで症状の改善を図ります。双極性障害では気分安定薬や抗精神病薬，うつ病では抗不安薬，抗うつ薬，抗精神病薬が処方されることが多く，医師と相談しながら継続的に服薬することで症状の改善と再発防止をすることができます。精神療法としては，家族内で問題や衝突が起きやすくなるため家族療法を用いたり，健康的でない思考や行動のパターンを変容させるため認知行動療法を用いたりします。同時に適度な運動，健康的な食事，サポートグループへの参加といったことも気分障害の改善に役立ちます。違法薬物やアルコールの使用は症状を悪化させます。とくにうつ病では，一般的な注意として，十分な休息をとること，重大な決断は先に延ばすこと，周囲ははげまさないようにして見守ることなども対応のポイントです。

　これらの疾患・障害は青年期から成人期早期にかけて生じることが多いことから，生活技能を獲得したり，学校や訓練を無事に卒業したり，仕事を続けたりするために，治療と並行して学業を続けるためのスクールカウンセリングなどのサポートや職業訓練，就労支援を受けることが本人の適応向上につながると考えられます。

9
章

調べよう：統合失調症や気分障害のある人の手記を読んでみよう。

事例紹介

統合失調症を発症した大学2年生のJさん

大学2年のJさんは，大学に入りしばらくすると徐々に行動が奇異になり，毎日同じ服装をし講義に出席することが減り，家族とも話さず友人とも会わなくなりました。家では何の音も立てていないのに自室から「静かにしろ！」と怒鳴る声が聞こえたり，一人語で誰かと会話する声が聞こえるようになりました。心配した親が本人を病院に連れていくと，「自分は病気ではない。隣人や街の人たちが自分を見ると悪口や罵声を浴びせてくる」と医師に話しました。

《引用・参考文献》

American Psychiatric Association (2013). *Diagnostic and Statistical Manual of Mental Disorders, 5th ed. (DSM-5)*. Washington, D.C.: American Psychiatric Publishing.［日本精神神経学会（日本語版用語監修），髙橋三郎・大野裕（監訳）(2014). DSM-5 精神疾患の診断・統計マニュアル　医学書院］

American Psychiatric Association（著），滝沢龍（訳）(2016). 精神疾患・メンタルヘルスガイドブック──DSM-5から生活指針まで──　医学書院.

福島哲夫（編集責任）(2018). 公認心理師必携テキスト　学研メディカル秀潤社.

金原洋治・高木潤野 (2018). イラストでわかる子どもの場面緘黙サポートガイド──アセスメントと早期対応のための50の指針──　合同出版.

水島広子 (2010). 正しく知る不安障害──不安を理解し怖れを手放す──　技術評論社.

Ⅱ

インクルーシブ教育・教育課程と学校内外連携

10章

インクルーシブ教育，ユニバーサルデザイン教育，
障害理解教育，交流及び共同学習の実際

細谷一博

1. インクルーシブ教育システム

キーワード

インクルーシブ教育システム：人間の多様性が尊重され，社会に参加することを可能とすることを目的に，教育制度（General education system）から排除されないことです。

(1) インクルーシブ教育システムとは

インクルーシブ（Inclusive）とは，「包括」することであり，「インクルーシブ教育システム」とは，人間の多様性の尊重等の強化，障害者が精神的および身体的な能力などを可能な最大限度まで発達させ，自由な社会に効果的に参加することを可能とする目的のもと，障害のある者と障害のない者が教育制度一般（General education system）から排除されないこと，自己の生活する地域において初等中等教育の機会が与えられていること，個人に必要な合理的配慮が提供されることなどを必要としています（障害者の権利に関する条約，第24条）。

これらの取り組みは，障害のある者が，積極的に社会に参加し，貢献していくとともに，相互に人格と個性を尊重し支え合い，互いに認め合える全員参加型の社会である「共生社会」の形成へとつながっていきます。

このような考え方は，1994年6月にスペインのサラマンカの地で開催された「特別なニーズ教育に関する世界会議」で採択された「サラマンカ宣言」に見ることができます。このサラマンカ宣言の中で，「特別なニーズ教育」という概念と同時に，インクルーシブ教育の推進とインクルーシブな学校推進を打ち出したことで，全世界へと広がりを見せていきました。この背景には，特別なニーズのある子どもを医学・心理学的に障害児とされる子どもに限定せず，障害児や優秀児，ストリートチルドレン，遊牧民の子ども，マイノリティーの子どもたちなど，教育を受ける機会が保障されていないという状態に目を向けていることがあり，注目すべき点ということができます。

(2) インクルーシブ教育とユニバーサルデザイン

特別支援教育では，特別支援学校や特別支援学級，通級指導教育等に在籍している児童生徒だけではなく，通常学級に在籍している発達障害または発達障害が疑われる児童生

図10－1　ユニバーサルデザインの例

徒に対しても，適切な教育を施すことが必要です。インクルーシブ教育とは，このような，通常学級に在籍をしていながらも，学習面や対人関係の面で困難を抱えている児童生徒に対して，学習の機会を確保するための教育ということができます。ここで，「学習の機会の確保」は，学習の場を確保するということではなく，学習の質を確保するという意味で捉えていくことがとても重要です。このように考えていくと，「ユニバーサルデザイン」の考え方がとても大切になってきます。ユニバーサルデザインとは，障害者基本計画では「あらかじめ，障害の有無，年齢，性別，人種等にかかわらず多様な人々が利用しやすいよう都市や生活環境をデザインする考え方」とされており，障害者の権利に関する条約では，「調整又は特別な設計を必要とすることなく，最大限可能な範囲ですべての人が使用することのできる製品，環境，計画及びサービスの設計」と定義されています。つまり，ユニバーサルデザインとは，「誰もが公平に利用しやすい」「利用者にとってわかりやすい」「負担がない」ようにデザインされたものということができます。図10－1に示したのは，ある幼稚園の手洗い場です。多くの子どもが一度に手を洗おうとして，「先生～，○○ちゃんが押した～」などの声を聞く場面がよくあります。また，どこに並んでよいのかわからない子どもは，いつまでも最後尾に並んでいます。しかし，床に靴の写真が貼ってあるだけで，手を洗う人，順番を待つ人の立ち位置が，特別なニーズのある子どもだけでなく，誰にとっても一目でわかり，利用しやすくなります。教育活動で考えるユニバーサルデザインは，「特別なニーズのある子どもだけでなく，すべての子どもにとってわかりやすくデザインされているもの」を考えていくことが大切になります。

(3) 合理的配慮の考え方と基本的環境整備

　合理的配慮は，国連の「障害者の権利に関する条約（Convention on the Rights of Persons with Disabilities）」の中で規定された概念です。この障害者の権利に関する条約は，第1条で「すべての障害者によるあらゆる人権および基本的自由の完全かつ平等な享有を促進し，保護し，および確保することならびに障害者固有の尊厳の尊重を促進すること」と明

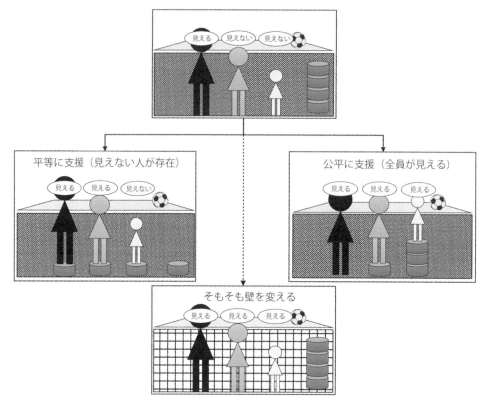

図10－2　合理的配慮のイメージ

記されています。つまり障害に基づく差別を受けることなく，社会のすべての機会に等しく参加することを目指しているわけです。さらに障害者の権利に関する条約の中で，「合理的配慮」はキーワードとしてあげることができるわけですが，そこでは「障害者が他の者と平等にすべての人権および基本的自由を享有し，または行使することを確保するための必要かつ適当な変更および調整であって，特定の場合において必要とされるものであり，かつ，均衡を失したまたは過度の負担を課さないもの」と定義されています。このことから，障害者に対して合理的配慮をしない場合も差別に該当することを忘れてはいけません。

　では，実際の学校教育現場における合理的配慮とはどのようなものなのかを考えてみましょう。それは，障害のある子ども個々のニーズに合わせて，個別に提供されるものとして捉える必要があります。具体的には，図10－2に示したように，全員を対象に「平等（Equality）」に行ったとしても，その目的を達成することはできません。しかしながら，必要とされる子どもに対して，その目的を達成するために「公平（Equity）」に与えられるとすれば，全員がその目的を達成することができます。このような考えのもと，合理的配慮は行われていく必要があります。また，合理的配慮の対象となる障害者ですが，「障害者差別解消法」における「障害者」の定義を見ると，「身体障害，知的障害，精神障害

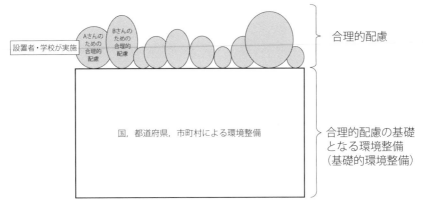

図10－3　合理的配慮と基礎的環境整備の関係図
出典：文部科学省（2012）

（発達障害を含む），その他の心身の機能の障害がある者であって，障害及び社会的障壁により，継続的に日常生活又は社会生活に制限を受ける状態にある者」とされています。つまり，障害とは「社会モデル」の考え方に基づいており，障害者手帳（療育手帳，身体障害者手帳，精神障害者保険福祉手帳）を所有している人のみを対象にしているわけではないことがわかります。さらに，これらの配慮事項は，基礎的環境整備のうえに成り立っています。つまり「基礎的環境整備」は，合理的配慮の基盤となるものであり，国や都道府県，市町村の役割として整備されるため，それぞれの学校環境や教室環境によって異なってくることから，基礎的環境整備の整備状況によって，提供される合理的配慮は異なってくることになります（図10－3）。

2. 交流及び共同学習の実際

> 🔑 **キーワード**
> **交流及び共同学習**：共生社会の実現を目的に，障害のある子どもと障害のない子どもがともに交流・学習し，相互に理解を深める活動をすることを示す用語です。

（1）交流及び共同学習とは

　障害のある子どもと障害のない子どもが，一緒に活動する交流及び共同学習には，相互のふれあいを通じて豊かな人間性を育むことを目的とする「交流の側面」と，教科等のねらいの達成を目的とする「共同学習の側面」があり，これらは分かちがたいものとして取り組む必要があります。小学校学習指導要領（文部科学省, 2017）には，交流及び共同学習は，障害のある幼児児童生徒との交流及び共同学習の機会を設け，ともに尊重し合いながら協働して生活していく態度を育むようにすることと明記されています。このような交流及び共同学習を推進していくことは，共生社会の形成に向けて，経験を広め，社会性を養い，豊かな人間性を育てるうえで大きな意義を有していることがわかります。通常学級と

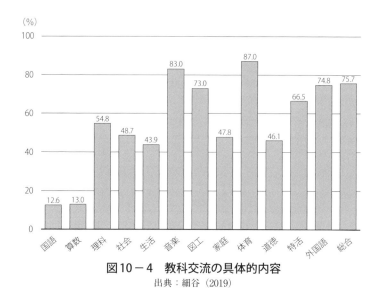

(%)

図10－4　教科交流の具体的内容
出典：細谷（2019）

特別支援学級を例に考えてみると，交流及び共同学習は大きく3つの形態に分けることができます。

　①日常交流：登下校や給食，休み時間など，子どもが日常的に一緒に活動する場面
　②行事交流：運動会や音楽祭，学芸会など，学校行事を一緒に行う場面
　③教科交流：国語や算数，体育，音楽など，教科学習を一緒に行う場面

　これらの交流は，全国的に高い実施率を示しており，特別支援学級に在籍している子どもたちの多くが，交流及び共同学習を実施しています。また，教科交流の実施においては，主要5教科に比べて，技能教科での実施率が高いことも特徴ということができます（図10－4参照）。

（2）特別支援学級における交流及び共同学習の実際

　特別支援学級は，特別に編成された学級（学校教育法第81条）ではあるものの，小学校に設置された学級であるため，教育課程は小学校の学習指導要領に基づいて編成することを原則としています。しかしながら，個々の子どものニーズに合わせて指導を行うため，特別支援学級の実態に合わせて，特別の教育課程を編成することが認められています（学校教育法施行規則第138条）。さらに異なる学年が在籍している特別支援学級においては，交流及び共同学習を実施する際に，通常学級の教育課程（具体的には時間割等）を教師間で調整したり，交流時の児童の様子やそれぞれの目標について，教師間で共通理解を図ったりすることが必要となります。

　また実際には，特別支援学級児童が通常学級に行って学習をする「行く交流」と，通常学級の児童を特別支援学級に招待する「招く交流」の2つの方法が考えられます（図10－5参照）。多くの学校で「行く交流」が実施されていますが，特別支援学級担任の付き添いの問題や特別支援学級児童に対する理解や受け入れ態勢などの課題も指摘されています

図10-5　行く交流（左）と招く交流（右）

（細谷，2011）。一方，「招く交流」の場合，通常学級児童を特別支援学級に招いて実施する
ことができるため，特別支援学級担任の付き添いの問題や特別支援学級児童の理解など，
「行く交流」に比べると課題は少なくなると考えられています。しかし，単にふれあう活
動だけで終わるのではなく，しっかりとした「事前指導と事後指導」をすることによっ
て，ふれあいからの学びをより強固なものにしていくことができます。

(3) 交流及び共同学習における配慮（知的障害児の場合）

　通常学級と特別支援学級における交流及び共同学習の場合，交流の機会だけでなく，日
常的に同じ校舎内で生活をしています。したがって，交流場面だけでなく，校舎内のさま
ざまな場面で顔を合わせることができるため，通常学級に在籍する子どもたちに対して，
正しく理解を促すことが必要となります。交流及び共同学習を考える際に，特別支援学級
児童に対する配慮事項としては，以下のようなことが考えられます。

　①子どもの興味・関心に合わせた活動の工夫
　②言語だけの指示ではなく，絵や写真，モデルを示すなどの具体物（半具体物）を用い
　　たわかりやすい説明
　③スケジュールなどを用いて活動の見通しをもたせる
　④児童の得意なことや特別支援学級で行っている学習を発展させ活躍できる場の設定
　⑤子ども同士が対等な関係を築くことができるよう，教師の支援は最小限に

(4) 障害理解教育の必要性

🔑 キーワード

障害理解：人権思想を基軸に据えた人間理解の1つであり，障害または社会的障壁に
よる困難をさまざまな面から正しく理解することです。

　障害理解とは，何を理解したら障害理解ができたといえるのでしょうか。障害を科学的
に認識することも大切なことですし，障害のある人への支援の仕方を理解し，実行できる

ようになるのも障害理解ということができます。ここで、「障害理解の対象は誰の理解なのか」「理解することとは何か」について解説します。

①障害理解の対象は誰か

　誰かと聞かれたら障害のある人となりますが、障害を「社会モデル」で捉えると、障害のある人に限定するのではなく、特別なニーズがあり日常生活場面や学習場面において、何らかの障壁のある方も対象と考えていくことが必要となります。

②理解することとは何か

　たとえば、「ADHD（注意欠如・多動症）は理解しているけど、いつも私に手を出してくるＡくんは許せない」といった話を聞くことがあります。このことからもわかるように、障害を科学的に理解するだけでなく、支援の仕方や必要な手立て、接し方など、その人にかかわるすべてのことを理解することが必要となります。

　以上のことから、障害理解とは、「障害のある人や障壁により困っている人を正しく理解し、適切に接する」ということができ、この「正しく」に知識や支援などさまざまなことが含まれていると考える必要があります。水野（2016）は「障害がある人の理解ではなく、その人が抱える障害やそれにかかわる事象」の理解であると述べています。このことから、障害理解は共生社会の形成に向けた教育活動であると考えると、「正しく理解し、適切に接する」ための教育活動は重要であるということができます。

（5）交流及び共同学習と障害理解

　障害理解の必要性は、交流及び共同学習との関連からも重要であるということができます。そのため、交流及び共同学習の事前・事後指導として実施することも大切な視点です。「交流及び共同学習」と「障害理解学習」を障害理解のための学習形態と捉える（図10－6参照）と、交流及び共同学習のみで終わらせたり、障害理解学習のみで終わらせたりすることは、よい例とはいえません。そのため、交流及び共同学習の実施における事前指導や事後指導の中で障害理解学習を展開することで、障害理解教育がよりいっそう効果的であるということができます。実際に、通常学級に在籍する児童を対象とした、行事交流における活動計画の例を表10－1に示します。交流及び共同学習は子ども同士のふれあいを示しますが、ふれあっただけでお互いの理解が深まるわけではありません。もしかしたら、間違った理解や優しく接するだけ

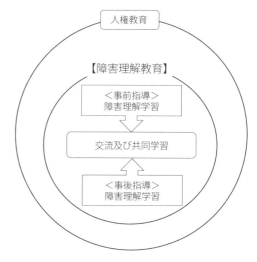

図10－6　交流及び共同学習と障害理解のイメージ

表10－1　交流及び共同学習を取り入れた障害理解教育（例）

	学習区分	学習内容
1回目	事前学習	「障害」って何だろう？
2回目	事前学習	友だちを理解するとは？
3回目	事前学習	一緒に活動する友だちとはどんな友だち？
4回目	交流学習	交流学習（1回目）
5回目	交流学習	交流学習（2回目）
6回目	事後学習	一緒に活動してどうでしたか？

で終わってしまうケースもよく見られます。したがって，事前学習の中で正しく理解し，事後学習で一緒に活動した友だちへの理解を深めることがとても重要となります。

《引用・参考文献》

細谷一博（2011）．小学校及び中学校特別支援学級における交流及び共同学習の現状と課題——函館市内の特別支援学級担任への調査を通して——　北海道教育大学紀要（教育科学編），*62*(1)，107-115.

細谷一博（2019）．小学校特別支援学級に在籍する児童の教科交流の実施における意思決定と参加状況　日本教育心理学会第61回総会発表論文集，p.327.

水野智美（編著）（2016）．はじめよう！障害理解教育——子どもの発達段階に沿った指導計画と授業例——　図書文化.

文部科学省（2012）．共生社会の形成に向けたインクルーシブ教育システム構築のための特別支援教育の推進（報告）.

文部科学省（2017）．小学校学習指導要領.

知的障害・発達障害・情緒障害の教育制度と歴史

高野聡子

1. 知的障害・発達障害・情緒障害の教育制度

　特別支援教育が行われる場所は，特別支援学校，特別支援学級，通級指導教室（通級による指導），通常の学級です。就学先は総合的な観点から決定しますが，一般に特別支援学校は知的障害，特別支援学級は知的障害，自閉症・情緒障害を対象に，通級による指導は自閉症，情緒障害，学習障害，注意欠陥多動性障害（注意欠如・多動症）を対象にしています。特別支援学校は学部制（幼稚部，小学部，中学部，高等部）で，特別支援学級と通級による指導は通常の学校に設置されます。

2. 知的障害・発達障害・情緒障害の教育制度の歴史

(1) 知的障害教育の歴史

> 🔑 **キーワード**
> **特殊教育諸学校**：盲学校，聾学校，養護学校のこと。養護学校は精神薄弱（知的障害），肢体不自由，病弱・身体虚弱の3つに分けられていました。
> **義務制実施**：盲学校と聾学校の義務制は1948年から，養護学校の義務制は1979年からでした。

　1947年の学校教育法の制定によって特殊教育の制度が確立し，特殊教育が行われる場所は盲学校，聾学校，養護学校といった特殊教育諸学校と，特殊学級になりました。養護学校は1959年12月中央教育審議会（以下，中教審）の「特殊教育の充実振興について（答申）」によって，精神薄弱養護学校，肢体不自由養護学校，病弱養護学校の3つに分かれます。精神薄弱は知的障害より前の用語で，1999年に知的障害に代わるまで行政用語として使用されました。盲学校と聾学校の義務制は1948年から実施されましたが，養護学校の義務制実施は養護学校の設置数の不足，専門性を有した教員の不足等の理由から1979年からでした。

　養護学校の義務制が実施されるまで精神薄弱教育は特殊学級を中心に行われました。とくに6・3制によって中学校特殊学級における精神薄弱教育の検討が急務となり，1947年3月に文部省（現・文部科学省）教育研修所内に中学校特殊学級の先駆けとして品川区立大

崎中学校分教場が設置されます（1950年青鳥中学校，1957年青鳥養護学校に改編）。この特殊学級では教科学習にとらわれない生活と生産に直結した生活主義教育が検討され，バザー単元学習，学校を工場に見立てた学校工場方式といった教育方法が実践されます。そして1956年に品川区立中延小学校特殊学級と浜川中学校特殊学級による「生活指導体系（品川五領域案）」が，1959に年精神薄弱教育指導者養成講座中部日本会場で「六領域案」が発表され，領域による教育課程が検討されます。しかし，1960年に発表された「学習指導要領草案資料」は領域ではなく教科名を使用し，これによっていわゆる教科か領域か論争が起きます。そして1963年2月に養護学校小学部・中学部学習指導要領精神薄弱教育編（以下，1962年度版）が文部事務次官通達という形式で示されます。一般に学習指導要領は文部省大臣から告示されますが，1962年度版は精神薄弱教育において初めての学習指導要領であったため通達でした。1962年度版では領域ではなく，小・中学校と同じ教科名を使用し，精神薄弱の特性に応じて各教科の目標と内容が作成され，総則では領域教科を合わせた指導が示されました。そして1971年3月に養護学校（精神薄弱教育）小学部，中学部学習指導要領（1970年度版）が告示され，教科に生活科が，そして養護・訓練が新設されます。高等部の学習指導要領（養護学校〈精神薄弱教育〉高等部学習指導要領）は，1972年10月に告示されます。

　一方，1956年には公立養護学校整備特別措置法が制定され，国が養護学校の校舎の建築費用を負担することになり，養護学校の数は増えましたが十分な数にはなりませんでした。また，1953年に中教審の答申を受けて文部省は特殊学級増設4か年計画を立案し，その後も設置計画の取り組みを進め，精神薄弱の特殊学級が増加していきます。そして1973年11月「学校教育法中養護学校における就学義務及び養護学校の設置義務に関する部分の施行期日を定める政令の制定について（通知）」によって，1979年4月1日からの養護学校の義務制実施が予告されます。1979年7月，特殊教育諸学校に一本化された盲学校，聾学校及び養護学校小学部・中学部学習指導要領，高等部学習指導要領が告示されます。

　1979年の養護学校義務制実施以降は，多様な障害や複数の障害を抱える重度重複障害児に対する教育内容と方法が考えられます。1982年10月特殊教育研究調査協力者会議の「心身障害児に係る早期教育及び後期中等教育の在り方（報告）」によって，就学前と後期中等教育の拡充が言及されます。当時，精神薄弱養護学校高等部が未設置の県もあり，高等部設置が進められます。そして1989年10月に盲学校，聾学校及び養護学校小学部・中学部学習指導要領と高等部学習指導要領が改訂され，幼稚部教育要領が作成されます。1999年3月には幼稚部教育要領，小学部・中学部，高等部学習指導要領が改訂されます。

　そして，2007年の学校教育法の改正によって，特殊教育から現在の特別支援教育の制度に変わり，特殊教育諸学校は複数の障害に対応可能な特別支援学校に，特殊学級はその名称を特別支援学級に変え，現在に至ります。学習指導要領は，2009年3月に特別支援学校幼稚部教育要領，特別支援学校小学部・中学部学習指導要領，特別支援学校高等部学習指導要領が告示されています。そして2017年4月に幼稚部教育要領，小学部・中学部学習

指導要領の改訂が，2019年2月に高等部学習指導要領の改訂が告示されています。

(2) 発達障害教育の歴史

　発達障害教育の取り組みは，1999年7月に「学習障害児に対する指導について（報告）」に端を発し，学習障害の定義，判断基準（試案），指導方法が検討されていきます。また，2004年1月には「小・中学校におけるLD（学習障害），ADHD（注意欠陥／多動性障害），高機能自閉症の児童生徒への教育支援体制の整備のためのガイドライン（試案）」が公表され，小学校や中学校におけるLD，ADHD，高機能自閉症の児童生徒への支援体制の構築が進められます。

　2005年，発達障害者支援法が制定され，第2条に発達障害の定義が示されました。同法第2条1項が示す「政令で定めるもの」までを含めれば発達障害は多岐にわたり，発達障害者支援法施行規則（厚生労働省令）によれば，発達障害の範囲はICD-10のF80-89の心理的発達の障害，ICD-10のF90-98の小児〈児童〉および青年期に通常発症する行動および情緒の障害に及びます。教育分野では発達障害者支援法の制定を受け，2005年4月「発達障害のある児童生徒などへの支援について（通知）」で，教育が支援体制整備の対象とする発達障害は，特殊教育諸学校，特殊学級，通級による指導の対象と，小学校および中学校の通常の学級に在籍する学習障害，注意欠陥多動性障害，高機能自閉症およびアスペルガー症候群のある児童生徒であることが示されます。

　そして2006年3月の「通級による指導の対象とすることが適当な自閉症者，情緒障害者，学習障害者又は注意欠陥多動性障害者に該当する児童生徒について（通知）」によって，学習障害者と注意欠陥多動性障害者が通級による指導の対象になります。また，2007年3月に「『発達障害』の用語の使用について」において，「LD，ADHD，高機能自閉症等」の表記を発達障害者支援法の「発達障害」に換えることが示され，現在に至っています。なお，用語が発達障害に変換された理由は，国民へのわかりやすさや他省庁との連携のしやすさ等からでした。

　2012年12月の「通常の学級に在籍する発達障害の可能性のある特別な教育的支援を必要とする児童生徒に関する調査」では，担任教員の回答に基づくもので医師の診断によるものではありませんでしたが，通常の学級に在籍する発達障害の可能性のある児童生徒は6.5％であるという結果が示されました。そして，2016年の発達障害者支援法の一部改正によって，第8条（教育）に発達障害児が発達障害ではない児童とともに教育を受けられるよう配慮すること，個別の教育支援計画および個別の指導計画の作成の推進，いじめの防止などの対策の推進といった支援体制の整備が明記されます。2017年3月には2004年のガイドラインに代わる「発達障害を含む障害のある幼児児童生徒に対する教育支援体制整備ガイドライン」が公表されました。なお，2018年4月より学校教育法施行規則の一部改正によって高等学校における通級による指導が始まっています。

(3) 情緒障害教育の歴史

　1969年，東京都杉並区立堀之内小学校に情緒障害学級が設けられます。この情緒障害学級は，名称こそ情緒障害でしたが，自閉症児または自閉的児童を対象にした特殊学級で，在籍学級あるいは在籍校から児童が通う「通級形式」がとられました。この情緒障害学級が設置されるより少し前の1967年，文部省は「児童生徒の心身障害に関する調査」を実施します。情緒障害は新たに調査対象の障害に加えられ，ここでの情緒障害は登校拒否の疑い，神経症の疑い，緘黙の疑い，自閉症の疑い，脳の器質的障害，その他とされ，情緒障害に自閉症が含まれていました。一方，福祉分野では，1961年の児童福祉法の改正により情緒障害児短期治療施設（2017年より児童心理治療施設に名称変更）が児童福祉施設の1つに位置づけられました。この施設には施設内学級が設けられ，対象は軽度の情緒障害であり自閉症は含まれていませんでした。つまり，情緒障害教育の対象は教育と福祉とでは自閉症が含まれるか否かという点で違っていました。

　全国で情緒障害学級が設置されるようになり，通級形式，固定学級など形式は地域によってさまざまでした。また，1978年10月の「教育上特別な取扱いを要する児童・生徒の教育措置について（通達）」（309号通達）によって，精神薄弱，病弱などを伴う情緒障害者は養護学校または精神薄弱，病弱の特殊学級で教育すること，その他の情緒障害者は特殊学級において教育，あるいは通常の学級において留意して指導することが示されました。これによって精神薄弱や病弱を伴う情緒障害者は養護学校または特殊学級で指導，他障害を伴わない情緒障害者は，特殊学級で指導あるいは通常の学級において留意して指導していくことになります。

　そして1993年の学校教育法施行規則の一部改正によって，通級による指導が特殊教育の教育制度に位置づけられ，情緒障害者も通級による指導の対象になりました。これによって，情緒障害教育は，情緒障害特殊学級と通級指導教室（通級による指導）で行われることになり，現在の情緒障害教育の形式が整えられたことになります。また，2006年3月の「通級による指導の対象とすることが適当な自閉症者，情緒障害者，学習障害者又は注意欠陥多動性障害者に該当する児童生徒について（通知）」において，自閉症が情緒障害とは別に通級による指導の対象として明記されました。さらに，2009年2月の「「情緒障害者」を対象とする特別支援学級の名称について（通知）」より，自閉症の児童生徒の増加に伴って，情緒障害特別支援学級から，自閉症・情緒障害特別支援学級に名称が変わり，現在に至ります。

3. 就学手続きの変遷

　認定特別支援学校就学者：学校教育法施行令第22条3に該当し，総合的な観点から特別支援学校への就学を決定した児童生徒を示します。

2002年以降から市町村の教育委員会による就学手続きの見直しが，数回なされています。まず，2002年には，学校教育法施行令を一部改正し，同法第22条3に示された視覚障害者，聴覚障害者，知的障害者，肢体不自由者または病弱者の障害の程度を見直しました。この障害の程度は「就学基準」と呼ばれ，この就学基準に該当する児童生徒は，特殊教育諸学校へ就学しました。2002年にはこの就学基準に該当する児童生徒で，小・中学校において適切な教育を受けることができる特別の事情があると認められた場合には，小・中学校に就学する，「認定就学制度」という制度が導入され，これに該当する児童生徒を認定就学者としました。また，2002年には障害のある児童の就学先を決定する際には，専門家の意見聴取を義務づけました。そして2007年の学校教育法施行令の改正では就学先を決定する際の保護者の意見聴取が義務づけられました。

　2013年の学校教育法施行令の改正では，それまでの認定就学制度を改める大きな見直しがなされます。障害のある児童生徒の就学先が，障害の状態，教育上必要な支援の内容，地域における教育体制の整備の状況，保護者および専門科の意見等を勘案して，市町村の教育委員会が総合的な観点から決定する仕組みになりました。したがって学校教育法施行令第22条3は，それまで就学基準としての役割を担っていましたが，2013年の改正によって特別支援学校に就学する児童生徒の障害の程度を示すことになりました。そして同法第22条3に該当し，上記の総合的な観点から決定する仕組みによって特別支援学校への就学を決定した場合，その児童生徒は認定特別支援学校就学者になりました。また同法第22条3の障害の程度に該当する児童生徒が，区域外の小・中学校，特別支援学校に就学する場合の規定，特別支援学校と小・中学校間の転学する場合の規定を整備することも明記されました。なお，小学校と特別支援学校への就学だけでなく中学校（および特別支援学校中学部）への就学時，そして転学時においても保護者および専門家からの意見を聴取する機会を設けるよう，示されました。

4．障害のある子どもの福祉制度

（1）児童福祉法における障害児支援

　障害のある子どもの福祉サービス等は児童福祉法に位置づけられ，2012年の児童福祉法改正までは障害種別で分かれていました。現在は障害種別ではなく，自宅等から通いながら利用する障害児通所支援と，施設に入所して利用する障害児入所支援の大きく2つに分かれています。

　障害児通所支援には，児童発達支援（福祉型と医療型），放課後等デイサービス，居宅訪問型児童発達支援，保育所等訪問支援があります。この中でも，主に幼稚園や大学を除く学校に就学している障害児を対象としているのは放課後等デイサービスで，放課後や夏休み等の長期休暇中に，生活能力の向上のために必要な訓練，社会との交流の促進を目指した活動が提供されます。また，保育所等訪問支援は，保育所や幼稚園，認定こども園の障

害児のみならず，小学校等に在籍する障害児も対象にしており，障害児以外の児童との集団生活への適応のための専門的な支援を提供します。そして障害児入所支援は，福祉型障害児入所施設と，医療を併せて提供する医療型障害児施設の2種類があります。家族の病気やその他の理由によって自宅で暮らすことが難しい障害児が利用します。日中は，小・中・高等学校等や特別支援学校で学びます。なお，2018年5月の「教育と福祉の一層の連携等の推進について（通知）」によって，教育と福祉が連携するトライアングルプロジェクトも進められています。

（2）障害者手帳

　障害者手帳は，身体障害者手帳，療育手帳，精神障害者保健福祉手帳の3種類があり，地方自治体から交付されます。このうち，療育手帳の障害分類は知的障害で，精神障害者保健福祉手帳の障害分類には発達障害が含まれています。療育手帳の障害の程度および判定基準は，重度（A）とそれ以外（B）に区分され，地方自治体によってさらに細分化している場合もあります。

《引用・参考文献》

厚生労働省．1 障害児支援施策の概要：障害者自立支援法等の一部を改正する法律案の概要．https://www.mhlw.go.jp/stf/seisakunitsuite/bunya/0000117218.html（2020年9月16日閲覧）

厚生労働省．障害者手帳について．https://www.mhlw.go.jp/stf/seisakunitsuite/bunya/hukushi_kaigo/shougaishahukushi/techou.html（2020年9月16日閲覧）

文部科学省（2004）．小・中学校におけるLD（学習障害），ADHD（注意欠陥／多動性障害），高機能自閉症の児童生徒への教育支援体制の整備のためのガイドライン（試案）．https://www.mext.go.jp/a_menu/shotou/tokubetu/material/1298152.htm（2020年9月15日閲覧）

文部科学省初等中等局特別支援教育課（2013）．教育支援資料．https://www.mext.go.jp/a_menu/shotou/tokubetu/material/1340250.htm（2020年8月25日閲覧）

文部科学省（編著）（2018）．改訂第3版 障害に応じた通級による指導の手引——解説とQ&A—— 海文堂．

中村満紀男（編著）（2019）．日本障害児教育史【戦後編】 明石書店．

砥柄敬三・中村雅子（監修），全国情緒障害教育研究会（編著）（2017）．全国情緒障害教育研究会からみた自閉症教育のあゆみと今後の展望——50年の歴史を振り返って—— ジアース教育新社．

全日本特別支援教育研究連盟（編）（2002）．教育実践でつづる知的障害教育方法史——教育方法の展開と探究—— 川島書店．

学習指導要領：知的障害・発達障害・情緒障害の教育

中村大介

1. はじめに

　学習指導要領等は各学校が編成する教育課程の基準を大綱的に定めるものであり，幼稚園，小学校，中学校，高等学校，特別支援学校ごとに示されています。なお，幼稚園および特別支援学校幼稚部においては，教育要領として示していることから，これらも包括する表現として，学習指導要領等と「等」を付して表しています。

　本章では，義務教育段階にある児童を念頭に，特別支援学校小学部・中学部学習指導要領（平成29年告示）（以下，特別支援学校学習指導要領）および小学校学習指導要領（平成29年告示）（以下，小学校学習指導要領）を取り上げ，解説します。

　また，関連する事項として，障害のある児童生徒等の就学先の決定についても述べます。

2. 特別支援学校学習指導要領の規定

> 🔑 **キーワード**
>
> **各教科等を合わせた指導**：各教科，道徳科，特別活動，自立活動および小学部においては外国語活動の一部または全部を合わせて行う指導の形態のこと。各教科等を合わせて指導を行う場合においても，各教科等の目標を達成していくことになり，育成を目指す資質・能力を明確にして指導計画を立てることが重要となります。

　特別支援学校学習指導要領では，知的障害の特徴や適応行動の困難さ等を踏まえ，知的障害者である児童生徒に対する教育を行う特別支援学校の小学部および中学部の各教科等について示しています。

　教育課程の編成および指導計画の作成等を行う際においては，次の事項を必ず押さえておきたいところです。小学部を例に5項目を取り上げて述べます。

①各教科，道徳科，外国語活動，特別活動および自立活動の内容に関する事項は，とくに示す場合を除き，いずれの学校においても取り扱わなければならないことになっています（第1章第3節の3の(1)のア）。なお，外国語活動については，児童や学校の実態を考慮し，必要に応じて設けることができることになっています（第1章第3節の3の

（1）のカ）。

②各教科の指導にあたっては，各教科の段階に示す内容をもとに，児童の知的障害の状態や経験等に応じて，具体的に指導内容を設定するものとし，その際，小学部の6年間を見通して計画的に指導するものとしています（第1章第3節の3の（1）のク）。

③各教科等を合わせた指導を行う場合においても，各教科，道徳科，外国語活動，特別活動および自立活動に示す内容をもとに，児童の知的障害の状態や経験等に応じて，具体的に指導内容を設定するほか，授業時数を適切に定めることとしています（第1章第3節の3の（3）のアの（オ））。

④個々の児童の実態に即して，教科別の指導を行うほか，必要に応じて各教科等を合わせて指導を行うなど，効果的な指導方法を工夫するよう求めています。なお，各教科等を合わせて指導を行う場合においては，各教科等において育成を目指す資質・能力を明らかにし，各教科等の内容間の関連を十分に図るよう配慮するものとしています（第2章第1節第2款第2の2）。

⑤個々の児童の実態に即して，生活に結びついた効果的な指導を行うとともに，児童が見通しをもって，意欲をもち主体的に学習活動に取り組むことができるよう指導計画全体を通して配慮するものとしています（第2章第1節第2款第2の3）。

⑤について補足します。①に示したように，各教科等の内容に関する事項を取り扱わなければならないものの，その際，個々の児童が，意欲をもち，主体的に学習活動に取り組めるようにすることが大切です。

そのためには，1人ひとりの児童の興味や関心，知的障害の状態，生活年齢，学習状況や生活経験等などに応じて，日々の生活に結びついた学習活動として展開されるように指導計画を作成するとともに，家庭生活，社会生活に即した活動を取り入れるなど，指導方法を個々の児童に合わせて工夫することが求められています。

また，小学校等の要請により，障害のある児童等または当該児童等の教育を担当する教師等に対して必要な助言または援助を行ったり，地域の実態や家庭の要請等により保護者等に対して教育相談を行ったりするなど，各学校の教師の専門性や施設・設備を活かした地域における特別支援教育のセンターとしての役割を果たすよう，引き続き規定されています（第1章第6節の3）。

3. 小学校学習指導要領の規定

> 🔑 **キーワード**
>
> **通級による指導**：通常の学級に在籍している障害のある児童生徒に対して，大部分の授業を通常の学級で行いながら，一部障害に応じた特別の指導を特別な場で行うもので，1993（平成5）年度より制度化されました。2018（平成30）年度より高等学校においても実施されています。

小学校学習指導要領においても，障害のある児童などへの指導について規定しています
ので，必ず押さえておきたいところを述べます。

　・障害のある児童などについては，特別支援学校等の助言または援助を活用しつつ，
　　個々の児童の障害の状態等に応じた指導内容や指導方法の工夫を組織的かつ計画的に
　　行うものとしています（第1章第4の2の(1)のア）。

　後述する障害のある児童の就学先決定の仕組みの改正なども踏まえ，通常の学級にも，
障害のある児童のみならず，教育上特別の支援を必要とする児童が在籍している可能性が
あることを前提に，すべての教職員が特別支援教育の目的や意義について十分に理解する
ことが不可欠であることから，このような規定が設けられています。

　特別支援学級において特別の教育課程を編成する際については，次のように規定してい
ます。

　・障害による学習上または生活上の困難を克服し自立を図るため，特別支援学校学習指
　　導要領に示す自立活動を取り入れることとしています（第1章第4の2の(1)のイの(ア)）。
　・児童の障害の程度や学級の実態等を考慮のうえ，各教科の目標や内容を下学年の教科
　　の目標や内容に替えたり，各教科を，知的障害者である児童に対する教育を行う特別
　　支援学校の各教科に替えたりするなどして，実態に応じた教育課程を編成すること
　　としています（第1章第4の2の(1)のイの(イ)）。

　なお，2項目目の規定ですが，知的障害者である児童に対する教育を行う特別支援学校
の各教科に替えることができると規定しているのは各教科であり，たとえば，総合的な学
習の時間を替えることはできないことに留意してください。

　通級による指導についても次のように規定しています。

　・障害のある児童に対して，通級による指導を行い，特別の教育課程を編成する場合に
　　は，特別支援学校学習指導要領に示す自立活動の内容を参考とし，具体的な目標や内
　　容を定め，指導を行うものとすることとしています。また，その際，効果的な指導が
　　行われるよう，各教科等と通級による指導との関連を図るなど，教師間の連携に努め
　　るものとするともしています（第1章第4の2の(1)のウ）。

　ここでは，通級による指導の内容について，各教科の内容を取り扱う場合であっても，
障害による学習上または生活上の困難の改善または克服を目的とする指導であるとの位置
づけが明確化されています。単に各教科の学習の遅れを取り戻すための指導とならないよ
う，留意する必要があるということです。

　最後に，個別の教育支援計画や個別の指導計画の作成と活用についての規定にふれま
す。

　・障害のある児童などについては，個別の教育支援計画や個別の指導計画を作成し活用
　　することに努めるものとしています。ただし，特別支援学級に在籍する児童や通級に
　　よる指導を受ける児童については，個別の教育支援計画や個別の指導計画を作成し，
　　効果的に活用するものとしています（第1章第4の2の(1)のエ）。

なお，個別の教育支援計画や個別の指導計画を作成し活用できるようにするために，障害のある児童などを担任する教師や特別支援教育コーディネーターだけに任せることなく，すべての教師の理解と協力が必要であることはいうまでもありません。学校運営上の特別支援教育の位置づけを明確にし，学校組織の中で担任する教師が孤立することがないよう留意する必要があります。

4. 障害のある児童生徒等の就学先の決定

　知的障害・発達障害・情緒障害の教育にかかわる，小学校の通常の学級，特別支援学級および通級による指導ならびに特別支援学校というそれぞれの「学びの場」ごとの規定を，特別支援学校学習指導要領および小学校学習指導要領に基づいて解説してきました。

　障害のある児童生徒の就学先については，障害の状態，本人の教育的ニーズ，本人・保護者の意見，教育学，医学，心理学等専門的見地からの意見，学校や地域の状況等を踏まえた総合的な観点から決定する仕組みとなっています。その際，市町村教育委員会が，本人・保護者に対し十分情報提供をしつつ，本人・保護者の意見を最大限尊重し，本人・保護者と市町村教育委員会，学校等が教育的ニーズと必要な支援について合意形成を行うことを原則とし，最終的には市町村教育委員会が決定することになっています（「学校教育法施行令の一部改正について（通知）」（2013〈平成25〉年9月1日付 25文科初第655号）。

　また，就学時に決定した「学びの場」は，固定したものではなく，それぞれの児童生徒の発達の程度，適応の状況等を勘案しながら，柔軟に転学ができるがことを，すべての関係者の共通理解とすることが求められていることも押さえておく必要があります。

　総合的な観点から就学先を決定する仕組みであることを前提としつつ，知的障害・発達障害・情緒障害の教育に際して，それぞれの「学びの場」の対象となる障害の程度等を次により示していますので，内容を確認してください。

・特別支援学校　学校教育法施行令第22条の3
・特別支援学級　「障害のある児童生徒等に対する早期からの一貫した支援について（通知）」（2013〈平成25〉年10月4日付25文科初第756号）
・通級による指導　「通級による指導の対象とすることが適当な自閉症者，情緒障害者，学習障害者又は注意欠陥多動性障害者に該当する児童生徒について（通知）」（2006〈平成18〉年3月31日付17文科初第1178号）

> 🔍 **調べよう・深めよう！**
> **調べよう**：特別支援学校教育要領・学習指導要領解説自立活動編（幼稚部・小学部・中学部）（2018〈平成30〉年3月，文部科学省）には，知的障害・発達障害・情緒障害の教育に関して，どのような指導事例が掲載されているか調べてみましょう。
> **調べよう**：特別支援学校学習指導要領では，各教科等を合わせた指導を行う場合，授

業時数を適切に定めることになっていることを述べました。授業時数を適切に定める
とは具体的にはどのようなことを表しているのか調べてみましょう。

13章 アセスメント

田中里実・橋本創一

1. アセスメントとは

　アセスメントとは，支援対象への気づきや疑問（以下，主訴）について多角的・客観的に評価を行い，支援の方向性を検討する一連の作業プロセスのことをいいます。アセスメントは評価や査定と訳され，テストや検査がイメージされることが多いですが，それはあくまでもアセスメントの一部にすぎず，そこから明らかになったことを実践に結びつけるまでの一連の作業を指します。アセスメントにおける多角性には，大きく2つの意味合いがあります。1点は，アセスメントの対象となるのは，支援対象個人のみならず，家族や生活環境など，支援対象に関連する要素を幅広く含んでいるという意味です。世界保健機関（WHO）の提唱する国際生活機能分類（ICF）において，「障害」は個人の要素と社会環境との相互作用により生じるものとされており（生物・心理・社会モデル），それらを幅広く捉える視点が求められています。多角性のもう1つの意味は，苦手な面だけでなく，得意なこと，社会資源といったポジティブな側面も含めて包括的に評価するということです。ポジティブな側面は，適切な支援を見出すうえで重要なポイントとなります。一方，アセスメントにおける客観性とは，主訴をエビデンスベース（科学的根拠）から検討していくということを意味しています。そのため，標準化されたアセスメントツールを用いることが一般的です。

2. アセスメントの意義

　アセスメントを行うことは，教育の場においてどのような意義があるのでしょうか。第一に，子どもに対して根拠に基づいた対応をすることができるようになる点があげられます。子どもを指導している中で「これは困った」という主訴が出た際，私たちは無意識に指導方法（how to）を考えがちです。しかしその答えを導くためには，まずその背景にある要因（why）を考える必要があるのです。たとえば，授業中に離席をする子どもがいた場合，その背後にある要因はさまざまです。ほかに気になることがあって離席する子どもであれば，刺激が少なく集中しやすい席にすることが考えられるでしょう。関心がもてない際に離席する子どもであれば，子どもの関心に合わせた教材を用意するのも1つの方法かもしれません。このように要因（why）が異なれば，その後の指導方法（how to）も当

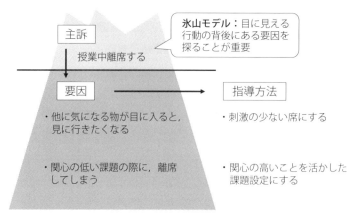

図13－1　氷山モデルの考え方

然変わってきます。アセスメントを行うことで，子どもの行動の要因（why）と指導方法（how to）を結びつけ，根拠をもって適切な指導をすることが可能となります。このような考え方を氷山モデルといいます（図13－1）。アセスメントのもう1つの意義として，子どもにかかわる人々と共通認識をもちやすくなることがあげられます。客観的な共通のものさしを通して子どもを捉えることは，連携・協働する教師や多職種専門職，保護者といった子どもを取り巻く人々と，子どもの状態像や支援方法についての共有を促進します。それにより，一貫した対応が可能となるとともに，認識の違いが生じた際も客観的に議論しやすくなるメリットがあります。

　一方で，注意点もあります。1つは，アセスメント結果は万能ではないという意識をもつ必要がある点です。アセスメントの結果は，とくに数値として表された場合，非常に明瞭で理解しやすい分，すべてがわかったような感覚に陥りやすくなりますが，あくまでもそのツールを用いてわかった一側面であり，その人のすべてではありません。行ったアセスメントはどのような状況で，何を測定したものであるかを常に念頭に置き，アセスメントが不足していると感じる点は追加の評価を検討したり，聞き取りといった他の情報に耳を傾けたりする，謙虚で真摯な姿勢が求められます。もう1点は，アセスメントを受ける側の立場に立って考える必要性があるということです。評価を受けるということは，子どもでも大人でも，また障害の有無にかかわらず，誰しも負担を感じやすいものです。行おうとしているアセスメントが子どもに（もしくはその保護者に）どのような負担を与えると考えられるか，その負担を軽減する手立ては何か，意義や負担についてきちんと説明し理解を得られるかを常に考え，子ども・保護者ファーストであることが何よりも重要です。

3.　代表的なアセスメントツール

🔑 キーワード
日本版 WISC-Ⅳ：日本で最も多く用いられている知能検査の1つ。現在，国内で

WISC-Vの標準化作業が行われています。

日本版KABC-Ⅱ：多くの場合，知能検査に加えて実施されます。認知の凹凸が評価でき，学習障害が疑われる場合にもよく行われます。

　ここでは，学校現場で目にすることの多いアセスメントツールを評価内容ごとに紹介します（表13－1）。評価方法は大きく分けて2種類あり，1つは課題を通して子どもの回答や反応を見る直接的な評価で，もう1つは子どもをよく知る保護者や教師などが日常生活の様子から評価をする間接的な評価（チェックリストや面接法など）です。ここで紹介するものは，実施に特別なライセンスは必要ありませんが，使用には基盤となる理論および実施手順に習熟していることが厳しく求められます。

表13－1　代表的なアセスメントツール

評価内容	評価方法	検査名	適用年齢	概　要
発達	直接	新版K式発達検査2001 ※新版K式発達検査2020が発行されている	0歳～成人	・姿勢・運動，認知・適応，言語・社会の3領域を測定する ・領域ごとおよび全領域の発達年齢と発達指数（発達年齢と実際の年齢の比）を算出できる
	間接（チェックリスト）	KIDS乳幼児発達スケール	0歳1ヶ月～6歳11ヶ月	・運動，操作，理解言語，表出言語，概念，対子ども社会性，対成人社会性，しつけ，食事の9領域を測定する ・領域ごとおよび全領域の発達年齢と発達指数を算出できる
知能・認知機能	直接	田中ビネー知能検査Ⅴ ※改訂予定あり	2歳～成人	・さまざまな能力の基礎となる一般知能を測定する ・2～14歳では精神年齢および知能指数（精神年齢と実際年齢との比）を算出することができる。14歳以上は原則として精神年齢を算出せず，偏差知能指数（同年齢集団内での相対比）を算出する
	直接	日本版WISC-Ⅳ	5歳0ヶ月～16歳11ヶ月	・ウェクスラー式知能検査の1つで，CHC理論を基盤としている。言語理解，知覚推理，ワーキングメモリ，処理速度について測定する ・指標ごとおよび全検査の合成得点（平均を100，標準偏差を15とする偏差知能指数）を算出することができる ・所要時間はおよそ60～80分
	直接	日本版KABC-Ⅱ	2歳6ヶ月～18歳11ヶ月	・認知処理過程（情報を処理し課題を解決する力）と習得度（認知処理過程を通してこれまで獲得した知識や技能の程度）を分けて測定することが特徴。ルリア理論およびCHC理論を基盤としている ・認知処理尺度と習得尺度はそれぞれ4尺度から構成され，各尺度の標準得点（平均100，標準偏差15）を算出できる。また，個人内での能力間の差や強さ・弱さを検討することができる ・所要時間は年齢によるが，最も検査数の多い7～18歳の子どもの場合，認知尺度がおよそ50～70分，習得尺度がおよそ30～50分
社会性・適応行動	間接（面接）	日本版VinelandⅡ適応行動尺度	0～92歳	・適応行動を，個人的・社会的充足に必要な日常生活の能力と定義し，コミュニケーション領域，日常生活スキル領域，社会性領域，運動スキル領域について測定する ・対象者の日常行動をよく知る成人（対象者が子どもの場合は，保護者であることが多い）に対し，半構造化面接による評価を行う ・領域ごとの標準得点および適応行動総合点が算出される

表13－1　代表的なアセスメントツール（続き）

評価内容	評価方法	検査名	適用年齢	概　要
社会性・適応行動	間接（チェックリスト）	新版S-M社会生活能力検査第3版	乳幼児～中学生	・社会生活能力（自立と社会参加に必要な生活への適応能力）の発達を捉える。身辺自立，異動，作業，コミュニケーション，集団参加，自己統制について測定する ・領域別の社会生活年齢と，全体の社会生活年齢および社会生活指数を算出できる
	間接（チェックリスト）	ASIST学校適応スキルプロフィール	・5～15歳（高校生までは対応）	・学校生活における適応について，発達的視点に基づいたA尺度：適応スキルと，障害軽減の視点に基づいたB尺度：特別なニーズの把握により捉える ・対象の子どもをよく知る者が観察や聞き取りを通して評価する ・A尺度は生活習慣，手先の巧緻性，言語表現，社会性，行動コントロールの5領域からなり，それぞれ到達学年と到達指数が算出できる。B尺度は10領域からなり，領域ごとに通常対応／要配慮／要支援の判別ができる
言語・コミュニケーション	直接	PVT-R絵画語い発達検査	3歳0ヶ月～12歳3ヶ月	・言語能力のうち，語いの理解力を測定する検査 ・図版の中から検査者の言う単語に最もふさわしい絵を選択させるかたちで実施する ・結果として語い年齢および評価点を算出することができる ・所要時間は約15分で，比較的簡便に評価することができる
	直接	LCスケール（言語・コミュニケーション発達スケール）	限定なし（乳幼児期から学齢前期程度の言語コミュニケーションレベルの子どもが適応）※学齢児版もあり	・言語表出，言語理解，コミュニケーション領域について測定する ・各領域および全体について，発達水準を表す言語・コミュニケーション年齢（LC年齢）を算出することができる
その他	間接（チェックリスト）	日本版感覚プロファイル	3～82歳	・感覚刺激への反応傾向を評価するもの。視覚，触覚，口腔感覚など複数の感覚刺激に対する過敏さや鈍麻さを測定できる ・子どもをよく知る保護者や支援者が回答する ・さまざまな領域ごとに，得点を「一般的」「一般より低い／高い」「一般よりかなり低い／高い」と分類できる。また感覚に対する閾値とそれに対する行動反応の分類である「低登録」「感覚探求」「感覚過敏」「感覚回避」それぞれについても同様に分類できる

4. アセスメント報告書の活用

　評価後は，評価結果やそこから明らかとなったことが報告書としてまとめられます。学校現場においては他機関で受けたアセスメントの報告書を，保護者を介して目にすることが多く，それと日常の行動観察，保護者からの聞き取りといった情報を総合し，支援計画を立案していくことが求められます。

　報告書の多くは図13－2に示すように，一般に受検者・検査者に関する情報，主訴，検査結果，総合所見，行動観察，その他の要素が記載されています。他機関で受検した場合，主訴は適宜学校現場における課題に置き換えて考えます。総合所見には，検査結果や検査中の回答・行動特徴から捉えられる子どもの特性が記載されていま

アセスメント報告書

受検者	検査日:
生年月日:　　　生活年齢:	検査者：(氏名)
所属:	(所属)

① 受検者・検査者に関する情報

【課題（主訴）】
　授業中意欲が持続せず，イライラしたりふざけることが多い。落ち着いて最後までやり遂げる力を身につけてほしい。

② 主訴

【検査結果】検査名：WISC-Ⅳ

	合成得点	パーセンタイル順位	信頼区間(90%)	記述分類
全検査IQ	98	・・・	・・・	平均
言語理解指標	94	・・・	・・・	平均
知覚推理指標	・・・	・・・	・・・	平均の上
ワーキングメモリ指標	・・・	・・・	・・・	平均の下
処理速度指標	・・・	・・・	・・・	平均の下

③ 検査結果
　数値として算出されたこと

【総合所見】
　全検査IQは平均に位置するが，指標間の差が大きく学習面では配慮が必要である。言語理解は平均，知覚推理は平均の上に位置する。視覚的なことの理解や語彙の知識は豊富で，答えがはっきりとしたことに対処する力は強みといえる。一方，ワーキングメモリおよび処理速度は平均の下に位置する。これらは衝動性および注意の狭さとの関連がうかがえ，・・・
　行動特徴として，自信のなさがうかがえる。上記のような認知特性により，日常においては失敗経験を積みやすいと思われる。検査中は，・・・また，自身の言葉で表現することの苦手さもうかがえ，自信がなく不安な際もイライラした態度で無言になることが多く見られた。この様子が意欲の低さと捉えられやすく，本人の自己効力感の低下にもつながりやすいリスクがある。
　上記を踏まえ，日常では教科ごとに本人の認知能力に合わせた課題設定を行うこと，衝動性および注意の狭さに配慮した指示（短く区切る，書いて伝える），具体的な表現のモデル提示といった支援が有効であり，それらを通し成功体験を積むとともに安心して人に表現できる機会を増やしていくことが望まれる。

④ 総合所見
　検査結果や行動観察から
　読み取れた全体像

【行動観察】
〈入室時〉不安な様子で下を向いている。口数が少ないが，聞かれたことには答える。
〈検査後〉「点数悪い？」と聞いてくる。頑張ったことを伝えると少し笑顔になる。

⑤ 行動観察

【備考】
・時折チックあり（目をパチパチさせる）。

⑥ その他

図13-2　アセスメント報告書の例

す。気づきや疑問といった主訴にかかわる要因（why）が書かれているということです。検査結果の数値のみでなく総合所見を読み込むことが，主訴に対する指導方法（how to）を考えることにつながっていきます。その際，行動観察には具体的な子どもの行動が書かれているため，受検時の様子や総合所見に記載されている内容を具体的にイメージする手がかりとなるでしょう。このようにアセスメント報告書を活用する際には，常に氷山モデルの考えのもと，主訴（学校における気づき・疑問）について，その要因（why）とそこから導かれる指導方法（how to）を探すイメージで読み進めていくことが重要です。

🔑 **キーワード**

テストバッテリー：複数の検査を組み合わせて多角的に評価を行うこと。評価の内容，受検者の負担を考慮して選定します。

《引用・参考文献》
篁倫子（編著）（2007）．学校で活かせるアセスメント──特別支援教育を進めるために──　明治図書.
辻井正次（監修）（2014）．発達障害児者支援とアセスメントのガイドライン　金子書房.

13章

14章

個別の教育支援計画と個別の指導計画

加藤宏昭

1. 個別の教育支援計画および個別の指導計画の法制度

　個別の教育支援計画および個別の指導計画の作成は，以下の法制度で定められています。

(1) 個別の教育支援計画

特別支援学校

> **学校教育法施行規則　第百三十四条の二　（一部抜粋）**
>
> 　校長は，特別支援学校に在学する児童等について個別の教育支援計画を作成しなければならない。

> **特別支援学校小学部・中学部学習指導要領総則　（一部抜粋）**
>
> 　家庭及び地域や医療，福祉，保健，労働等の業務を行う関係機関との連携を図り，長期的な視点で児童又は生徒への教育的支援を行うために，個別の教育支援計画を作成すること。　※特別支援学校高等部学習指導要領総則についても同様

小学校・中学校・高等学校等

> **小・中・高等学校学習指導要領総則　（一部抜粋および一部加工）**
>
> 　障害のある児童（生徒）などについては，家庭，地域及び医療や福祉，保健，労働等の業務を行う関係機関との連携を図り，長期的な視点で児童への教育的支援を行うために，個別の教育支援計画を作成し活用することに努める（略）
>
> 　特に，特別支援学級に在籍する児童（生徒）や通級による指導を受ける児童（生徒）については，個々の児童（生徒）の実態を的確に把握し，個別の教育支援計画や個別の指導計画を作成し，効果的に活用するものとする。

　上述の波線部に示されているように，今回の学習指導要領の改訂により，特別支援学級に在籍する児童生徒や通級による指導を受ける児童生徒については，個別の教育支援計画の作成および活用が義務化されました。

（2）個別の指導計画

特別支援学校

> **特別支援学校小学部・中学部学習指導要領総則　（一部抜粋）**
>
> 　各教科等の指導に当たっては，個々の児童又は生徒の実態を的確に把握し，次の事項に配慮しながら，個別の指導計画を作成すること。　※特別支援学校高等部学習指導要領総則についても同様

小学校・中学校・高等学校等

> **小・中・高等学校　学習指導要領総則　（一部抜粋）**
>
> 　各教科等の指導に当たって，個々の児童（生徒）の実態を的確に把握し，個別の指導計画を作成し活用することに努めるものとする。

2．個別の教育支援計画および個別の指導計画の作成率

　さまざまな教育の場で充実した特別支援教育を実現させていくためには，困難が顕在化していない児童生徒の存在に留意し，支援を必要としている児童生徒に対する個別の教育支援計画および個別の指導計画の作成・活用が重要です。

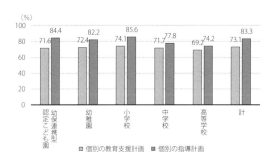

図14－1　教育機関別の作成率（2018〈平成30〉年度）
出典：文部科学省（2018）を加工して作成

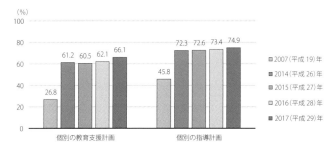

図14－2　年度別作成率の推移
（幼保連携型認定こども園・幼稚園・小学校・中学校・高等学校　国公私立計）
出典：文部科学省（2017）を加工して作成

3. 個別の教育支援計画および個別の指導計画の位置づけ

　図14-3は，特別な支援を必要とする幼児児童生徒のライフステージ等に応じた，さまざまな支援計画の位置づけを示したものです。

　このうち，個別の教育支援計画は，学齢期に一貫性のある支援を行っていくための重要なツールとなるものです。

　そして，個別の教育支援計画に示された，「学校での支援」を具体化した計画が個別の指導計画です。個別の指導計画は，児童生徒1人ひとりの障害の状態に応じたきめ細かな指導を行うことができるよう，より具体的に指導目標や指導内容・方法を設定して作成していきます。

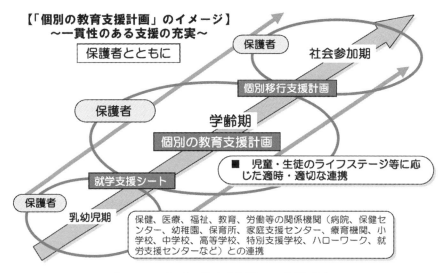

図14-3　個別の教育支援計画の位置づけ
出典：東京都教育委員会（2014a）

🔑 **キーワード**

就学支援シート：学校生活を円滑にスタートすることができるよう，家庭や入学前施設での子どもの様子や配慮事項等を小学校に引き継ぐためのもの。

移行支援計画：特別支援学校高等部から地域社会への移行に際し，生活設計のために必要な具体的支援の内容や支援者を明らかにする計画。

4. 個別の教育支援計画の実際

(1) 作成の意義

　個別の教育支援計画は，本人や保護者の希望を踏まえて，教育・保健・医療，福祉等が連携して児童生徒を支援していく長期計画です。

　そのため，児童生徒1人ひとりの望ましい成長・発達や，本人および保護者の願いの実現に向けて，支援の「引き継ぎ」のためのツールとして活用していく必要があります。

(2) 作成手順および作成者

　作成手順および作成者は図14-4のようになります。就学段階においては，特別支援学校または小学校・中学校，高等学校が中心となり，学級担任や学校内及び他機関との連絡調整役となる特別支援教育コーディネーターにより作成されます。

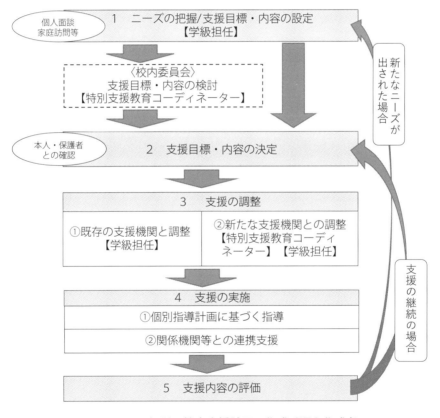

図14-4　個別の教育支援計画の作成手順と作成者
出典：東京都教育委員会（2014b）を加工して作成

(3) 作成例(知的障害特別支援学校　中学部3年生)

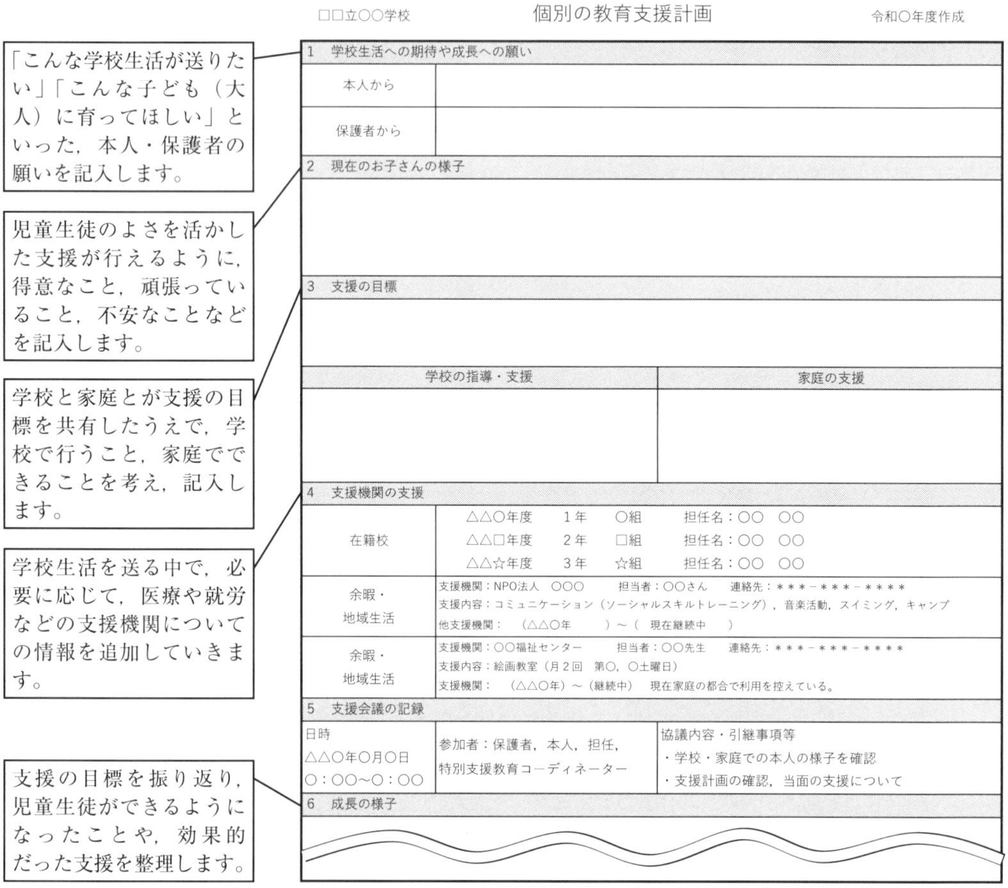
□□立○○学校
個別の教育支援計画
令和○年度作成
1　学校生活への期待や成長への願い
本人から
保護者から
2　現在のお子さんの様子
3　支援の目標
学校の指導・支援
家庭の支援
4　支援機関の支援
在籍校
△△○年度　1年　○組　担任名:○○　○○
△△□年度　2年　□組　担任名:○○　○○
△△☆年度　3年　☆組　担任名:○○　○○
余暇・地域生活
支援機関:NPO法人　○○○　担当者:○○さん　連絡先:＊＊＊－＊＊＊－＊＊＊＊
支援内容:コミュニケーション(ソーシャルスキルトレーニング),音楽活動,スイミング,キャンプ
他支援機関:　(△△○年　)～(　現在継続中　)
余暇・地域生活
支援機関:○○福祉センター　担当者:○○先生　連絡先:＊＊＊－＊＊＊－＊＊＊＊
支援内容:絵画教室(月2回　第○,○土曜日)
支援機関:　(△△○年)～(継続中)　現在家庭の都合で利用を控えている。
5　支援会議の記録
日時
△△○年○月○日
○:○○～○:○○
参加者:保護者,本人,担任,
特別支援教育コーディネーター
協議内容・引継事項等
・学校・家庭での本人の様子を確認
・支援計画の確認,当面の支援について
6　成長の様子
「こんな学校生活が送りたい」「こんな子ども(大人)に育ってほしい」といった,本人・保護者の願いを記入します。
児童生徒のよさを活かした支援が行えるように,得意なこと,頑張っていること,不安なことなどを記入します。
学校と家庭とが支援の目標を共有したうえで,学校で行うこと,家庭でできることを考え,記入します。
学校生活を送る中で,必要に応じて,医療や就労などの支援機関についての情報を追加していきます。
支援の目標を振り返り,児童生徒ができるようになったことや,効果的だった支援を整理します。

図14－5　個別の教育支援計画作成例
出典:東京都教育委員会(2014a)を加工して作成

5. 個別の指導計画の実際

(1) 作成の意義

個別の指導計画は,各学校で編成される教育課程に基づき,障害の状態や発達の段階等に応じて,児童生徒1人ひとりの教育的ニーズに丁寧に対応した教育を実現するために作成される指導計画です。

したがって,個別の指導計画を作成することで,1人ひとりの教育的ニーズに応じた指導や支援の充実を図ることが重要です。

(2) 作成手順および作成者

作成手順は図14－6のようになります。作成は基本的に学級担任が行いますが,各教科の指導を担当する他の教員等と連携することも大切です。

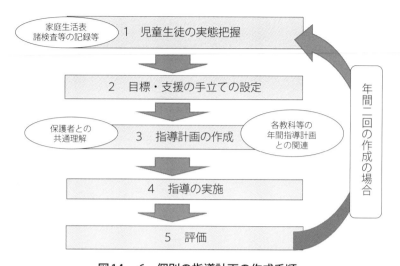

図14－6　個別の指導計画の作成手順
出典：東京都教育委員会（1999）を加工して作成

（3）作成例（通級による指導　中学校1年生）

学習目標の設定が，その
児童生徒にとって適切で
あるか，通級指導学級と
調整して記入します。

◎指導目標（長期目標）

在籍学級での目標
①黒板を正確に写すことや，話の要点をメモにとることができるようになる。
②持ち物を管理し，提出物忘れをなくす。

通級指導での目標
①正しい字で，スムーズな板書ができる。
②話の中から重要な部分を聞き取りメモがとれる。

在籍学級と通級指導学級
両方の短期目標，手立て，
評価を記入します。
評価にあたっては，児童
生徒の目標に対する評価
と，行った手立てに対す
る評価を分けて記入する
ようにします。
こうすることで，どのよ
うな手立てが児童生徒に
とって効果的であるかが
わかります。

◎短期目標と手立て，および評価

●在籍学級（期間：△△○年○月～△△年○月）	評価（評価日）	
短期目標 ①黒板を正確にノートに写す。 ②「生活ノート」を活用し，提出物忘れを減らす。	○/○	①少しずつ正確に写せるようになってきた。 ②「生活ノート」の活用が増え，提出物が期日まで に出せるようになってきた。
手立て ①マスのあるノートを活用し，書き方の手本を示す。 ②「生活ノート」の活用方法を個別に説明する。		①マスのあるノートの活用により，文字の大きさが そろってきた。 ②「生活ノート」を利用することで提出物忘れが 減った。

●通級指導（期間：△△○年○月～△△年○月）	評価（評価日）	
短期目標 ①正しい字が書けるようになる。 ②話の要点を聞き取りメモがとれる。 ③「生活ノート」の活用方法を身につける。	○/○	①漢字の間違い等が減ってきた。 ②話のポイントの聞き落しがなくなってきた。 ③「生活ノート」の活用が身につき，翌日の予定の 確認ができるようになってきた。
手立て ①ビジョントレーニングで視覚機能を高める。 ②聴覚記銘を行い，要点を聞き取る力をつける。 ③「生活ノート」の活用手順を視覚的に示す。		①視覚機能が高まり，読み飛ばしが減ってきた。 ②聴覚記銘の学習活動を繰り返し行うことで，話の 要点を聞き取ることができるようになった。 ③「生活ノート」の活用の理解が深まり，提出物忘 れが減った。

図14－7　個別の指導計画作成例
出典：東京都教職員研修センター（2018）を加工して作成

6. 障害種による各計画の特徴

(1) 個別の教育支援計画

　発達障害と情緒障害については，通級による指導を受けている児童生徒がいる場合があります。その場合，通級による指導における成果が在籍学級で十分に活かされるよう，在籍学級と通級指導教室との連携が重要になります。

(2) 個別の指導計画

　個別の指導計画を作成するうえでは，教育課程との関連が大切になります。

　知的障害のある児童生徒は，主に知的障害のある児童生徒のための各教科で編成された教育課程で学習する一方で，発達障害や情緒障害のある児童生徒は，主に小学校および中学校に準ずる教育課程で学習をします。そのため，発達障害や情緒障害のある児童生徒に対しては，5節 (3) の作成例（図14-7）に示したように，学習内容自体の習得に対する目標および支援ではなく，学習面で困難を生じさせていることの改善・克服に対する目標および支援を設定することになります。

表14-1　個別の指導計画における障害種による目標設定および支援の手立ての違いの例

	児童の状況	目　標	支援の手立て
知的障害	繰り上がりのある加法の理解が不十分である	繰り上がりのある足し算を正しく計算する	具体物を使用して，繰り上がりの意味を視覚的に見せる
発達障害	筆算で2位数と1位数の加法を行う際に位がずれる	2位数と1位数の加法を行う際に，正しく位取りをする	指示に合うようにマスに数字を記入するゲームをする
情緒障害	繰り上がりのある筆算でわからないときにかんしゃくを起こしてしまう	わからないときにかんしゃくを起こさず，手を挙げて，教員に伝える	手を挙げてわからないことを伝えることで，ポイントがもらえるようにする

7. 重複障害のある児童生徒の計画作成上の留意点

　重複障害のある児童生徒を指導している場合，その成果が顕著に見えてこないこともあります。また，その障害から今まではできていたことでも，一時的に退行する場合が時としてあります。そのため，重複障害のある児童生徒については，計画作成にあたり，以下のような点に留意する必要があります。

- ・長期的な目標の期間を通常よりも延ばし，そのうえで長期目標と短期目標との関連を図る。
- ・実態把握を適切に行い，児童生徒が自主的に活動できる内容で目標を設定する。
- ・児童生徒の「快」「不快」を，教師が客観的にわかる内容で目標を設定する。
- ・児童生徒の将来を想定して達成可能な課題を設定する。
- ・保護者や関係諸機関との連携を十分に図る。
- ・達成できなかった目標についての問題点を明確にする。

《引用・参考文献》

文部科学省（2017）．平成29年度特別支援教育体制整備状況調査結果について．https://www.mext.go.jp/a_menu/shotou/tokubetu/__icsFiles/afieldfile/2018/06/25/1402845_02.pdf（2020年9月1日閲覧）

文部科学省（2018）．平成30年度 特別支援教育に関する調査結果について．https://www.mext.go.jp/content/20191220-mxt_tokubetu01-000003414-01.pdf（2020年9月1日閲覧）

文部科学省初等中等教育局特別支援教育課（2020）．初めて通級による指導を担当する教師のためのガイド．

東京都教育委員会（1999）．障害のある児童・生徒のための個別指導計画Q&A（改訂版）．

東京都教育委員会（2014a）．これからの個別の教育支援計画（平成26年3月）．

東京都教育委員会（2014b）．入学から卒業までの一貫したサポートへの個別の教育支援計画（平成26年3月）．

東京都教職員研修センター（2018）．全ての学校における特別支援教育の推進（令和元年6月）．

15章　知的障害児の特別支援学校・特別支援学級の教育課程

丹野哲也

1. 特別支援学校（知的障害）の教育課程について

(1) 知的障害のある児童生徒のための教育課程編成の法的根拠

　学校において編成する教育課程とは，学校教育の目的や目標を達成するために，教育の内容を児童生徒の心身の発達に応じ，授業時数との関連において総合的に組織した各学校の教育計画[1]です。

　特別支援学校における教育課程は，学校教育法第77条のもと，学校教育法施行規則第126条から第128条に小学部から高等部までの各教科等が規定してあります。同施行規則の第1項は，小・中学校，高等学校の学習指導要領に準ずる教育課程のことであり，第2項において，知的障害のある児童生徒のための各教科等について示してあります。

教育課程編成の主体

　教育課程の編成・実施は，各学校の校長のリーダーシップのもと，組織的かつ計画的に取り組む必要があります。しかし，学校だけの責任で編成できるわけではありません。教育基本法，学校教育法，学校教育法施行規則をはじめとする各種法規，文部科学大臣の告

表15-1　知的障害のある児童生徒のための各教科等について

小学部 (学校教育法施行規則 第126条第2項)	○教科（生活，国語，算数，音楽，図画工作，体育） ○特別の教科である道徳（以下，道徳科），外国語活動[*1]　特別活動，自立活動 ([*1]外国語活動については，児童や学校の実態を考慮し，第3学年以降の児童を対象とし，必要に応じて設けることができる。)
中学部 (学校教育法施行規則 第127条第2項)	○教科（国語，社会，数学，理科，音楽，美術，保健体育，職業・家庭，外国語[*2]，その他必要な教科[*3]） ○道徳科，総合的な学習の時間，特別活動，自立活動 ([*2]外国語，[*3]その他必要な教科については，生徒や学校の実態を考慮し，必要に応じて設けることができる。)
高等部 (学校教育法施行規則 第128条第2項)	○各学科に共通する各教科（国語，社会，数学，理科，音楽，美術，保健体育，職業，家庭，外国語[*4]，情報[*5]） ([*4]外国語および[*5]情報については，生徒や学校，地域の実態を考慮し，とくに必要がある場合には，選択教科として設けることができる。) ○道徳科，総合的な探究の時間，特別活動，自立活動 ○主として，専門学科において開設される各教科（家政，農業，工業，流通・サービス，福祉） ○学校設定教科（学校においては，生徒や学校，地域の実態および学科の特色等に応じ，特色ある教育課程編成に資するよう，上記以外の教科を「学校設定教科」として設けることができる。)

示で定められている教育要領および学習指導要領，さらに，公立の学校においては，教育委員会の定める規定や基準等に従って教育課程編成がされます。

(2) 特別支援学校（知的障害）の教育課程編成の特徴について

> **🔑 キーワード**
> **週時程表**：時間割や日課表とも呼ばれます。高等部では，産業現場等の実習がある期間など，その期間に合わせた複数パターンの週時程表を作成する場合もあります。

特別支援学校（知的障害）の教育課程は，知的障害のある児童生徒の実態に即して，小学部から高等部までを見据え，教科別に指導を行う場合や各教科等を合わせて指導を行う場合など，さまざまな指導の形態を工夫して編成されます。

教育課程編成で重要となる週時程は，月曜日から金曜日まで，同じ時間帯に同じような学習が位置づけられるように工夫されています。このことにより，児童生徒が，学校での生活に見通しをもちやすくなるように配慮されています。

ア　教科別の指導

図15−1の学校では，国語，算数，音楽，図画工作，体育などの教科が週時程上に位置づけられています。このように，教科ごとの時間を設けて指導を行う場合を「教科別の指導」といいます。

教科別に指導を行う教科やその授業時数の定め方は，対象となる児童生徒の実態によって異なってきます。

	月	火	水	木	金
8：45	登校				
1	日常生活の指導				
	体育（普通学級）／自立活動（重複学級）				自立活動
2	国語・算数				
3	生活単元学習	音楽	生活単元学習	生活単元学習	図画工作
4		体育			
	日常生活の指導				
12：30	給食				
13：00	昼休み				
	日常生活の指導				
5	クラブ活動	生活単元学習	音楽／体育	国語・算数	生活単元学習
6			日常生活の指導		
15：15	日常生活の指導		下校	日常生活の指導	
15：40	下校			下校	

図15−1　小学部5・6年（普通・重複学級）の週時程の例

したがって，教科別の指導を計画するにあたっては，1人ひとりの児童生徒の実態に合わせて，指導内容を個別的に選択・組織していくことになります。

イ　道徳科，外国語活動，特別活動，自立活動の時間の指導

図15−1の例では，特別活動〔クラブ活動〕，自立活動の時間になります。

なお，週時程上に表れていない「道徳科」「外国語活動」については，次に述べる各教科等を合わせた指導の中で，それらの目標および内容が取り扱われています。

ウ　各教科等を合わせた指導

「各教科等を合わせた指導」とは，各教科，道徳科，特別活動，自立活動および小学部

においては外国語活動の一部または全部を合わせて指導を行うことをいいます。

　特別支援学校（知的障害）においては，児童生徒の学校での生活を基盤として，学習や生活の流れに即して学んでいくことが効果的であることから，従前から，「日常生活の指導」「遊びの指導」「生活単元学習」「作業学習」などとして実践されてきました。各教科等を合わせた指導の法的な根拠は，学校教育法施行規則第130条第2項によるものです。

　なお，中学部においては総合的な学習の時間，高等部においては総合的な探究の時間を適切に設けて指導することに留意が必要です。

表15－2　各教科等を合わせた指導の特徴

日常生活の指導	日常生活の指導は，児童生徒の日常生活が充実し，高まるように日常生活の諸活動（衣服の着脱や手洗い，排泄，食事など）について，知的障害の状態，生活年齢，学習状況や経験等を踏まえながら計画的に指導するものです
遊びの指導	遊びの指導は，主に小学部段階において，遊びを学習活動の中心に据えて取り組み，身体活動を活発にし，仲間とのかかわりを促し，意欲的な活動を育み，心身の発達を促していくものです
生活単元学習	生活単元学習は，児童生徒が生活上の目標を達成したり，課題を解決したりするために，一連の活動を組織的・体系的に経験することによって，自立や社会参加のために必要な事柄を実際的・総合的に学習するものです
作業学習	作業学習は，作業活動を学習活動の中心にしながら，児童生徒の働く意欲を培い，将来の職業生活や社会自立に必要な事柄を総合的に学習するものです。とりわけ，作業学習の成果を直接，児童生徒の将来の進路等に直結させることよりも，児童生徒の働く意欲を培いながら，将来の職業生活や社会自立に向けて基盤となる資質・能力を育むことができるようにしていくことが重要です

（3）重複障害者等に関する教育課程の取り扱い

　障害の状態によりとくに必要がある場合や重複障害者である児童生徒については，以下のような教育課程の取り扱いが設けられており，よりきめ細かな指導が行われます。

①各教科および外国語活動の目標・内容の一部を取り扱わないことができること。

②各教科の各学年の目標・内容の一部または全部を，下学年や下学部の目標・内容の一部または全部と替えることができること。

③知的障害のある児童生徒または重複障害者においてとくに必要があるときは，各教科等を合わせた指導ができること。

④重複障害者のうち，障害の状態によりとくに必要がある場合には，自立活動を主とした指導ができること。

（4）学習状況の評価と指導要録

　新特別支援学校学習指導要領では，知的障害のある児童生徒のための各教科について，小・中・高等学校等との学びの連続性を重視する観点から，小・中・高等学校の各教科と同様に，育成を目指す資質・能力の3つの柱で目標および内容が整理されました。

　指導要録における「指導に関する記録」は，観点別学習状況を踏まえて，文章記述により学習状況の評価を行います。

（5）主体的・対話的で深い学びの視点からの授業改善と学習評価

　新学習指導要領で重視している「主体的・対話的で深い学び」の視点から授業改善を図る際に，個々の指導目標に対する学習状況の評価は，重要な役割を担います。

（6）カリキュラム・マネジメントの視点

　特別支援学校におけるカリキュラム・マネジメントの視点として，個別の指導計画の実施状況の評価と改善を，教育課程の評価と改善につなげていくことが特別支援学校学習指導要領に位置づけられています。

2. 知的障害特別支援学級の教育課程について

　特別支援学級は，学校教育法第81条の規定に基づき，編制された学級です。小学校および中学校等に設置されています。したがって，特別支援学級の教育課程に関する法令上の規定は，小学校および中学校の教育課程に関する事項が適用されます。

　しかしながら，特別支援学級は，本来，通常の学級では十分に学ぶことが困難な児童生徒のために編制された学級であり，通常の学級と同じ教育課程をそのまま適用することは適切ではなく，障害のある児童生徒の特性に適した教育課程が必要となります。

	月	火	水	木	金
	登校				
	全校集会	読書タイム	読書タイム	児童集会	読書タイム
	朝の会				
1	日常生活の指導	日常生活の指導	1～3年 日常生活の指導／4～6年 算数	日常生活の指導	1～3年 日常生活の指導／4～6年 音楽
1	生活単元学習	体育	算数	体育	算数
2	生活単元学習	国語	1～4年 生活単元学習／5・6年 理科	算数	音楽
3	生活単元学習	国語	算数	図画工作	国語
4	体育	道徳科	体育	図画工作	1～4年 生活単元学習／5・6年 社会
	給食				
	昼休み				
まなびタイム	国語／算数				
5	算数	1～3年 国語／4～6年 算数	1・2年 生活単元学習／3・4年 外国語活動・5・6年 外国語	国語	算数
6	高学年 委員会／クラブ活動	3～6年 総合的な学習の時間（なかよし・タイム）	清掃・係活動／帰りの会	2年 生活単元学習／3～6年 総合的な学習の時間（チャレンジ・タイム）	4～6年 生活単元学習
15:10	清掃・係活動／帰りの会			清掃・係活動／帰りの会	

図15－2　知的障害特別支援学級（1～6年）の週時程の例

　そのため，特別支援学級の教育課程編成では，学校教育法施行規則第138条において，「特別の教育課程によることができる」ことが規定されています。

　知的障害特別支援学級では，小学校および中学校の各教科の目標・内容を前学年の教科の目標・内容に替えたり，各教科を特別支援学校における知的障害のある児童生徒のための各教科に替えたり，自立活動を設けたりすることなど，特別の教育課程が編成されています。

特別支援学級の週時程の編成にあたっては，特別支援学級の児童生徒と通常の学級の児童生徒との交流および共同学習がよりいっそう充実するように，中休みや昼食等の時間帯を通常の学級と同じにすることなどの工夫が大切です。

3. 特別支援学校（知的障害），知的障害特別支援学級の現況や教育環境等

(1) 学校・学級数や在籍者等

表15－3　特別支援学校および特別支援学級の概要

特別支援学校対応障害種別学校数，設置学級数および在籍者数（国・公・私立計）　　　2018(H30).5.1

	学校数	学級数	在籍者数				
			計	幼稚部	小学部	中学部	高等部
知的障害	781	31,277	130,817	226	36,169	27,198	64,224

特別支援学級数，特別学級在籍者数（国・公・私立計）　　　2018(H30).5.1

	小学校		中学校		義務教育学校		計	
	学級数	児童数	学級数	生徒数	学級数	児童生徒数	学級数	児童生徒数
知的障害	19,190	84,140	8,785	36,452	136	568	28,111	121,160

出典：「学校基本調査」（文部科学省）より作成

(2) 学級編制について

🔑 キーワード

学級編制：学級は，法律に基づき「編制」します。一方，たとえば，校内で学習課題に応じて学習集団を分ける場合などは「編成」となります。

児童生徒の障害の状態や特性および心身の発達の段階等に即した指導を行うために，少人数の児童生徒で学級編制されます。

表15－4　学級編制の標準

特別支援学校	小学部および中学部の1学級の児童生徒の数は6人，高等部の1学級の生徒の数は8人を標準としています※ 重複障害のある児童生徒で学級を編制する場合には，3人を標準としています※
特別支援学級	小学校および中学校に設置された特別支援学級は，義務標準法に基づき，1学級の児童生徒の数は8人となっています。また，複数の学年の児童生徒を同一学級に編制することができることから，1学級の中で1年から6年まで，異なる学年の児童で構成されることがあります

※ 公立義務教育諸学校の学級編制および教職員定数の標準に関する法律（義務標準法），公立高等学校の適正配置および教職員定数の標準等に関する法律（高校標準法）

(3) 教職員定数について

教職員定数は，義務標準法や高校標準法に基づき，設置される学級数に応じて，必要となる学級担任，教科担任の教員数を考慮して，学校規模に応じた数となります。

特別支援学校では，自立活動担当教員，寄宿舎指導員等も定数に含まれています。

表15－5　教職員定数の標準

特別支援学校	小学部・中学部では，義務標準法に基づき，都道府県ごとに置くべき義務教育諸学校の総数を算定しています。都道府県は，これを標準として，特別支援学校の教職員定数を条例で定めています。同様に，高等部では，高校標準法に基づいて定めています
特別支援学級	義務標準法に基づき，都道府県ごとに置くべき義務教育諸学校の総数を算定しています。都道府県は，これを標準として，特別支援学校の教職員定数を条例で定めています

(4) 教科用図書について

表15－6　教科用図書

特別支援学校	特別支援学校（知的障害）で使用される教科用図書は，各学校の教育課程に基づき，下記の①②のいずれかから選択することになります ①文部科学省著作教科書（特別支援学校用）：知的障害特別支援学校用としてある，特別支援学校小学部知的障害者用（国語，算数，音楽）および特別支援学校中学部知的障害者用（国語，算数，音楽） ②一般図書：適切な教科書がないなど特別な場合には，これらの教科用図書以外の図書（一般図書）を教科書として使用することができます。なお，一般図書については，教育委員会において採択された図書であることが必要です
特別支援学級	特別支援学級で使用される教科用図書は，上記の①②のほかに，小・中学校の通常の学級と同じ教科用図書（文部科学省検定済教科書）を使用することができます。ただし，当該の教育委員会で採択された発行者に限ります。また，下学年の教科用図書も使用することができます

4.　おわりに

　知的障害のある児童生徒は，発達期における知的機能の障害が，同一学年であっても，個人差が大きく，学習状況も異なってきます。そのため，知的障害のある児童生徒のための各教科は，学年ではなく，「段階」として示しています。このような学習指導要領上の特徴を踏まえながら，個別の指導計画に基づくきめ細かな指導により，子どもたち1人ひとりの夢や願いを実現させていきましょう。

《注記》
(1) 文部科学省「特別支援学校教育要領・学習指導要領解説総則編（幼稚部・小学部・中学部）」（平成30年3月）p.160，および同「特別支援学校学習指導要領解説総則等編（高等部）」（平成31年2月）p.24参照。

発達障害・情緒障害児の特別支援学級（院内学級を含む）・通級による指導の教育課程

増田謙太郎

1. 小・中学校の情緒障害等通級指導教室における教育の概要

(1) 教育課程は「在籍する学校の教育課程」プラス「特別の教育課程」

　「通級による指導」を利用している児童生徒は，基本的には，在籍している学校の教育課程に基づいて，教育を受けることになります。「通級による指導」を利用している児童生徒については，その学校の教育課程にプラスアルファとして，「特別の教育課程」を児童生徒1人ずつ，個別に編成することになります（学校教育法施行規則第141条）。

　つまり，「通級による指導」を利用している児童生徒は，教育課程上，「在籍する学校の教育課程」と「特別の教育課程」の2つの教育課程に基づいて，学校教育を受けるという仕組みになっています。

　ちなみに，特別支援学校や特別支援学級に在籍している児童生徒は，「通級による指導」の対象とはなりません。

(2) 通級指導教室の「特別の教育課程」は「自立活動」の視点によって編成される

　「特別の教育課程」とは，いったい何でしょうか。よくある誤解は，「特別の教育課程」だから，その子どもによさそうなものであれば「何でもあり」でよいと解釈されることです。

　「特別の教育課程」の内容については，「個々の障害による学習上又は生活上の困難を改善・克服するための指導」と規定されています。「障害による学習上又は生活上の困難を改善・克服するための指導」とは，具体的にいえば，特別支援学校の指導領域として設定されている「自立活動」に相応します。

　つまり，「特別の教育課程」は，「自立活動」をもとにして編成されるということになります。

(3) 具体的な指導計画は「個別の指導計画」による

　「自立活動」には，教科書や教師用指導書はありません。「年間でこれを行えばよい」という全員共通のシラバスもありません。

　「特別の教育課程」をもとにして，児童生徒1人ひとりの指導計画を立てていきます。それが「個別の指導計画」となります。

表16－1　自立活動の内容

1. 健康の保持

1. 健康の保持
(1) 生活のリズムや生活習慣の形成に関すること
(2) 病気の状態の理解と生活管理に関すること
(3) 身体各部の状態の理解と養護に関すること
(4) 障害の特性の理解と生活環境の調整に関すること
(5) 健康状態の維持・改善に関すること
2. 心理的な安定
(1) 情緒の安定に関すること
(2) 状況の理解と変化への対応に関すること
(3) 障害による学習上または生活上の困難を改善・克服する意欲に関すること
3. 人間関係の形成
(1) 他者とのかかわりの基礎に関すること
(2) 他者の意図や感情の理解に関すること
(3) 自己の理解と行動の調整に関すること
(4) 集団への参加の基礎に関すること
4. 環境の把握
(1) 保有する感覚の活用に関すること
(2) 感覚や認知の特性についての理解と対応に関すること
(3) 感覚の補助および代行手段の活用に関すること
(4) 感覚を総合的に活用した周囲の状況についての把握と状況に応じた行動に関すること
(5) 認知や行動の手がかりとなる概念の形成に関すること
5. 身体の動き
(1) 姿勢と運動・動作の基本的技能に関すること
(2) 姿勢保持と運動・動作の補助的手段の活用に関すること
(3) 日常的に必要な基本動作に関すること
(4) 身体の移動能力に関すること
(5) 作業に必要な動作と円滑な遂行に関すること
6. コミュニケーション
(1) コミュニケーションの基礎的能力に関すること
(2) 言語の受容と表出に関すること
(3) 言語の形成と活用に関すること
(4) コミュニケーション手段の選択と活用に関すること
(5) 状況に応じたコミュニケーションに関すること

16章

(4)「通級による指導」の時間数

　小・中学校における「通級による指導」の授業時数は，年間35単位時間から280時間までを標準と規定されています。週あたりに換算すると，だいたい週1単位時間から8単位時間となります。

　また，学習障害や注意欠陥多動性障害（注意欠如・多動症）のある児童生徒については，月1単位時間程度でも指導上の効果が期待できる場合は年間10単位時間が下限となっています（1993〈平成5〉年1月28日文部省告示第7号）。

> **🔑 キーワード**
>
> **高校通級**：2018年度から開始しました。小・中学校と異なる点としては，単位認定のための制度（年間7単位を超えない範囲）があります。

(5) 地域の実情に応じて多様な通級形態がある

　児童生徒が在籍する学校に，通級指導教室が設置されていて，その通級指導教室に通う場合は「自校通級」となります。

　在籍する学校とは異なる学校に設置されている通級指導教室に通う場合は「他校通級」となります。

　「自校通級」も「他校通級」も，子どもが通級指導教室に出向く必要があります。そうではなく，通級指導教室の教員が動く「巡回指導」という形態もあります。たとえば，東京都の情緒障害通級指導はすべて「巡回指導」に移行しています。

表16－2　通級指導教室教員の1日の動き例

1校時	個別指導　5年生A児
2校時	個別指導　5年生A児
3校時	教室参観　6年生B児
4校時	個別指導　6年生B児
給食・昼休み	
5校時	個別指導　4年生C児
6校時	グループ指導　4年生D児 　　　　　　　　4年生E児
放課後	校内委員会出席 指導記録記入等

> **✐ キーワード**
>
> **特別支援教室**：「巡回指導」の形態において，巡回指導を受けることのできる教室のことを「特別支援教室」といいます。

2. 小・中学校の自閉症・情緒障害特別支援学級における教育の概要

　ここでは「知的障害のない児童生徒のための」自閉症・情緒障害特別支援学級の教育について見ていくことにします。

(1) 通級による指導，知的障害特別支援学級との教育課程の違い

　自閉症・情緒障害特別支援学級の教育課程は，「通常の学級」の教育課程に加えて，「自立活動」の指導を行うところにその特徴があります。知的障害の児童生徒のために設けられた「各教科を合わせた指導」を行うことはありません。

(2) 教科等の指導内容は，通常の学級と同じ

　自閉症・情緒障害特別支援学級では，国語や算数・数学等，教科の授業で学習する内容は，通常の学級の教育内容と同じになることが基本です。

　通常の学級と同じ教育内容ということは，教科等における学習評価も，その学校の評価計画と同様に行うこととなります。指導要録等の公簿についても同様です。学習評価や指導要録等，通常の学級とシステム的に同一のものにしておくことで，児童生徒の転学や進学等がスムーズになります。

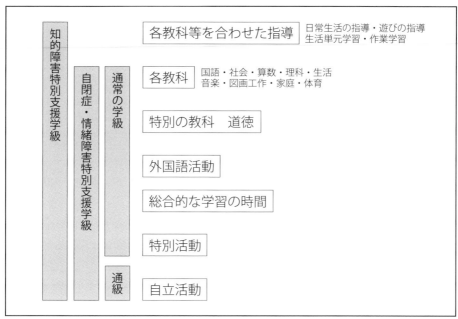

図16－1　小学校における特別支援学級等の教育課程の範囲の違い

(3)「自立活動」の設定の方法

　「自立活動」の設定については，2つの方法があります。1つは，教科等の学習において，自立活動の視点を取り入れながら指導を行う方法です。この方法では，たとえば，国語科で「読むこと」が困難となっている児童生徒に対しては，教科書にルビを振って，「こうすれば読みやすくなる」という学び方を実践的に習得させていくことができます。

　もう1つは，時間割上に「自立活動」の時間を設ける方法です。つまり，授業時数としてカウントします。学習内容としては，たとえば「イライラしたときどうする？」「コミュニケーションのコツを考えよう」というような，社会で生活するうえで必要な知識や技能等を育む内容を行うことが考えられます。

(4) 学校行事への「交流及び共同学習」をどのように設定するか

　自閉症・情緒障害特別支援学級において，とくに配慮する必要があるのは，学校行事への参加の方法です。学校行事は，社会性を育てるよい機会です。しかし，十分かつ計画的な配慮のもとで行うことが必要となってきます。

儀式的行事

　入学式，卒業式，始業式，終業式，全校朝会等は，「参加しなければならないもの」です。ですので，参加することに抵抗がある児童生徒には，たとえば，事前にリハーサルを行うといった支援が考えられます。

文化的行事

　学芸会，学習発表会，音楽会等は，「交流学級」の一員として参加できるかどうかを検

討しなければなりません。

健康安全・体育的行事

運動会，球技大会等は，柔軟な参加の仕方を検討します。勝敗を左右する場面で，感情的なしこりを残すこともありますので注意が必要です。

遠足・集団宿泊的行事

遠足，修学旅行，野外活動，集団宿泊活動等では，たとえば，「宿泊に向けて少しずつ友だちと一緒に過ごせる経験を積み重ねる」というような長期的な視野をもった計画があるとよいでしょう。

勤労生産・奉仕的行事

校内美化活動，地域社会の清掃活動等は，自閉症・情緒障害特別支援学級に在籍する児童生徒にとって，「なぜボランティアをすることが大切なのか」という意味を1人ひとりの認知に応じて指導していくことが大切です。

🔑 キーワード

交流学級：特別支援学級の児童生徒の学年に応じて，通常の学級に「交流学級」を設けることがあります。

表16−3　情緒固定学級の時間割例（小学校5・6年生）

	月	火	水	木	金
1	国語	国語	国語	国語	国語（月3回） 算数（月1回）
2	体育	音楽	体育	音楽（月1回） 外国語（月2回） 家庭科（月1回）	体育
3	理科	算数	算数	社会	図工（月3回） 理科（月1回）
4	理科	外国語	算数	社会	図工（月3回） 理科（月1回）
5	自立	総合	自立	総合	算数
6	クラブ 委員会	道徳		家庭科	総合

---

3. 情緒障害や発達障害の在籍する病弱・身体虚弱特別支援学級（院内学級）

入院中の子どものために病院内に設置された特別支援学級のことを，通称「院内学級」と呼ぶことがあります。

院内学級に在籍する児童生徒は，長期間の治療や療養が必要をしています。毎日，院内学級に通うことができる児童生徒もいれば，病状によっては通うことが難しい場合もあります。また，同じ学校や学年の児童生徒ばかりが集まるわけでもありません。ですので，

児童生徒の病状や学年，学習の状況等の実態に応じて，教育課程を編成していくことが基本となります。

　したがって，教育内容は個別的になってきますが，大枠としては教科等の指導と自立活動が両輪となります。教科等の指導は，基本的には通常の学級の教育課程と同様に考えていきますが，学習活動の時間や量などが，子どもの身体面や心理面において過度の負担にならないように配慮しながら計画を立てていくことが必要です。

　自立活動は「障害による学習上又は生活上の困難を改善・克服するための指導」となっていますが，院内学級における自立活動は「病気による学習上又は生活上の困難を改善・克服するための指導」として考えたほうが，実際的にはわかりやすいかもしれません。自立活動の内容の「1健康の保持」「2心理的な安定」の指導が必要な子どもが多いでしょう。さらに，情緒障害や発達障害のある子どもが院内学級に在籍することもあります。その場合は，「病気及び障害による学習上又は生活上の困難を改善・克服するための指導」を展開していく必要があります。

表16－4　病弱・身体虚弱特別支援学級（院内学級）の時間割例

	月	火	水	木	金
1校時 9:20〜10:00	国語	国語	国語	国語	国語
2校時 10:05〜10:45	算数	算数	算数	算数	算数
3校時 10:50〜11:30	図工	音楽	道徳	理科	社会
4校時 13:30〜14:10	外国語	家庭科	学活	総合	自立活動
14:45〜	ベッドサイド学習				

《引用・参考文献》
西牧謙吾（監修），松浦俊弥（編著）（2017）．チームで育む病気の子ども──新しい病弱教育の理論と実践── 北樹出版.

16章

17章 民間療育機関と教育支援センター（適応指導教室），医療との連携

李　受眞・橋本創一

1. 乳幼児期の知的障害児と発達障害児

　知的障害，発達障害のある子どもにとって早期から発達段階に応じた支援を受けることは大切です。乳幼児健診（乳幼児健康診査）では，乳幼児の健康課題のスクリーニングの視点からさまざまな検査が行われます。乳幼児健診のシステムの流れを図17－1に示します。健診の受診率は高く，2015（平成27）年度の未受診率は，3～5ヶ月児4.4％，1歳6ヶ月児4.3％，3歳児5.7％で，直近10年間は減少していますが，地域によって受診率は異なってきます。また，厚生労働省（2007）では5歳児検診で軽度発達障害児や軽度精神遅滞児を就学前に発見できる可能性があることから，5歳児健康診査の実際や工夫について紹介しています。乳幼児健診で障害が疑われた場合や保護者が子どもの発育状況に不安を感じた場合には健診後のフォローアップや支援対象者の就学相談を行い，必要と判断されたときには療育へとつなげられます。

　12の市の幼稚園と保育所を対象に実施した調査によると，個別的な配慮・支援・工夫を必要としている乳幼児が在籍している幼稚園は79園（79.8％），保育所は93ヶ所（83.0％）でした（笹森他，2010）。個別的な配慮を必要としている乳幼児は主に児童発達支援センターや児童発達支援事業所において個別または集団での療育を受けることができます。療育（発達支援）では，障害のある子どもや発達が気になる子どもを対象に家族への支援や保育所などの地域機関への支援も視野に入れています。そうすることで子どもとその家族が地域で安心した生活を送りながら，さらには社会的自立を果たし社会参加することを目指します。幼児期の子どもの場合，多くは特別支援学校の幼稚部，知的障害児通園施設，保育園・幼稚園・子ども園に所属しながら療育機関を利用しています。主な支援機関（表17－

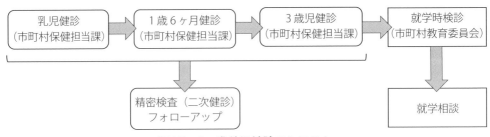

図17－1　乳幼児健診のシステム
出典：堂山（2020）

表17－1　障害児を対象とする支援機関

分　野	支援機関	職　員
福祉機関 (児童福祉法)	保育所 ［障害児通所支援］児童発達支援 医療型児童発達支援 放課後等デイサービス（就学している障害児を対象） 保育所等訪問支援 ［障害児入所支援］福祉型障害児入所施設 医療型障害児入所施設	保育士 保育士，児童指導員，専門職（心理士，理学療法士，作業療法士，言語聴覚士，看護師，栄養士など） ※施設によって異なる
教育機関	幼稚園 小学校，中学校，高等学校 特別支援学校 教育センター	幼稚園教諭 学校教諭 特別支援学校教諭 専門職
医療機関	病院，リハビリテーションセンターなど	医師，看護師，専門職
行政機関	保健センター，児童相談所，福祉事務所，役所の福祉課など	専門職（保健師，心理士など）を含む公務員

出典：堂山（2020）

1）には，児童福祉法に定められた障害児通所支援として児童発達支援があり，児童発達支援は，①児童福祉施設と定義される「児童発達支援センター」と②それ以外の「児童発達支援事業」の2種類があります。センター事業と児童発達支援事業のどちらも通所利用の障害児や家族に対する支援を行うことは共通している一方で，センターでは知的障害や発達障害等に特化しているなどの専門性を活かし，地域の障害児やその家族への相談，障害児を預かる施設への援助・助言を合わせて行うなど，地域の中核的な療育支援施設としての役割を担っています。

　乳幼児健診などで発達の遅れや偏りが見つかる場合もあれば，育児困難や育児不安を訴える保護者からの相談支援の中で子どもの発達上の問題に気づくこともあります。子どもに障害があることがわかったとき，親はとても複雑な心境の変化を経験しますし，障害のある子どもを育てることは育児ストレスにもつながる可能性があります。そのため保護者への相談支援も非常に重要視されます。保護者の「障害の受容」は，「疑念・混乱」「ショックと安堵」「努力・挑戦」という段階を経て，子どもの状態を正面から受け入れられるようになるといわれています。保護者の相談支援にかかわる機関には，児童発達支援センター，子ども家庭支援センターなどがあります。子ども家庭支援センターでは18歳未満の子どもとその家庭を対象に相談・育児支援サービスや情報共有を行うなど，子育てをめぐるさまざまな出来事にストレスを感じている家庭を支援しています。

2. 学齢期の知的障害児・発達障害児とその支援機関

🔑 キーワード

発達障害者支援センター：発達障害者支援法に定められた専門機関であり，発達障害のある人とその家族が安心した暮らしを営むことができるように相談対応や地域との連携，コンサルテーションを実施しています。具体的には，発達障害のある本人とその家族，関係機関や施設からの発達障害に関するさまざまな相談に対して，地域で必要な支援が受けられるように，学校や会社，支援機関，行政機関などへのコンサルテーションや支援者への研修等に対応を行っています。

不登校：生徒指導調査においては，「学校を連続又は断続し年間30日以上欠席し，何らかの心理的，情緒的，身体的あるいは社会的要因・背景により，児童生徒が登校しないあるいはしたくともできない状況（ただし，病気や経済的な理由によるものを除く）」と定義されています。不登校の要因と背景はさまざまであり，いっそう多様化・複雑化しているという指摘もあります。2018（平成30）年度の不登校児童生徒の割合は小学校0.7%（144人に1人），中学校3.65%（27人に1人）であり，近年は高い水準で推移しています。

学齢期には通常学級・特別支援教室（通級指導教室），特別支援学級，特別支援学校に所属しながら学校以外の支援機関を利用する場合があります。主な支援機関には放課後等デイサービス，発達障害者支援センター，民間の療育機関などがあります。児童発達支援センター・放課後等デイサービスの1日の流れの例を図17-2に示します。児童発達支援センターと放課後等デイサービスは両方とも児童福祉法に定められていますが，放課後等デイサービスの場合は就学している学齢期の障害児を対象とした療育機関です。発達障害者支援センターは2004年発達障害者支援法の制定に伴い，新たに設置された専門機関であり，発達障害のある人とその家族に対する相談支援と情報提供，発達支援，就学支援が行われています。

学齢期の知的障害児・発達障害児の場合，認知面の偏りの大きさから対人関係や学習面において不適応状態を示すことなどにより二次障害のリスクがあります。とくに自閉症，学習障害，注意欠如・多動症等の発達障害が原因で人間関係や学習につまずき，不登校に

14:00	15:00	15:30	16:00	17:00
送迎	運動遊び・リトミック	● 着替え ● おやつ	● 制作活動 ● 自由あそび ● 必要に応じて 　個別面談等	お片づけ 帰宅準備

図17-2　児童発達支援センター・放課後等デイサービスの1日の流れの一例

至る事例も近年多く報告されています（文部科学省,2016）。発達障害が原因で不登校になっている児童生徒は文部科学省の分類する不登校のタイプのうち、「学校生活上の影響」に分類されます。発達障害のある児童生徒の特性に対する学校の理解は進みつつありますが、教育的ニーズに応じた適切な指導や必要な支援が十分になされず、周囲との人間関係がうまく構築されない、学習のつまずきが克服できないなどの課題が改善されず、結果的に不登校に至る事例もあることが指摘されています。この場合、児童生徒の認知特性を把握したうえで主体的に社会的自立や学校復帰に向かうよう、その環境づくりのために適切な支援にあたることが必要です。そのために、児童生徒の才能や能力に応じて学校と家庭が協力し合いながら外部の関係機関などとの連携を図ることが大事です。不登校児童生徒に対する教育機会の確保のために公布された教育機会確保法では、公立の教育支援センター（適応指導教室）、フリースクールや補習塾などについても定められています。

　教育支援センター（適応指導教室）では、不登校の児童生徒への学校生活への復帰を支援するために、学校と連携をとりつつ個別カウンセリング、集団での指導、教科指導等が組織的・計画的に行われています。2015（平成27）年の文部科学省の調査（2015a）によると、全国の約6割の自治体で設置され、設置者の97.6%が教育委員会であり、そのほかには首長部局や共管で設置している自治体もあります。在籍者数は、義務教育の段階では学年が上がるほど増加し、学校復帰率は、小学校が約44%、中学校が約39%、高校が約68%であり、中・高では学年が上がるにつれ復帰率が高いことが報告されています。活動内容としては「個別の学習支援」が96.2%で、ほとんどの施設で行われています。また、相談・カウンセリングが約9割、体験活動等が約6〜8割、家庭への訪問が約4割の施設で実施されています。在籍者に関しては多くのセンターで相談窓口の情報提供や進学に関する情報提供をしています。

　また、NPOや企業など民間で運営されている団体でフリースクールがあります。すべての都道府県に1つは設置されており、東京都、神奈川県、大阪府などのように20以上設置されている都道府県もあります。文部科学省（2015b）の調査では2015（平成27）年度の時点で474の民間の団体や施設が確認されています。フリースクールでは不登校児童生徒に対し、個別の学習や相談・カウンセリング、社会体験や自然体験などの体験活動、授業形式（講義形式）による学習などが行われています。民間の団体等の規模は大きくなく、1団体・施設あたりの児童生徒の数は平均約13名ほどであり、1人ひとりの児童生徒の状況に応じて、学習活動や体験活動、人とかかわる機会や安心して過ごせる場所の提供などを行っています。

3. 医療機関との連携

　医療機関では医学的検査（アセスメント）、診断、服薬など医療的なケアが行われます。とくに知的障害と発達障害があるかどうかを判断するためにさまざまな検査方法が用いら

れます。学校で医療機関との連携を行う場合，学校医との相談や学校医の診断から他の専門医療機関へ紹介することもあります。子どもによっては医学的な診断が必要な場合や医療からの支援が有効な場合もあります。また，子どもの症状によりどのような科を受診すればよいかは異なるため，近くのセンター等での相談をしたうえで受診することも考えられます。主な医療機関としては，小児科クリニック，神経科クリニック，精神科クリニック，心療内科，精神病院，保健所・保健センター，精神保健福祉センターなどがあります。なかには療育と生活環境の調整でうまく生活できる場合もありますが，障害特性により本人とまわりの生活に支障をきたしている場合は薬物療法が必要とされます。また，不安，うつ，緊張，興奮しやすさなどの二次的な問題としての精神症状や暴言，暴力，自傷行為などの問題行動が見られる場合も薬物療法が勧められます。薬物療法を伴うことにより，症状を抑えることで平穏な生活を送ることや本来もっている能力を発揮できるようになることが期待できます。医療と関係する制度には，乳幼児医療費補助制度，自立支援医療制度などがあります。

👥 調べよう・深めよう！

調べよう：保護者が家庭で子どもに対して育てにくさを感じたときにはどこに行き，どのような支援を受けることができますか？

深めよう：それぞれの支援機関のメリット・デメリットについてまとめてみよう。

《引用・参考文献》

堂山亞希（2020）．障害児者福祉と医療的な支援．橋本創一・三浦巧也・渡邉貴裕他（編著），教職課程コアカリキュラム対応版 キーワードで読み解く特別支援教育・障害児保育＆教育相談・生徒指導・キャリア教育（pp.30-38）福村出版．

厚生労働省（2007）．軽度発達障害児に対する気づきと支援のマニュアル．https://www.mhlw.go.jp/bunya/kodomo/boshi-hoken07/（2020年9月14日閲覧）

厚生労働省（2014）．「健やか親子21（第2次）」について 検討会報告書（概要）．https://www.mhlw.go.jp/file/05-Shingikai-11901000-Koyoukintoujidoukateikyoku-Soumuka/s2.pdf（2020年9月14日閲覧）

文部科学省（2010）．特別支援教育について 第5部 保護者・本人用．https://www.mext.go.jp/a_menu/shotou/tokubetu/material/1298171.htm（2020年9月14日閲覧）

文部科学省（2015a）．「教育支援センター（適応指導教室）に関する実態調査」結果．https://www.mext.go.jp/a_menu/shotou/seitoshidou/__icsFiles/afieldfile/2017/11/06/1397806_1.pdf（2020年9月14日閲覧）

文部科学省（2015b）．小・中学校に通っていない義務教育段階の子供が通う民間の団体・施設に関する調査．https://www.mext.go.jp/a_menu/shotou/tyousa/__icsFiles/afieldfile/2015/08/05/1360614_02.pdf（2020年9月14日閲覧）

文部科学省（2016）．不登校児童生徒への支援に関する最終報告（案）――一人一人の多様な課題に対応した切れ目のない組織的な支援の推進――．https://www.mext.go.jp/b_menu/shingi/chousa/shotou/108/shiryo/__icsFiles/afieldfile/2016/10/06/1374858_2.pdf（2020年9月14日閲覧）

文部科学省（2019）．平成 30 年度 児童生徒の問題行動・不登校等生徒指導上の諸課題に関する調査結果
　　について．https://www.mext.go.jp/content/1410392.pdf（2020年9月14日閲覧）

笹森洋樹・後上鐡夫・久保山茂樹他（2010）．発達障害のある子どもへの早期発見・早期支援の現状と課
　　題　国立特別支援教育総合研究所研究紀要，*37*，3-15．

17
章

18章　特別支援教育コーディネーターと校内支援体制，関係機関との連携

森下由規子

　本章では，特別支援教育コーディネーターを中心とした学校における特別支援教育の組織的な取り組みについて説明します。

　校内外をつなぐ特別支援教育のイメージとして図18-1を示しました。左側が校内支援体制のイメージです。近年，「チーム学校」という言葉がよく使われますが，特別支援教育においては，特別支援教育コーディネーターが校内支援体制のキーパーソンになります。また，保護者や校外の関係諸機関との窓口になることも理解しましょう。

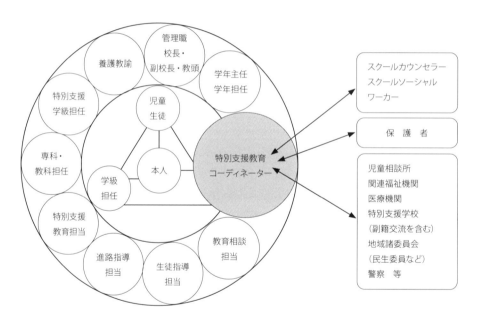

図18-1　校内外をつなぐ特別支援教育体制のイメージ

1. 特別支援教育コーディネーター

> 🔑 **キーワード**
>
> **特別支援教育コーディネーター**：校内における児童生徒への適切な支援のために，校内委員会の企画運営，関係諸機関との連絡調整，保護者の相談窓口等の役割を担う教員です。

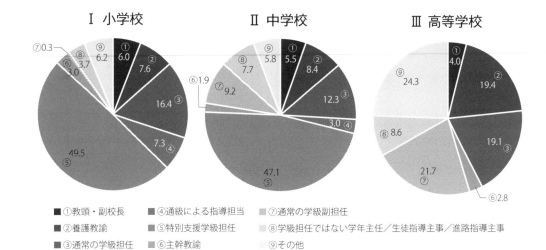

Ⅰ 小学校
⑦0.3
⑥3.0
⑧3.7
⑨6.2
①6.0
②7.6
③16.4
④7.3
⑤49.5

Ⅱ 中学校
⑥1.9
⑦9.2
⑧7.7
⑨5.8
①5.5
②8.4
③12.3
④3.0
⑤47.1

Ⅲ 高等学校
⑨24.3
⑧8.6
⑦21.7
⑥2.8
①4.0
②19.4
③19.1

■①教頭・副校長　　■④通級による指導担当　　▨⑦通常の学級副担任
■②養護教諭　　■⑤特別支援学級担任　　▨⑧学級担任ではない学年主任／生徒指導主事／進路指導主事
■③通常の学級担任　　■⑥主幹教諭　　□⑨その他

注：高等学校において，「通級による指導担当」「特別支援学級担任」は選択肢なし

図18－2　特別支援教育コーディネーターに指名された職種の割合（％）
出典：小学校・中学校は文部科学省（2018），高等学校は文部科学省（2017）の数値をもとに作成

（1）特別支援教育コーディネーターの指名

　特別支援教育コーディネーターは，「特別支援教育の推進について（通知）」（文部科学省初等中等教育局長，2007）において，「各学校の校長は，特別支援教育のコーディネーター的な役割を担う教員を『特別支援教育コーディネーター』に指名し，校務分掌に位置付けること。（中略）また，校長は，特別支援教育コーディネーターが，学校において組織的に機能するよう努めること」が示されました。

　このように，特別支援教育コーディネーターは校長によって指名されます。また，校長には，特別支援教育コーディネーターが校内において活動しやすいように組織を整える責任もあります。特別支援教育コーディネーターは校長と連絡を密にとりながら，校内体制の充実を図る必要があります。

　全国の特別支援教育コーディネーター指名状況は，幼保連携型認定こども園88.3％，幼稚園96.4％，小学校・中学校100％，高等学校99.9％となっており，ほとんどの公立学校では特別支援教育コーディネーターが配置されていることがわかります（出典：図18－2と同じ）。

　図18－2は，どのような職種の教員が特別支援教育コーディネーターに指名されているかを示しています。特別支援学級が設置されている小・中学校においては，特別支援学級担任が最も多くコーディネーターを担当していることがわかります。担任等をもたない専任の教員がコーディネーターに配置されることはほとんどありません。多くの場合，学級担任を含むほかの職種を担っている教員が特別支援教育コーディネーターに指名されているわけですから，現状では多忙な学校業務をこなしながら，特別支援教育コーディネーターの仕事を行わなければなりません。

18
章

(2) 特別支援教育コーディネーターの役割

特別支援教育コーディネーターの役割は，前述の2007（平成19）年の文部科学省の「通知」において，「特別支援教育コーディネーターは，各学校における特別支援教育の推進のため，主に，校内委員会・校内研修の企画・運営，関係諸機関・学校との連絡・調整，保護者からの相談窓口などの役割を担うこと」と示されています。

具体的には，以下のような役割があります。

①校内の教員の相談窓口

児童生徒の指導・支援に悩む教員の実情を聞き取り，その状況を把握して，次の支援につなげるステップを一緒に考えます。

②保護者に対する学校の相談窓口

保護者からの相談や合理的配慮について情報を収集し，必要な部署と情報を共有し，支援体制を整える準備・連絡調整を図ります。

③学校内外における関係諸機関との連絡・調整

地域の関係機関の情報を集め，必要な関係諸機関をつなぎ，支援のためのネットワークを形成します。その一例として，図18－3を示します。1人ひとりの事例に必要な関連機関を選択し，ネットワークを使って支援につなげる工夫が求められます。そのためには，常に地域の支援マップの情報をアップデート（担当者の変更や新しい支援施設・関係機関等の追加）しておくことが望まれます。

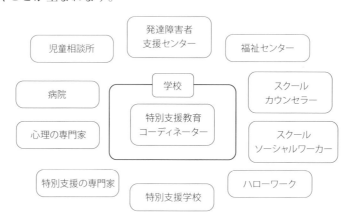

図18－3　児童生徒を取り巻く関係諸機関のマップ

④障害のある児童生徒への教育の充実

支援を有効につなぎ，また，校内の情報共有を図るため，個別の教育支援計画，個別の指導計画の作成の推進役となるとともに，その評価を次につなげる役割を果たします。

⑤交流及び共同学習の推進

> 🔑 **キーワード**
>
> **交流及び共同学習**：障害のない子どもと障害のある子ども，あるいは地域の障害のあ

る子どもとが，ふれあい，ともに活動することです。交流は，相互のふれあいを通じて，豊かな人間性を育むことを目的とし，共同学習は，教科等のねらいの達成を目的とします。

　特別支援教育コーディネーターは，特別支援学級の児童生徒と通常の学級の児童生徒がともに学ぶ機会を計画的に設定し，実施に際し，協力していく役割があります。また，地域の特別支援学校へ通っている子どもの交流及び共同学習についても，特別支援学校のコーディネーターと連携を図り，積極的に交流が図れる機会を設定していきます。双方にとって，これからの共生社会の構築につながるような有意義な交流が図れるように適切な助言を行う必要があります。

　図18－4は，特別支援学校の児童と地域の小学校の児童がオンラインで交流している様子です。ホワイトボードを利用した正面のスクリーンには特別支援学校の児童の活動が映し出されています。このように，直接交流であってもさまざまな工夫を用いた取り組みが実践されていることがわかります。

図18－4　交流及び共同学習の様子

⑥校内外の特別支援教育に関する理解推進

　特別支援教育に関する研修会の企画・運営，地域への理解啓発や支援を推進する取り組みを行います。

(3) 特別支援学校の特別支援教育コーディネーターの役割

　特別支援学校の特別支援教育コーディネーターには，通常の学校とは異なる役割があります。

①センター的機能の推進

　特別支援学校の特別支援教育コーディネーターは，地域の就学前施設，小・中・高等学校における特別の教育的支援が必要な子どもたちの支援に協力することが求められています。特別支援学校の教員がもっている知識・技能を活用して通常の学校にいる子どもたち

の支援を包括的に支える助言をする役割を果たします。そのためには，合同で事例研究をする等の工夫が必要です。また，個別の支援計画や個別の指導計画の書き方や活用の方法を具体的に助言することも地域の学校にとっては大きな支援となります。

②地域ネットワークの構築

　特別支援学校は，地域で使える医療，福祉，関係諸機関等の専門的な資源を整理し，支援エリアのネットワークを構築しておくことが求められます。また，エリアの各種特別支援学校の学校間ネットワークを構築しておくこともあわせて大切です。

③交流及び共同学習の推進

　交流及び共同学習は，地域によって居住地校交流，副籍等のさまざまな呼び名があります。本来であれば，通うべき地域の学校と交流及び共同学習を推進していくことが望ましいと考えられています。交流には，間接交流（学校だよりや通信の交換等）と直接交流（実際に子ども同士で活動を一緒に行う）の2種類があります。児童の実態や物理的環境によって，どちらの交流を選ぶことも可能です。障害のある子どもたちが，地域社会の一員として将来生活することを見通した支援を行う必要があります。

（4）特別支援教育コーディネーターの専門性

　特別支援教育コーディネーターの役割は多岐にわたり，すべての知識・技能を兼ね備えることはなかなか困難です。障害のある児童生徒等の発達や障害全般に関する一般的知識やアセスメント能力があることが望ましいのですが，それがなければ特別支援教育コーディネーターの役割が果たせないわけではありません。関係機関との連絡・調整を行う交渉能力や情報を共有するための人間関係を調整するファシリテーション能力，さまざまな人たちの相談に対応するカウンセリングマインドなども，特別支援教育コーディネーターの専門性として捉えることができます。自分の得意とする分野を強みとして，コーディネーターとしての活動を充実させていきましょう。

　特別支援教育コーディネーターがさまざまな専門性を駆使して児童生徒等のよりよい支援の方向性を学校全体で考える場が校内委員会です。

2. 校内委員会

> 🔑 **キーワード**
>
> **校内委員会**：校長のリーダーシップのもと，全校的な教育支援体制を確立し，教育上特別の支援を必要とする児童生徒の実態把握や支援内容の検討等を行うため設置された特別支援教育に関する委員会です。

　校内委員会は，新規に設置することもできますが，既存の学校内組織（生徒指導委員会等）に校内委員会の機能をもたせる方法もあります。各学校の実態に合わせて設置するこ

とが大切です。

（1）校内委員会の役割

校内委員会には次のような役割があります。

①学習面・行動面で特別の教育的支援が必要な児童生徒の早期発見。

②特別の教育的支援が必要な児童生徒の実態把握と学級担任の指導への支援方策の具現化。

③保護者や関連機関と連携し，特別の教育的支援を必要とする児童生徒に対する個別の教育支援計画の作成。

④校内関係者と連携し，特別の教育的支援を必要とする児童生徒に対する個別の指導計画の作成。

⑤特別の教育的支援が必要な児童生徒への指導と，その保護者との連携に関する全教職員の共通理解の場（校内研修含む）の設定。

⑥専門家チームに特別の教育的支援が必要か否かについての判断を求めるかどうかの検討（教員は決して診断を行わないこと）。

⑦保護者相談の窓口および理解推進の中核的役割。

（2）支援レベルの違いと校内支援体制

校内委員会の役割をイメージ化したものが図18－5です。支援のレベルによって誰がどのように動けばよいかを表しています。この図ではレベル2とレベル3を分けていますが，

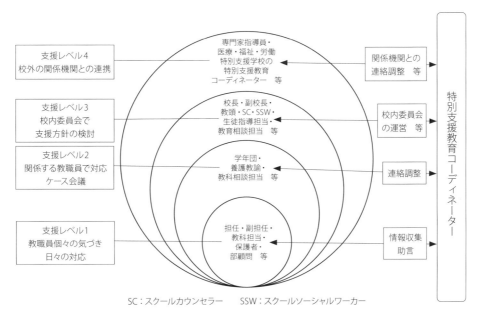

SC：スクールカウンセラー　　SSW：スクールソーシャルワーカー

図18－5　支援レベルと支援体制のイメージ
出典：岡山県総合教育センター（2015）をもとに作成

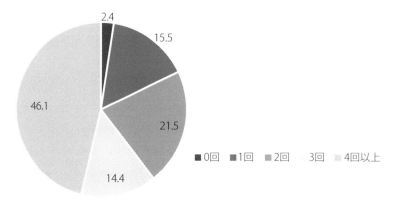

図18−6　校内委員会の年間実施回数（％）
出典：文部科学省（2018）をもとに作成

実際には，レベル2とレベル3を合わせた支援体制を構築している学校もあります。それぞれのケースが，学級・学年内で対応できる支援か，校内委員会を招集する支援か，外部の支援を要請する支援なのか，校内委員会が特別支援教育コーディネーターを中心に話し合います。

図18−6は，校内委員会が1年に何回程度実施されたかを示しています。4回以上という学校が半数近くありますが，支援ケースが増加しているなか，0〜3回という回数は，校内支援体制の情報共有が決して充実しているとはいえないかもしれません。忙しい毎日の中で，校内委員会を随時開催することは困難なことが予想されます。特別支援教育コーディネーターは，年間計画の中に定期的に情報を共有するための校内委員会の開催日を位置づけていくことが大切です。また，校内委員会だけに頼らず，図18−5に示した支援レベル1のような対象児童生徒の支援情報を共有し，支援の方策を話し合いやすい環境づくりを心がけていきましょう。

コラム

コーディネーター便りの発行

コーディネーターの中には，忙しい時間の中で，定期的に「コーディネーター便り」を発行している方もいます。校内の教員向けには研修の案内，国や自治体の特別支援教育に関する方針や施策の紹介，新しい教材（DVD等）の紹介，情報共有のための校内の状況等を記述します。保護者向けには，相談窓口がコーディネーターであることの周知，学校の特別支援教育の取り組みの具体的な実践を知らせる等，支援がより身近なものになるよう理解を促し，啓発に努めているわけです。

調べよう・深めよう！

調べよう：教員が特別支援教育の専門性を高めるためには，どのようなスキルを身につける必要があるでしょうか？

深めよう：特別支援教育コーディネーターに指名されたとき，どのようなことから始めようと思いますか？

《引用・参考文献》

廣瀬由美子・石塚謙二（編著）（2019）．特別支援教育（アクティベート教育学7）　ミネルヴァ書房．

国立特別支援教育総合研究所（2020）．特別支援教育の基礎・基本2020　ジアース教育新社．

文部科学省（2017）．平成28年度特別支援教育体制整備状況調査結果について．

文部科学省（2018）．平成29年度特別支援教育体制整備状況調査結果について．

文部科学省（2019）．交流及び共同学習ガイド（2019年3月改訂）．

文部科学省初等中等教育局長（2007）．特別支援教育の推進について（通知）．

岡山県総合教育センター（編）（2015）．高等学校ハンドブック　自分らしくかがやく――発達障害のある高校生のための指導・支援――．

キャリア教育（職業教育・進路指導を含む）と就労支援機関との連携

尾高邦生

1. キャリア教育と進路指導，職業教育

　キャリア教育と進路指導，職業教育については，それぞれの定義や概念の近接性が高いといえますが，育成する力や教育活動の観点で整理すると，理解がしやすいでしょう。

　中央教育審議会（2011）によると，キャリア教育は，「一人一人の社会的・職業的自立に向け，必要な基盤となる能力や態度を育てることをとおして，キャリア発達を促す教育」とされています。ここでの「キャリア発達」とは，「社会の中で自分の役割を果たしながら自分らしい生き方を実現していく過程」のことであり，キャリア教育は，高等部のみならず，小学部段階からさまざまな教育活動を通して，児童生徒の「生き方」について発達的に働きかける教育的行為といえます。

　一方で，同答申において職業教育は，「一定又は特定の職業に従事するために必要な知識，技能，能力や態度を育てる教育」であるとされています。このような能力や態度は，「具体の職業に関する教育を通して育成していくことが極めて有効である」とされています。特別支援学校においては，中学部，高等部において職業科や作業学習，職業に関する専門教科などにおいて，具体的・実際的な作業活動を通して，就業生活に必要な知識，技能，態度を育成しています。

　また，進路指導は，「本来，生徒の個人資料，進路情報，啓発的経験及び相談を通じて，生徒が自ら，将来の進路を選択・計画し，就職又は進学をして，更にその後の生活によりよく適応し，能力を伸長するように，教員が組織的・継続的に指導・援助する過程であり，どのような人間になり，どう生きていくことが望ましいのかといった長期的展望に立った人間形成を目指す教育活動である」と示されています。

　進路指導は，出口指導のみに力点を置くものではなく，生徒自身が自己と向き合いながら主体的に将来を考え，意思決定を行えるように，情報や経験の機会を提供する広範囲にわたる活動であると捉えることができます。

2. 知的障害者の進路と活躍

　特別支援学校（知的障害）を卒業した生徒は，約6割が社会福祉施設等を利用しています。企業等に就職する卒業生の割合は約35％ですが（図19-1），近年増加しています。

表19－1　知的障害特別支援学校（養護学校）高等部（本科）卒業者の職業別就職者数

2019（平成31）年3月卒			2008（平成20）年3月卒			1998（平成10）年3月卒		
職業区分	人数	%	職業区分	人数	%	職業区分	人数	%
生産工程	1549	23.5%	生産工程・労務作業	1251	41.8%	生産工程・労務作業	1565	64.7%
サービス職業	1498	22.7%	サービス職業	833	27.8%	サービス職業	492	20.3%
運搬・清掃等	1496	22.7%	販売	386	12.9%	販売	124	5.1%
販売	822	12.5%	事務	150	5.0%	農林漁業	63	2.6%
事務	653	9.9%	運輸・通信	106	3.5%	運輸・通信	16	0.7%
農林漁業	155	2.3%	農林漁業	48	1.6%	保安職業	13	0.5%
建設・採掘	89	1.3%	専門的・技術的職業	47	1.6%	事務	9	0.4%
専門的・技術的職業	53	0.8%	保安職業	3	0.1%	専門的・技術的職業	5	0.2%
輸送・機械運転	35	0.5%	その他	169	5.6%	その他	133	5.5%
保安職業	10	0.2%	合計	2993	100.0%	合計	2420	100.0%
その他	241	3.7%	（注）日本標準職業分類の2009（平成21）年12月の改訂により，2010（平成22）年3月以前の「運搬・通信従事者」「生産工程・労務作業従事者」の区分がなくなり，「生産工程従事者」「輸送・機械運転従事者」「建設・採掘従事者」「運搬・清掃等従事者」が新設されたため，それぞれ別に示す。					
合計	6601	100.0%						

出典：文部科学省，特別支援教育資料（令和元年度），特別支援教育資料（平成20年度），文部省，特殊教育資料（平成10年度）をもとに筆者が作成

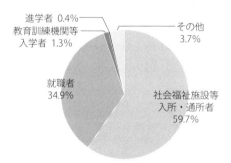

図19－1　知的障害特別支援学校高等部卒業者（本科）の進路状況（2019〈平成31〉年3月卒業者）
出典：文部科学省（2020）をもとに作成

　社会福祉施設等で就労系福祉サービスを受ける者については，軽作業や部品の組み立て，食品製造，調理，接客，清掃等のさまざまな作業に従事しています。高等部卒業後に就労移行支援事業所で訓練を受けて企業就労を目指す卒業生もいます。

　また，就職先について職業別に見ると，生産工程，サービス業，運輸・清掃の職業に就く者が多く見られますが，近年は，事務に関する職業に従事する者が増加し，知的障害者の職域が拡大していることがわかります（表19－1）。

　2021（令和3）年には障害者の法定雇用率が2.3％（民間企業）に引き上げられました。さらに企業の障害者雇用への理解が進み，雇用される知的障害者も増加しています。一方で，職場への定着と安定した就業生活の継続への支援が今後の課題になります。

3．進路指導の実際

　進路指導の具体的な方法の1つとして，集団で学ぶガイダンスと個別に行われるカウン

セリングがあげられます。特別支援学校高等部学習指導要領解説においては，「生徒一人一人が自己理解を深め，自己の将来の生き方を考え，卒業後の進路を主体的に選択し，さらに積極的にその後の生活において自己実現を図ろうとする態度を育てるよう配慮すること」とされており，進路指導においては，ガイダンス等を活用しながら，生徒自身が主体的に将来を考え，意思決定をしていくことが重要であるとされています。

　ガイダンスでは，職業理解や生活設計，現場実習に関する内容などを，カウンセリングでは，自己理解や進路先の選択，意思決定につながる取り組みが大切になってきます。

4. 現場実習

　特別支援学校高等部においては，「産業現場等における実習（現場実習）」を教育課程に位置づけて，企業や福祉施設，公的機関等において，実際的な職業生活を経験し，職業生活に必要な事柄を理解するとともに，望ましい勤労観や職業観を育成することを重視しています。

　実習時期や期間，実習先を生徒本人や保護者と相談しながら，段階的に設定していきます。

　また，事前学習として，実習の内容や目標設定，実習日誌の作成，面接練習などを行ったり，事後学習では，目標に対する自己評価，仕事内容に対する適性の振り返りなどを行います。これらを通して，職業と自分との関係を深く考え，さらに複数の職種や実習先を経験することで，職業について比較したり，評価をもとに自己理解を深め，職業適性を考え，将来の主体的な進路選択につなげることが考えられます。

図19－2　現場実習の様子

表19－2　特別支援学校高等部3ヶ年の現場実習計画の一例

学年	現場実習の学年目標	時期	内　容	
1年次	①働くからだと気持ちをつくる	I期	◆校内実習　2週間	職業生活の体験期
	②地域社会で働く生活の経験をする	II期	◆地域の作業所での2週間（1ヶ所：2週間） ◆校内実習　2週間	
2年次	①社会人になるための経験を広げる	I期	◆福祉事業所，企業等での実習 （1ヶ所：2週間）	経験の拡大期
	②自分の進路を考える準備をする	II期	◆福祉事業所，企業等での実習 （2ヶ所：4週間）	
3年次	①社会人になるために，自分で進路を考える	I期	◆希望進路先での実習 （1ヶ所：2週間）	進路の選択・決定期
	②自分のもっている力を発揮して，進路を決定する	II期	◆希望進路先での実習 （1ヶ所：2週間ないし2ヶ所4週間）	

5. 移行支援計画

　学習指導要領では，障害のある幼児児童生徒について，家庭，地域および医療や福祉，保健，労働等の業務を行う関係機関との連携を図り，長期的な視点で児童への教育的支援を行うための計画として「個別の教育支援計画」の作成が規定されています。さらに2018（平成30）年8月には，学校教育法施行規則が一部改正され，「個別の教育支援計画」の作成にあたっては，「当該児童生徒等又は保護者の意向を踏まえつつ，関係機関等と当該児童生徒等の支援に関する必要な情報の共有を図らなければならないこととする」と規定されました。

　高等部から社会への移行期における「個別の教育支援計画」の一部を「個別の移行支援計画」と位置づけている学校も見られます。

　計画には，①進路選択の過程や，将来への考え方の変化・成長，②将来の働き方や暮らし方，生活に関する本人の希望，③学校教育で培ってきた本人の力や支援の方法，④本人を支えるネットワークなどを記載し，学校から社会への生活が大きく変わる時期に円滑に

現場実習の経過				
学年	実習先	実習期間	実習内容	本人の感想
1				
1				
2				
2				
3				
3				

卒業後の進路先			
進路先名称	業務内容	勤務日，勤務時間	担当者/連絡先

今後の希望			
	【就業先でのはたらき方】	【家庭でのくらし】	【余暇・地域生活】
本人			
家庭			
支援の方向性			

支援者			
	就業生活	医療・健康	余暇・地域生活	出身校
機関名				
担当者/連絡先				
支援内容				

図19－3　移行支援計画の一例（抜粋）

次のステージに移行できるように，教育，家庭，医療，福祉，労働などの関係機関が連携し，本人の希望を踏まえて，支援の方向性を共有することが重要になります。

　計画の策定においては，本人や保護者の希望をていねいに聞き取り，計画に反映していくことが大切です。

🔑 キーワード

高等部専門学科：特別支援学校（知的障害）高等部においては，普通科のほかに専門教育を主とする学科（専門学科）があり，多くは職業教育を主とする学科として設置されています。学習指導要領では，専門学科で開設される教科として，家政，農業，工業，流通・サービス，福祉が示されています。

専攻科：修業年限が1年以上で，知的障害特別支援学校高等部卒業後の学びの場として設置されています。しかし，全国で9校（国立1校，私立8校）（2020年現在）のみの設置であり，青年期の学びの場としての整備は進んでいません。

主権者教育：2015（平成27）年に選挙権年齢が18歳以上に引き下げられたことに伴い，学校教育においても単に政治の仕組みについて必要な知識を習得させるにとどまらず，社会を生き抜く力や地域の課題解決を社会の構成員の1人として主体的に担うことができる力を身につけさせることを目的として，各学校段階で主権者教育の充実が求められるようになりました。

🔍 調べよう・深めよう！

調べよう：企業就労をしている知的障害者の具体的な職務内容について調べてみよう。

深めよう：生徒が主体的に進路決定していくためには，学校教育においてどのような資質・能力を育んでいけばよいでしょうか？

《引用・参考文献》

中央教育審議会（2011）．今後の学校におけるキャリア教育・職業教育の在り方について（答申）．

文部科学省（2009）．特別支援教育資料（平成20年度）．

文部科学省（2017）．特別支援学校 幼稚部教育要領 小学部・中学部学習指導要領（平成29年4月告示）．

文部科学省（2019）．特別支援学校高等部学習指導要領（平成31年2月告示）．

文部科学省（2019）．特別支援学校教育要領・学習指導要領解説 総則編（高等部）．

文部科学省（2020）．特別支援教育資料（令和元年度）．

文部省（1999）．特殊教育資料（平成10年度）．

Ⅲ

支援方法と指導法

20章 通常の学級における授業つくり・指導の工夫

涌井　恵

1. はじめに

　通常の学級の担任にとって，自分の学級に発達障害のある児童生徒が在籍しているということは，珍しいことではなくなりました。2012年の文部科学省の調査では，発達障害の可能性のある特別な教育的支援を必要とする児童生徒は，約6.5％程度の割合で通常の学級に在籍していることが示されています。通常の学級において，発達障害等の特別な教育的支援を必要とする子どもも含めたすべての学級の子どもにとって，わかりやすく，また主体的・対話的に，そして深い学習理解に到達できる授業を行うことが，学校現場の喫緊の課題となっています。

　アクティブで，ユニバーサルで，インクルーシブな授業・学級づくりを行うためには，1人ひとりの違いを力に変える学び方・教え方という発想の転換が必要です。

2. 学び方は1人ひとり違っている

🔑 キーワード

ユニバーサルデザイン：（個人による）適応（の努力）や特殊化されたデザインを必要とせずに，最大限可能なかぎり，すべての人々に利用可能な製品と環境のデザインのこと（The Center for Universal Design, 1997）。製品や建築などのデザインを最初から障害のある人，ない人，高齢者なども含め，誰もが使いやすいものに設計すべきであるという考え。

　あなたは，知らない場所へ行かなければならないとき，何を手がかりにしますか？

　地図を見ればすぐわかるという方もいるかもしれませんし，地図は見てもわからないので誰かに口頭で説明してもらうという方もいるかもしれませんし，その場所を知っている人について行くという方もいるかもしれません。

　ある課題解決に対して，どのような手がかりが役立つのかは人それぞれです。これは，子どもたちの学習においても同様です。最近の神経科学等の研究から，1人ひとりの子どもはそれぞれ認知特性や学び方が異なっていることが明らかになっています。子どもたちの学び方は，言葉で説明したほうがわかる子ども，図や絵と一緒に説明してもらったほう

がわかる子ども，全体像をぱっと示してもらったほうがわかる子ども，順番を追って説明されたほうがわかる子ども……と1人ひとり違っています。通常のクラスのみんなへの指導・支援に加えて，これではついてこれない発達障害のある子どもへ特別な指導・支援を加えるという発想からの授業つくりではなく，最初からさまざまな認知特性や学び方の子どもたちがいるという前提で，誰もがわかる，できるユニバーサルデザインな授業を考えていくことが必要です。

　学び方とは，学習方略や学習スタイルを意味します。Zimmerman et al.（1986）は，学習場面や課題を仕上げる際に活用している方略として，自己評価，体制化，目標設定，情報探索，モニタリング，環境構成，他者への支援の要請（仲間，教師，他の大人），見直し（テスト，教科書，ノート），リハーサルなどを明らかにしました。学習スタイルには，たとえばFleming et al.（1992）のVARKモデルによる分類（Visual視覚，Auditory聴覚，Read/Write読字／書字，Kinesthetic運動感覚）があります。学習スタイルに関する研究や教育実践では，子どもの個人差，すなわち個々の学習スタイルの違いに応じた指導方法によって教育的効果を上げようと試みられてきましたが，好きな学習スタイルで取り組んでも，それが学習成績の上昇につながらないという批判もあります（Pashler et al., 2008）。

　この原因について涌井（2020）は，どの学び方が自分に適しているかは，解答として求められているアウトプットの反応様式（書字か，運動動作か，描画か等），その学習課題の性質・特徴，置かれている状況，自分がすでに獲得している知識やスキル，自己の個人的な経験や思い出と関連しており，どの教科においても，どんなときにも同じというわけではないためと分析しています。「あなたは視覚的な処理が得意だからこの方法」と，いつも固定的に決まっているものではないのです。

　したがって，選んだ学び方が解答を求めるために効果的でなければ，違う方法を見出すよう指導することこそが，教師に求められることであると考えます（涌井, 2020）。

3.　誰もがわかる・できるユニバーサルデザインな授業

　学びのユニバーサルデザイン（Universal Design for Learning: UDL）に関するガイドライン（CAST, 2008, 2011）[1]では，ユニバーサルデザインとは，みんなにとって最適な1つの解決方法ではなく，能力や個性のさまざまな個人差のある学習者のニーズを満たすための複数のアプローチが用意されていることであると述べています。また，CAST（2011）はOne size fits all（1つのものを全員に充てること）を批判し，「みんなにとって最適な1つの解決方法」はありえず，ユニバーサルデザインでないとしています。このCAST（2011）の考え方に対し，小貫（2016）も，「授業のユニバーサルデザイン研究会」の立場から「一斉授業を前提に，いわば授業理解の最大公約数の方法論の発見，探索を行う我々の方向性とは全く違ったものである」ことと，むしろOne size fits allを目指してきたことを述べ，一歩進んだCAST（2008, 2011）のUDLの主張について今後議論していく必要があるとし

ています。

　現実の物理的世界では，すべての者のニーズを満たす最適な1つのものが存在しないことのほうが多いので，複数のアプローチを用意することによってみんなのニーズを満たす，という発想は大変注目すべき視点です（涌井, 2016b）。複数のアプローチを用意することによってみんなのニーズを満たすと発想することで，具体的な支援や指導をより現実的にイメージすることができるようになるでしょう。

　たとえば，作文の授業において，マス目や行間の大きさが複数種類ある原稿用紙を用意したり，紙の辞書でも電子辞書でもどちらを使ってもよいとしたりすることは，比較的容易にできることでしょう。

　教師がすべての支援や手立てを用意することに不安や負担感を感じるかもしれません。しかし，教師だけで解決しなくてもよいのです。子どもたちが自分自身で学び方を工夫するしかけと子ども同士が学び合う力を借りるという授業の方法もあります。

　筆者は，ハワード・ガードナー（Howard Gardner）が提唱した8つのマルチ知能（図20-1）と，発達障害のある子どもの認知特性も加味して独自に設定したやる気・記憶・注意（子どもたちには「やる・き・ちゅ」と略称を伝えています。図20-2参照）の観点（8＋3＝11の観点）から，子ども自身に学習方法を選択させ，工夫して考えることを付加した学び方選択式の学び合いによって，複数のアプローチを子どもたちに用意する授業を提案しています（詳細は涌井, 2015, 2016aを参照）。

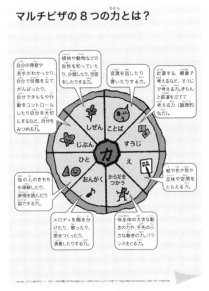

図20-1　マルチ知能について
出典：涌井（2014）　アームストロング（2002）
p.81の図を参考に作成したもの

図20-2　やる・き・ちゅの説明の書かれた下敷
出典：涌井（2015）

　　　両図を表裏で印刷してパウチしたものを下敷きとし，子どもたちに配布して活用。

複数の学び方のアプローチを用意した授業実践例として，栃木県公立小学校の堀川知子教諭による小学2年生国語の物語文「お手紙（二の場面）」（光村図書）の授業（涌井，2017）を紹介します。

この授業では，「ア：登場人物の行動や会話を中心に想像を広げながら読もうとしている（関心・意欲・態度），イ：がまくんに手紙を書き，かたつむりくんに配達を頼んだかえるくんの様子や気持ちを読み取ることができる（読むこと）」を本時の目標としていました。この目標を達成するために学習課題「かえるくんは，なぜ，いそいでいるのだろう」を設定し，それに迫るために，山場の活動において，①音読劇（動作化，加え読み【からだ，ことばの力を主に使う】），②心情曲線（気もちの書き込み【え，すうじの力を主に使う】），③絵（四コマ絵など【え，ことばの力を主に使う】）という3つの学び方を用意しました（図20－3参照）。

まず，授業では二の場面の概要についてざっとクラス全体でおさらいします。

次に，前述したマルチ知能やる気・記憶・注意のうち，どの力を使うとうまくいきそう

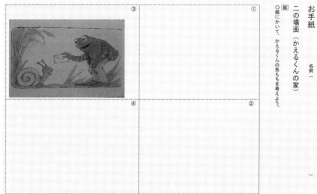

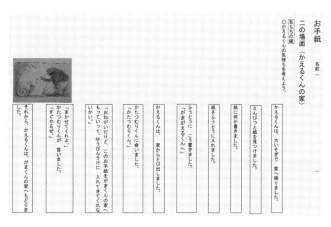

図20－3　教師が用意した学習活動／学習プリント
上段は音読劇の補助プリントで，読むときに気をつけることなどを記入していきます。中段は4コマ絵のプリントで，絵や台詞を記入します。下段は心情曲線のプリントで，気持ちの浮き沈みなどを上下する線を引いて表現します。上下する線の山の部分に吹き出しを付けて，台詞やそのときの気持ちを記入する子どももいました。

か，どんな風に使うと課題解決できそうか子どもたち
に尋ねます（人間の行動は複雑で，大抵の学習活動は1つ
の力だけでなく，いろいろな力が組み合わさって遂行されて
おり，1つの課題解決方法とある力とが，1対1対応になって
いるわけではありません。詳しくは，涌井，2015を参照）。

**図20－4　教室に掲示している
マルチ知能とやる・き・ちゅの模型**
出典：涌井（2016）

　そして，子どもたちから出てきた課題解決の方法
を，黒板に掲示したマルチ知能とやる・き・ちゅの模
型（図20－4）の横に書き出していきます。なお，こ
れは，自己調整学習における子どもたちにどんなこと
をやればよいのかの予見（Zimmerman, 1998）やプラン
ニングを促す大切な活動となっています。

　その後，子どもたちは，自分の学びやすい，考えやすい方法を選んで学習課題「かえる
くんは，なぜ，いそいでいるのだろう」について考えます。そして，同じ方法を選んだ友
だち同士でときに交流をしながら，自分の考えと同じところや違うところに気づいたとき
には，ワークシートに付け足したり，音読の仕方を工夫したりするように教師は助言しま
す。グループのメンバーや人数は自然発生的なまとまりに任せます。1人で作業しながら，
たまに同じや方法で取り組んでいるグループに顔を出す，といった子どももいてもよく，
実際そのような子どももいました。

　その後，それぞれの学び方からグループまたは個人を教師が指名して，学習したプリン
トを使ったり，音楽劇を実演したりして発表をし合いながら，なぜかえるくんは急いでい
るのか，読み取った登場人物の気持ちや意見などを出し合っていきます。

　単元の目標は登場人物の気持ちが表れるように工夫した音読劇をすることなので，最後
のまとめに全体で音読を行い，個々の振り返りカードには，どんな気持ちを込めて音読し
たらよいかについて記入します。中・高学年の授業の場合は，使ったマルチ知能の使い方
（学習方略）は効果的であったか，次回も使ってみるかどうかについての振り返りを付け加
えることもあります。

　山場の活動は，自由度が高く，その場面だけを切り取ると国語の授業には一見みえない
のですが，どの子どもも，それぞれの方法で，実に主体的に生き生きと集中して活動し続
けていました。また最後の振り返りカードにも，普段書くことが苦手な子どもも紙面一杯
に書いていました。マルチ知能を使った活動をすると，書きたいことが子どもから湧き出
てくる（授業者談）とのことです。

　授業のユニバーサルデザイン化は，決して，課題をやさしくして全員ができることを目
指すものではありません。紹介した実践例のように，学ぶ過程を複線化し選べるようにす
ることで伸びる子どもたちは，発達障害のある子どもに限らず多くいます。

　学習の方法を選び，自ら選んだ方法を自分で工夫して取り組み，他者と交流して考えを
深めるという授業の枠組みは，子どもの動機づけ（やる気）を引き出し，また，自分とは

異なる学び方をする多様な人への受容的態度を育成することにつながることが示唆されています。前述のような1人ひとりの多様性に応じた授業を重ねていくと，できないことは人それぞれにあり，特別なことでなくなり，学校や学級に互いの多様性を認め合う温かい学校・学級風土が生まれていくでしょう。子どもは1人ひとり異なっているという前提に立ったうえで「すべての子どもたち」にとってわかりやすく学びやすい授業を目指すという考え方や取り組みは，個々の障害のある子どもの合理的配慮の実施を円滑にし，下支えする基礎的環境整備としても機能します。学校全体で取り組めば，多様性を包容するインクルーシブな学校づくりにも寄与するでしょう。

さらに，学習評価の観点別評価において，「主体的に学習に取り組む態度」の評価については，各教科の観点の趣旨に照らし，知識および技能を獲得したり，思考力・判断力・表現力などを身につけたりすることに向けた粘り強い取り組みの中で，自らの学習を調整しようとしているかどうかを含めて評価するとなっています。「自ら選んだ方法を自分で工夫して取り組む」ということは，まさに自らの学習を調整することとなっています。今後，学び方を選べること，自ら選んだ方法を自分で工夫して取り組んでいくことを促す授業の組み立てをしていくことが重要になっていくと考えられます。

🔑 キーワード

合理的配慮：「障害者の権利に関する条約」第2条では「障害者が他の者と平等にすべての人権及び基本的自由を享有し，又は行使することを確保するための必要かつ適当な変更及び調整であって，特定の場合において必要とされるものであり，かつ，均衡を失した又は過度の負担を課さないものをいう」と定義されています。
基礎的環境整備：障害のある子どもに対する支援については，法令に基づき，または財政措置により，国は全国規模で，都道府県は各都道府県内で，市町村は各市町村内で，教育環境の整備をそれぞれ行います。これらは，「合理的配慮」の基礎となるもので，基礎的環境整備といいます。

---

5. 誰もが安心して自分を発揮できる学級経営

特別支援教育の視点を活かした学級経営アイデアがいくつかあります。田中（2012）は，通常学級で児童相互のよりよい関係をつくる手立てとして，「一人一役活動」（長期間1つの係活動を担当させ，自分の役割を理解しやすくしながら自己有用感を養う），「ビー玉貯金」（「チャイム着席ができた」など，クラスの目標をやり遂げたことがあったら学級のボトルにビー玉を入れ，一杯になったらお楽しみ会を開くなどして，学級集団とのつながりを感じさせる）などを紹介しています。

学級経営は学級活動や行事で，授業は授業と，スパッと分けられるものではありません。授業の中で，どう子どもたちの関係性を取り扱うかによっても，学級の雰囲気や学級

集団の凝集性は影響されます。学級活動での取り組みと，多様性を認め合うユニバーサルデザインな授業の実践とをうまく組み合わせながら，誰もが安心して自分を発揮できる学級を目指しましょう。

> 🙂 **調べよう・深めよう！**
>
> **調べよう**：ユニバーサルデザインな授業の工夫について調べてみよう。
>
> **深めよう**：支援の個別化と授業における協同・協働化はどのようにしたら両立することができますか？

《注記》

(1) 学びのユニバーサルデザイン UDL ガイドライン v2.2（CAST，2018）の図表（日本語版）［CAST (2018). Universal design for learning guidelines version 2.2 [graphic organizer]. Wakefield, MA: Author.］には http://udlguidelines.cast.org/binaries/content/assets/udlguidelines/udlg-v2-2/udlg_graphicorganizer_v2-2_japanese.pdf（アクセス日：2020年11月15日）よりアクセスできる。

《引用・参考文献》

アームストロング，T（著），吉田信一郎（訳）（2002）．マルチ知能が育む子どもの生きる力　小学館.

CAST (2008). *Universal design for learning guidelines version 1.0*. Wakefield, MA: Author.

CAST (2011). *Universal design for learning guidelines version 2.0*. Wakefield, MA: Author.

Fleming, N. D. & Mills, C. (1992). Not another inventory, rather a catalyst for reflection. *To Improve the Academy, 11*, 137-155.

小貫悟（2016）．アクティブ・ラーニングと授業のユニバーサルデザイン――アクティブ・ラーニング自体を UD 化するための〈視点モデル〉と〈授業設計基本フレーム〉の提案――　LD研究，*25*，423-430.

Pashler, H., McDaniel, M., Rohrer, D., & Bjork, R. (2008). Learning styles: Concepts and evidence. *Psychological Science in the Public Interest, 9*(3), 105-119.

田中博司（2012）．特別支援教育――どの子も「安心」できる学級づくり・授業づくり――　学事出版.

The Center for Universal Design (1997). *The Principles of Universal Design, Version 2.0*. Raleigh, NC: North Carolina State University.

涌井恵（編著）（2014）．学び方を学ぶ――発達障害のある子どももみんな共に育つユニバーサルデザインな授業・集団づくりガイドブック――　ジアース教育新社.

涌井恵（2015）．学び方にはコツがある！その子にあった学び方支援――発達障害のある子と UD（ユニバーサルデザイン）な授業づくり――　明治図書.

涌井恵（2016a）．通常の学級における特別支援教育実践――ユニバーサルデザインな学級づくり，授業づくり，自分づくり――　発達障害研究，*38*(1)，381-390.

涌井恵（2016b）．授業と学習のユニバーサルデザインに関する研究の発展に向けて　授業UD研究，*2*，12-16.

涌井恵（2017）．全員が楽しく学び合い「わかる・できる」授業をめざして　特別支援教育研究，*714*，6-9.

涌井恵（2020）．マルチ知能を活かす授業デザインとその実際．宇野宏幸・日本LD学会第29回大実行委

員会（編著），学びをめぐる多様性と授業・学校づくり（pp.61-71）　金子書房.

Zimmerman, B. J. (1998). Developing self-fulfilling cycles of academic regulation: An analysis of exemplary instructional models. In D. H. Schunk & B. J. Zimmerman (Eds.), *Self-Regulated Learning: From Teaching to Self-Reflective Practice* (pp. 1-19). Guilford Publications.

Zimmerman, B. J. & Martinez-Pons, M. (1986) Student differences in self-regulated learning: Relating grade, sex, and giftedness to self-efficacy and strategy use. *Journal of Educational Psychology, 82*, 51-59.

21章

ICTの活用と授業つくりの実際

爲川雄二

1. ICTの発展・学校教育における展望と障壁

(1) ICTの発展と学校教育における展望

> **✎ キーワード**
>
> **ICT**：情報通信技術，"Information and Communication Technology" の略。スマートフォンやパソコン（PC），タブレット型PCなどで使われる情報処理技術や通信技術。
>
> **人工知能（AI）**：狭義では，学習・推論・判断といった人間の知能のもつ機能を備えたコンピューターシステム。広義では，視聴覚情報などのパターン認識と，それらに基づく簡易な推論と判断を実行するコンピューターシステム。AIは"Artificial Intelligence" の略。
>
> **ロボット**：人の代わりに何らかの作業を自律的に行う装置，もしくは機械のこと。①ある程度自律的に連続，あるいはランダムな自動作業を行う機械，②人や動物を模した，または近似した形状および機能をもつ機械に大別されます。

　内閣府は2015（平成27）年，「Society5.0」を提唱しました。狩猟社会，農耕社会，工業社会，情報社会に続く，日本が目指すべき未来社会の姿として，仮想空間と現実空間を高度に融合させたシステムにより経済発展と社会的課題の解決が両立し，1人ひとりが快適で活躍できる人間中心の社会であるSociety5.0は，国連が提唱する「持続可能な開発目標（SDGs）」の実現にも通じます。文部科学省においても「Society5.0に向けた人材育成に係る大臣懇談会」が開催され，2018（平成30）年に報告書がまとめられました。

　Society5.0は，特別支援教育においても多くの寄与が期待できます。具体的には，人工知能（AI）による知的作業の支援（情報の取捨選択など），ロボットによる運動機能の支援（粗大運動・微細運動），自動走行車による移動の支援，高速無線通信による遠隔教育の支援などです。これらに限らず，すでにICTの活用は教育の場においてさまざまな展開がなされています。特別支援教育の場におけるICTの活用についても，教員を中心に，さまざまな展開が期待されますし，むしろ特別支援教育のほうがICT活用の幅が広いかもしれません。

　学習指導要領では，情報活用能力（情報モラルを含む）を言語能力と同様に「学習の基盤となる資質・能力」と位置づけています。また，文部科学省が2019（令和元）年12月に著

した「教育の情報化に関する手引」では，社会の急速な進展において，「社会の在り方そのものが現在とは『非連続的』といえるほど劇的に変わる『Society5.0』時代の到来が予測されている」と前置きしたうえで，「ICTは，教師の働き方改革や特別な配慮が必要な児童生徒の状況に応じた支援の充実などの側面においても，欠かせないものとなっている」と述べられています。

　さらに，現行の学習指導要領から，プログラミング教育が新たに必修化されました。そこでは，「自分が意図する一連の活動を実現するために，どのような動きの組合せが必要であり，一つ一つの動きに対応した記号を，どのように組み合わせたらいいのか，記号の組合せをどのように改善していけば，より意図した活動に近づくのか，といったことを論理的に考えていく力」（いわゆる「プログラミング的思考」）の獲得が目標とされています。このプログラミング教育必修化は特別支援教育においても例外ではありません。有識者会議における議論（文部科学省, 2016）では，プログラミング教育を通じて目指す育成すべき資質・能力として，次の3点があげられました。

・身近な生活でコンピュータが活用されていることや，問題の解決には必要な手順があることに気付くこと（知識・技能）

・発達の段階に即して，「プログラミング的思考」を育成すること（思考力・判断力・表現力等）

・発達の段階に即して，コンピュータの働きを，よりよい人生や社会づくりに生かそうとする態度を涵養すること（学びに向かう力・人間性等）

　たとえ知的障害等のある児童生徒であっても，個々の発達の段階に即したプログラミング教育が求められています。

　そして2019（令和元）年12月，文部科学省は「GIGAスクール構想」を打ち立てて，すべての子どもが情報端末を持ち，学校で高速のインターネット回線を導入することで，教育の情報化を進めつつあります。そのようななか，2020（令和2）年，新型コロナウイルス（COVID-19）が世界的に大流行し，同年3月から日本国内の学校が臨時休校になりました。その期間における「学びの保証」として，また学校と児童生徒，そして保護者らとのつながりを確保するために，いわゆるオンライン授業が多くの特別支援学校でも展開されました（爲川他, 2020）。ICTの活用が，社会情勢の変化に対応できた貴重な例です。しかし，そのような事例は日本全体から見ればきわめて少数で，COVID-19の世界的大流行が，図らずも日本がICT後進国であることを浮き彫りにしてしまいました。

(2) 学校教育におけるICT活用に期待できること

> 🔑 **キーワード**
>
> **支援技術**：障害児者の活動を，機器やソフトウェアを活用して支援する技術。ICTを活用する支援に限定されません。英語の"Assistive Technology"から，ATと略されます。

表21－1　ICT活用事例の整理・分類

観点A	コミュニケーション支援
A1	意思伝達支援
A2	遠隔コミュニケーション支援
観点B	活動支援
B1	情報入手支援
B2	機器操作支援
B3	時間支援
観点C	学習支援
C1	教科学習支援
C2	認知発達支援
C3	社会生活支援

出典：国立特別支援教育総合研究所（2016）

　特別支援教育においてICTの活用範囲は，日常生活支援，コミュニケーション支援，そして学習支援など，広範囲に及びます。国立特別支援教育総合研究所が，2016（平成28）年にICT活用事例を分類して，表21－1のようにまとめました。その他，肢体不自由児者への支援領域では支援技術（AT）の展開があり，学校教育のあらゆる場面において，技術の活用が期待できます。

　また，金森（2019）ら，特別支援教育にかかわる有志によって，コミュニケーション支援のiPadアプリが，支援方法やニーズで分類されて公開されています。いうまでもなく，支援の対象となる児童生徒の実態はさまざまです。それぞれの実態に応じてアプリを選択することが，最適な支援への近道かもしれません。

(3) 学校教育におけるICT活用の障壁

　このように，学校教育におけるICT活用には大きな可能性があり，すでにその可能性を遺憾なく発揮している学校・教員が見られる反面，一部の自治体や学校では，ICT活用に二の足を踏んでいるのも事実です。これは，2020（令和2）年の臨時休校期間が契機となり，より明白になりました。オンライン授業を展開する自治体・学校が見られる一方で，機器の不足や平等の担保を名目に，オンライン授業が可能でありオンライン授業の実施を切望する学校・教員があるにもかかわらず，自治体として，または学校として実施にゴーサインを出さなかった例も少なくありません。文部科学省が2020（令和2）年6月に行った調査によると，学校が課した家庭での学習内容は教科書や紙の教材を使用するものが最多でした。

　未来を生きる児童生徒たちに，どのような社会を見せられるのか。そして，ICTの活用と活用しないことには，それぞれどのような利点・欠点があるのか。学校教育に携わるすべての人が考えるべき喫緊の課題ではないでしょうか。

2. ICT活用と授業つくり

(1) ハードウェア等の機器整備

2019（令和元）年12月の「GIGAスクール構想」により，各地方自治体に大きな予算が給付されることになりました。この予算をもとに，今後各自治体で学校教育のICT活用に向けた機器整備が進むものと期待されます。しかし，最終的な裁量は各自治体の判断にゆだねられます。ともすればICTの環境整備に地域格差が生じるかもしれません。今後の動向に注意が必要です。

国や自治体の施策に依存せず，企業や財団等からの協賛を得てICTの環境整備をする例も少なくありません。たとえば，東京大学先端科学技術研究センターとソフトバンクが共同で進めている「魔法のプロジェクト」は，2010（平成22）年から，パナソニック教育財団は1973（昭和48）年から，学校教育でのICT活用に対し助成金やICT機器を提供しています。

さらなる選択肢として，児童生徒の各家庭でパソコンやタブレットPCを購入してもらい，それらを学校に持参させて授業で活用する例も，近年では多く見られます（このような機器準備のことを，"Bring Your Own Device"の頭文字からBYODといいます）。2014（平成26）年度から特別支援教育就学奨励費の補助対象が拡大して，特別支援学校の高等部で学用品として利用するという前提であれば，タブレットPC等のICT機器の購入が可能となりました。補助の詳細は自治体によって異なりますが，この制度を利用して，生徒が高等部入学時にタブレットPCを購入し，授業等で利用する例があります（宮城県教育委員会，2017）。

(2) ICT活用の第一歩：ソフトウェア（アプリ）や活用事例の情報収集

支援の対象となる児童生徒の，それぞれの実態に応じてアプリを選択することが何より重要です。残念ながら，あらゆる児童生徒に最適な万能アプリは存在しません。まずは先述の分類などを参考に，無料アプリを出発点に，教員自身が試用してみて，その後に教室での支援に使うべきでしょう。その際，多少の「あて」が外れてしまい，1つのアプリがうまく支援に役立たなくても，ICT活用そのものをあきらめるのではなく，他のアプリを試してみるくらいの長期的な視野が必要です。現時点でICT活用が比較的うまくいっている教員も，最初からうまくいっているわけではなく，その裏には数知れない試行錯誤があります。この試行錯誤を臆さない心がけが必要です。

インターネットを活用した情報収集も1つのカギです。パソコン・タブレットPCで使えるアプリは多数あります。また，ICT活用の事例もインターネットで見つけられる場合があります。支援の対象となる児童生徒の特徴等をキーワードに，情報収集してみてはどうでしょうか。ときには大型書店の特別支援教育関連の本棚で探すのも有益かもしれません。

どうしても情報収集がはかどらない場合は，とりあえずタブレットPCで1日の児童生徒の活動を写真に撮り，帰りの会で1日を振り返るだけでもよいかもしれません。そのような活用を続けるうちに，次の展開を考えられるようになるでしょう。それが，インターネットでの情報収集に使うべき次のキーワードです。具体的なニーズを明確にするためにも，まず使ってみることをお勧めします。

(3) 授業つくりの実践例

①ICTを活用した対人コミュニケーション支援

対人コミュニケーションの学習支援において，対話型ロボット（Pepper）を教員が遠隔操作した実践では，挨拶が苦手な知的障害児童が対話型ロボットを相手に挨拶の練習を継続した結果，やがて校内や校外の人にも挨拶ができるようになりました（田村他，2019）。別の実践例では，集団場面が苦手で，就業に向けた実習に参加できなかった知的障害生徒が，対話型ロボットとのかかわりを経て集団場面への参加が少しずつ可能となり，対話型ロボットを本人の代わりに見立てて校内の学習発表会等に参加できるようになりました（中川他，2019）。

②ICTを活用した情報発信

SNS「Creatubbles™（クリエイタブルズ）」を活用した，知的障害特別支援学校の事例があります（為田，2017）。教員の管理下でSNSを使い，安全性を担保します。児童生徒が図工や美術の時間に制作した作品を，iPadからこのSNSに発信し，世界中の子どもたち（同様に教員の管理下での利用）からバブル（Facebook等のSNSでの「いいね！」に相当）をもらうことができます。このバブルを1つのモチベーションとして，創作意欲や，発信意欲，そして周囲の人々とかかわる意欲に結びつけられます。

③プログラミング教育

プログラミング教育は，特別支援学校においても展開が待望されています。もちろん，児童生徒の発達段階に応じた授業展開が求められますが，とくに知的障害のある児童生徒では学習が困難かもしれません。そこで，低年齢児向けのプログラミングトイを使うことで，プログラミング的思考の初歩としての，因果関係，順序性，条件分岐などの理解に導けるかもしれません。実際に，発達年齢3歳台の小学部児童がプログラミングトイを使って楽しみながらプログラミングの初歩を学ぶ例も報告されています（図21－1）。

図21－1　プログラミングトイで
数の学習をする児童
出典：遠藤他（2020）

④情報モラル

ICT活用の多くが，インターネットを介

するものです。利点ばかり語られるICT活用ですが，安全性の確保も避けて通れない課題です。2018（平成30）年時点で，特別支援学校高等部に所属する知的障害生徒の40％以上がスマートフォンを所有しており，10％以上の生徒がインターネットを介して友人関係等のトラブルを経験しています（爲川, 2019）。学校生活や授業における安全性はもちろん，卒業後も現代の情報化社会でトラブルなく生活してほしいものです。

　インターネットの世界を公道にたとえるならば，自動車学校の閉じたコースで練習するような，閉じたネット環境で安全な利用（情報モラル）を学習する方法が一案です。実際に，外部のネット利用者が入れない疑似SNSを使って情報モラルを学習する授業実践が，いくつかの特別支援学校で行われています（たとえば，今度, 2019など）。

⚓ 調べよう・深めよう！

調べよう：学校の日常生活から，児童生徒の実態に応じたプログラミング教育のヒントを探してみよう。

深めよう：全ろう者と全盲者のコミュニケーションにICTを活用する方法を考えてみよう。

《引用・参考文献》

遠藤美幸・爲川雄二（2020）．知的障害児におけるプログラミング的思考の育成について――低年齢向けプログラミングトイを用いた事例報告――　第46回全日本教育工学研究協議会全国大会資料集, pp.220-223.

今度珠美（2019）．クラウド上に構築した安全！簡単！情報モラルSNS疑似体験システム教材の開発．日本教育情報化振興会，「ICT夢コンテスト2018」ICT活用実践事例集（pp. 68-69）.

金森克浩（2019）．改訂版AAC（拡大代替コミュニケーション）アプリホイール．https://www.magicaltoybox.org/kinta/2019/10/22/20617/（2020年9月閲覧）

国立特別支援教育総合研究所（2016）．特別支援教育でICTを活用しよう．https://www.mext.go.jp/content/1422477_1_2_2.pdf（2020年9月閲覧）

宮城県教育委員会（2017）．特別支援教育におけるICT活用「＠MIYAGI Style（あっとみやぎスタイル）」．https://www.pref.miyagi.jp/site/ictedu/at-miyagistyle.html（2020年9月閲覧）

文部科学省（2016）．小学校段階におけるプログラミング教育の在り方について（議論の取りまとめ）．http://www.mext.go.jp/b_menu/shingi/chukyo/chukyo3/053/siryo/__icsFiles/afieldfile/2016/07/08/1373901_12.pdf（2020年9月閲覧）

文部科学省（2020）．新型コロナウイルス感染症の影響を踏まえた公立学校における学習指導等に関する状況について．https://www.mext.go.jp/content/20200717-mxt_kouhou01-000004520_1.pdf（2020年9月閲覧）

中川恵乃久・田村順一・岡田拓也（2019）．ESDの視点における未来型ICT活用実践④　知的障害特別支援学校高等部における対話型ロボットで関係性を育むことをねらいとした実践の成果と課題　日本特殊教育学会第57回大会論文集（CD-ROM）.

為田裕行（2017）．東京都立石神井特別支援学校 クリエイタブルスでの作品ギャラリー　教育ICTリサーチ ブログ．https://blog.ict-in-education.jp/entry/2017/03/29/040000（2020年9月閲覧）

爲川雄二（2019）．知的障害生徒におけるネットトラブルと発達水準との関係　日本特殊教育学会第57回大会発表論文集（CD-ROM）．

爲川雄二・金澤貴之・春原聡・福島勇・山下さつき・海老澤穣（2020）．ウイルスに屈しない学校教育——臨時休校期間中における特別支援学校のオンライン活用とICT——（自主シンポジウム40）　日本特殊教育学会第58回大会発表論文集（CD-ROM）．

田村順一・岡田拓也・中川恵乃久（2019）．ESDの視点における未来型ICT活用実践③　知的障害特別支援学校小学部における対話型ロボットで関係性を育むことをねらいとした実践の成果と課題　日本特殊教育学会第57回大会論文集（CD-ROM）．

22章 通級による指導の実際 (グループ指導)

片岡美華

1. 発達障害／情緒障害のある児童生徒への通級による指導

> **🔑 キーワード**
> **グループ指導**：同学年や，同じ発達課題やニーズのある児童生徒を集めて小集団をつくり，対人スキルなど目標を定めて指導を行うこと。

　発達障害や情緒障害のある児童生徒は，通常の学級での学習が思うように進まなかったり，友だちとの関係がうまくいかずにトラブルになっていたりすることがあります。その際，障害による学習や生活上の困難を改善したり克服したりすることを目的とする「自立活動」を中心とした内容を，手続きを経たうえで通級指導教室において学ぶことができます。通級による指導を受ける際，教育的ニーズが共通する児童生徒がいれば「グループ指導」を行うことで，個々の力を高めながら社会性を養うことができます。グループ指導の利点の1つには，友だちを自分の鏡として客観的に振り返る機会となり，自分でよりよい行動を考え選ぶことができたり，友だちをよいモデルとして言動をまねたりできることがあります。また，友だちがいることで，ライバルとして意識した結果，競争意識から普段よりも集中して頑張れたり，仲間意識から人を思いやれるやさしい面を発揮できたりするなどの効果も期待できます。小学生は発達段階に差があるので，実際には個々のニーズだけでなく，学年も考慮してグルーピングが行われます。この場合は「各教科の内容を取り扱いながら」行う指導でも内容が共通するので指導しやすいという利点があります。ほかに，共通する趣味など同様の興味関心をもつ児童生徒が同じグループにいると，在籍学級ではクラスメイトとコミュニケーションがうまくとれていない場合でも，通級指導教室では話が盛り上がり，楽しくリラックスした時間を過ごすことができます。その結果，自尊感情の回復や向上にもつながることとなります。

　在籍学級との連携は，連絡ノートなどを通じて行われます。たとえばノートには，その日の活動を記入したり，活動の様子を写真に撮って貼り付けたりして，通級指導教室の担当教員がコメントを添え，在籍学級の担任に伝えます。自校通級であれば，すぐに通常の学級での指導や児童生徒への言葉かけに反映できます。他校通級の場合は，少しタイムラグが生じますが，保護者を介して通級─家庭─在籍学級の三者間の連携が1～2ページ程度の用紙で簡易に行うことができ，日常の様子を伝え合うには手ごろなツールといえる

でしょう。連絡ノートとは別に，学期ごとや年に1回から数回，通級と在籍学級の教員が児童生徒の状態や課題について共通理解を図ります。保護者との面談も同様に行います。

2．複数の障害種に対する指導の工夫

　発達障害や情緒障害の場合，単一の障害というよりは，程度の差はあれ障害の重なりがあることが多く見られます。そして通級による指導では，複数の障害のある児童生徒に柔軟に対応しています。たとえばADHD（注意欠如・多動症）とASD（自閉スペクトラム症）のある児童生徒の場合は，実行機能の向上に焦点化して計画を立て，それに基づいて行動できるようにする力や，優先順位のつけ方などを指導したりします。社会性については，イメージすることが苦手であることから，ロールプレイや場面カードを使って具体的な状況の中で望ましい行動を考える活動をしたりします。また，LD（学習障害）との重複がある場合には，集中力やボディイメージという共通項を手がかりに，運動トレーニングを取り入れたり，目と手の協応が円滑にできるような制作活動等を行ったりすることで対応していきます。グループ指導の特徴を活かして共通するニーズに対応する一方，必要に応じて個別指導の時間を設けて読み書きなど単一の障害種のニーズに応じます。

3．小学校の発達障害／情緒障害通級指導教室における指導の実際

　本節では，事例（架空）を紹介し，小学生の通級による指導の要点と課題を説明します。

（1）児童の実態
　A，B，Cの3名は小学3年生で自校の通級指導教室に通っています。

Aさん：ルールは理解できているものの守ることができていない。自分の思いや考えを主張しすぎることから友だちとトラブルになってしまう。活動への意欲は高いが，多動傾向が目立つ。

Bさん：不安が大きく，自ら進んで行動することが苦手。自信がもてないため人の行動を見てから動くことが多い。在籍学級では先生が個別に対応するまで課題に取り掛かれない。

Cさん：指示通りに動くことはできるが，マイペースで柔軟性に欠けるところがある。体の使い方がうまくなく，体育と図工が苦手である。

（2）授業展開例と指導上の留意点
　次ページの小学校における授業展開例を参照してください。

小学校における授業展開例

1　題材名　作って遊ぼう（3・4時間目／全8時間）

2　学期を通しての毎時の目標（モジュール学習：活動2, 3に対して）

（1）手順や順番を守って楽しく活動することができる。

（2）個別の課題に意欲的に取り組むことができる。

3　本時の目標

（1）困ったときに先生や友だちに助けを求める方法や言い方がわかり，支援を求めることができる。

（2）スピーチを通して発表の仕方を身につけ，友だちや先生から認められることで自信を高めることができる。

4　本時の実際

過程 （時間：分）	学習活動	指導上の留意点
見通す （3） （10） （7） （5）	1　始まりの挨拶をする 2　ワークシートに取り組む 3　学びのための準備運動をしよう 4　今日の目当てと流れを知る 　ポイントに気をつけて 　立体パズルを作って遊ぼう	・挨拶のルール（相手を見る，姿勢に気をつけるなど）に従って挨拶をする ＊毎時間行っており，個に応じて内容を変える。認知機能を高める内容である ＊ビジョントレーニングやリラックス体操など音楽に合わせたり指示に従って体を動かしたりする内容を取り入れる （モジュール学習の目標例） A：指示に従って体を動かすことができる B：次にどうしたらいいか自分で考えて課題に取り組むことができる C：力の加減を意識して体を動かすことができる
活動する （7） （5） （20） （10） （15）	5　立体パズルを作る （1）大切なポイントを確認する （2）作り方を確認する （3）立体パズルを作る （4）立体パズルで遊ぶ 6　立体パズルを紹介する （1）紹介するためのスピーチ原稿を書く （2）皆の前でスピーチをする	〈大切なポイント〉 a　作り方（写真と文によって構成）に従って進めていくことを確認する b　わからないことがあったり難しいと思ったりしたときには「ヘルプカード」を出して助けを求める。「ヘルプカード」が出たら，助けられそうなときは友だちを助ける（教師が支える） ・立体パズルが完成したらまず遊ぶことで，完成した達成感を味わわせるとともに，次の活動に向かうための切り替え場面となるようにする ・頑張ったことや工夫したところ，難しかったところを友だちに伝える ・児童に応じて話す順を記したメモかスピーチ原稿を書かせる ・聞く姿勢と話す姿勢を確認し，できていれば積極的に褒める ・立体パズルやスピーチにおいて上手にできたところを見つけ教師が率先して褒める（他児童に対しても気づきを促す）
振り返る （8）	6　本時の活動を振り返る 7　終わりの挨拶をする	・連絡ファイルに今日のひとこと感想を記入し，シールを貼る ＊教師は子どもの様子を記入するとともに，立体パズルの写真を貼り，帰りの会までに在籍学級に持参する

22章

(3) 単元／題材の設定の仕方

　実態把握に基づいて共通するニーズを見出し，単元／題材として設定します。たとえば，①ルールの理解，②社会性の促進，③注意の持続，④コミュニケーション力の向上，⑤粗大運動や⑥微細運動（手指の巧緻性），⑦協応運動が共通するニーズであれば，中心となる活動として人とのかかわりが含まれる活動を設定し（②④に対応），その活動が注意の持続を保持できるよう楽しいゲームのようなことをしたり（①③に対応），ものを作ったり，作ったもので展開したりするよう（①③⑤⑥⑦に対応），運動，工作，調理などの要素を入れるなどするとよいでしょう。また授業の展開は，ある程度パターン化することで児童も見通しがもちやすく，継続することで身につくスキル向上にも役立つと思います。

　学習指導要領との関係においては，実態把握から上がったニーズにより指導目標を立て優先順位をつけて指導していきますが，このときに自立活動の区分を参照し，必要な内容を選択して整理していくと考えやすいかと思います。たとえば上記の児童の場合は，「心理的な安定」「人間関係の形成」「環境の把握」「コミュニケーション」が該当するので，そのうちの1つないし複数の区分や下位項目を取り上げて単元／題材を設定することになります。

(4) 教材，指導のポイント

> 🔑 **キーワード**
> **モジュール学習：** 1授業を10〜15分程度の短い活動（モジュール：構成要素）に区切って学習する形態のこと。帯学習ともいいます。

　個別の課題については，帯状で毎時間少しずつ継続して取り組むことを想定しており，市販のワークシートや，認知や視機能，ワーキングメモリなどを高めるトレーニングを対象児童に合わせて組み合わせるとよいと思います。ここでは「学びのための準備運動」としましたが，深呼吸したりストレッチをしたりする軽い体操や，リズムに合わせて体を動かす体操，指示通りに体を動かすような運動トレーニングも，児童によっては効果的で集中を高めることに役立つことがあります。活動に飽きてくるころあいに運動トレーニングを入れてもよいかもしれません。中心となる活動には，まとまった時間を設定していますが，授業全体としては，モジュール学習を組み合わせ，通級指導教室が楽しい場所であり，短時間でも集中して取り組めた達成感を味わえるように工夫できるとよいでしょう。なお，毎時間のはじめに活動のめあてを確認しますが，それを各自ワークシートに記入して連絡ファイルに挟み，この連絡ノート兼ワークシートを活用することで，在籍学級の担任や保護者に活動の内容を知らせることができます。

(5) チームティーチング（TT）の工夫

　通級による指導は，地域により開設状況が大きく異なることから，学校や地域に1教室

しかなく担当者1人で指導していることもあれば，学校に複数教室（障害種が異なったとしても）あり複数の教員が柔軟に授業に参加していることもあるでしょう。TT方式の場合，指導略案が望ましいのですが，指導目的と流れ，とくに留意したいポイントについて授業前に打ち合わせをすることが理想的です。教員間で役割を分担し，絶妙なタイミングで言葉かけを入れると，授業に広がりと深みが出ます。本授業案の場合，「Aさんがヘルプカードを使いました。くっつけ方がわからないそうですが，助けてあげられる人はいますか？」とサブティーチャー（ST）がAさんの言葉を皆がわかるように言い換えて他児とつなげたり，「困っていることを伝えられたね」とポジティブな言葉かけをしたりすると他の児童の意欲向上にも役立ちます。また「Bさんがこんな工夫をしています」とSTが言うことでAさんとCさんがその工夫を取り入れるきっかけとなり，Bさんの自尊感情も高めることにつながるでしょう。さらにCさんに対して「今の意見，いい視点だと思います」とSTが言ったことがメインティーチャー（MT）への気づきを促すことにもなり，教員間の専門性向上も担うことになります。TT体制が組める環境下であれば，ぜひこうした利点を活かしたいものです。

(6) 学習評価

　評価については，個人目標に対して何がどの程度達成されたかを見ます。毎時の評価は，学習プリントや連絡ノートに短い記述を書いて在籍学級の担任や保護者に伝えることができます。並行して単元／題材ごとに確認したり，個別の指導計画などを活用して学期や学年ごとに個別の短期目標を確かめたりすることが必要です。たとえばCさんが，「4月はわからないことがあればイライラしてすぐにプリントを投げていた」のに，「7月の活動では，わからないことがあれば先生に『やり方がわかりません』と聞けるようになった」場合，大きな成長として総括的な評価ができます。

4. 中学校の情緒障害等通級指導教室における指導の実際

　本節では，事例（架空）を紹介し，中学生の通級による指導の要点と課題を説明します。

(1) 生徒の実態

　D，E，Fの3名は中学1年生と2年生で他校から通級指導教室に来ている生徒です。

> Dさん：人とコミュニケーションをとるのが苦手で視線を合わせて会話ができない。知識として適切な言動がわかっているが，実際には不適切な言動をとってしまう。手先は器用だが板書等を見ながら書く（協応）ことは苦手である。
>
> Eさん：対人関係が苦手で在籍学級には友人がおらず，目立たない存在である。手先を使う作業は苦手である。興味のあることに対してはじっくりと考えることができ

る。

　Fさん：人と話すことは大好きなのだが，相手の関心とは無関係で一方的に話してしまうため，在籍学級ではクラスメイトから距離を置かれている。読み書きや課題への理解はできているが，興味のない内容では集中が続かないため集団一斉指導では理解が不十分なようである。

（2）授業展開例と指導上の留意点

　次ページの中学校における授業展開例を参照してください。

（3）単元／題材の設定の仕方

　単元／題材設定の方法は，基本的に小学校と同じです。しかし，在籍学級での授業がより高度になったり，全体的な指示が減ったり（とくに視覚的な支援），教科担任によって授業方法が異なったりして，学習に対しての不安が増加しているかもしれません。この点は保護者も同じで進路や受験への不安を抱えていることが多く，通級による指導の中で何ができるかを伝えていくことも必要になります。たとえば，自分に合った学習方法を知るための話し合いをし，それを試行してみて定期考査につなげたり，モジュール学習で面接試験の練習をしたりすることも考えられます。ここでは「学び方学習」としましたが，グループ学習として取り上げることで「こんな方法もあるよ」「私はこうしているよ」「ボクもやってみよう」と学び合いにつながることと思います。

（4）教材，指導のポイント

> **🔑 キーワード**
> **自己理解**：自分の状況や状態を客体化して捉え，分析して理解すること。発達する中で内容が質的に変化し深化していきます。

　思春期の発達的課題にはアイデンティティ形成と同性の友人関係の構築があります。通級による指導を受けている場合，自分だけ在籍学級の授業や活動から抜けて「特別な指導・支援」を受けることになります。そのため，通級に行くのが嫌だと感じたり，自分は他の人と違うからここ（通級）にいるのだとネガティブな自己像を抱えたりすることがあります。まずは，通級による指導をなぜ受けているのか（必要性），受けることによってどうなるのか（達成目標）を共有できることが望まれます。後述するような自己理解教育や障害（者）理解教育として互いの悩みに向き合い，話し合う場面も必要となるかもしれません。そして，通級指導教室に行くと仲間がいること，在籍学級では緊張したり関心事が異なって話せなかったりすることがここでは楽しく話せるという安心感を与えることも，通級による指導の1つの役割だといえます。

中学校における授業展開例

1 題材名 他者の気持ちを知り適切な言い方を身につけよう（11・12時間目／全24時間）

2 学期を通しての毎時の目標（モジュール学習：活動3，5に対して）

(1) 授業のルールを守って参加することができる。

(2) 自己目標に向かって個別の課題に集中して取り組むことができる。

3 本時の目標

(1) 絵カードやロールプレイを通して場面や他者の気持ちを理解することができる。

(2) 友だちの意見を聞いたり自分の意見を伝えたりすることで，場面に応じた適切な言動を考えることができる。

4 本時の実際

過程 (時間：分)	学習活動	指導上の留意点
導入 (10)	1 始まりの挨拶をする 2 目標と今日の流れについて知る 　自分の言動と友だちの受け止め方について考えよう	・挨拶のルール（相手を見る，姿勢に気をつけるなど）に従って挨拶をする ・1週間のできごとを簡単に伝える ・毎時間行っている個別課題（2）については自己目標を定める。目標設定の際には教員が支える （個別課題への自己目標例） D：誤字脱字のないように正確に写す E：力を抜いて楽しく体を動かす。丁寧に字を書く F：4分間集中してしゃべらずに視写する
展開 (8) (10) (40)	3 個別課題に取り組む (1) リラックス体操をする (2) 視写をする 4 他者の気持ちを知る学習 (1) 絵カードを見て，状況や気持ちについて話し合う (2) ロールプレイで適切な言動を確認する	・呼吸や力の加減に気をつけて音楽に合わせて体操をする ・黒板に貼った詩を自分で立てた目標に沿って視写する ・絵カード（気にしている容姿のことを指摘されて怒っている人と正直に言って戸惑っている人がいる場面）に基づいてどういう状況か確認する ・自分ならどうするか，これまでの経験を互いに伝え合う。必要に応じて絵カードに吹き出しを入れて書かせたり，気持ちを書かせたりする。また生徒に応じて表情カードを活用する ・望ましい言動が何か話し合い，役割を交代しながら，ロールプレイを通じて具体的な表現を知る
(20)	5 学び方学習	・これまでの学習場面を振り返り，困った場面における解決策について話し合う ・（例）授業でわからないことがあったのにそのままにしてしまった→経験談を共有→授業中に手を挙げる（難しそう）→授業が終わってから聞きに行く（これならできそう） ・聞く姿勢と話す姿勢に注意し，適宜質問し，自分に合った学習法を探る
まとめ (12)	6 本時の活動を振り返る 7 終わりの挨拶をする	・自己目標に対する評価を各自記入し，今日のまとめ（感想，今後の課題など）を記入する ・挨拶のルールに従って挨拶をする ＊連絡ファイルに授業の様子を記入し，ワークシートを挟んで生徒に返却する

(5) 学習評価

　中学段階での評価では，自己目標を適切に定め，それに向かって行動し，自ら行動を顧みる視点が必要だと考えます。発達障害や情緒障害のある生徒は，認知の歪みから自己目標を適切に定めることが難しく，できそうもない目標を立てたり，すでにできている目標を吟味なしに続けたりすることがあります。そのため，適切な目標に導くための視覚的情報（タブレットで活動中の姿を見せるなど）が重要な支援となります。さらに，どうしたら達成できそうかを言語化し，イメージをもってから課題に取り組ませたり，活動の途中で自己目標についてリマインダーを与えて意識化を図ったうえで活動させたりすることも必要でしょう。自己評価させる際にはワークシートやタイマー，動画など客観的情報を用いながら判断できるよう支援し，できた点，課題として残った点を教員とともに確かめたいものです。この作業が自己理解を深め，将来の具体的な進路に向かって行動する力となっていきます。なお教員は，適宜形成的評価を与えていきますが，授業後の目標の達成度合いに加えて，題材や学期末にはこの自己評価の姿も合わせて総括的評価をしていくとよいでしょう。

5. 高等学校における通級による指導

　2018（平成30）年度に制度化され，全国的に少しずつ高等学校における通級による指導が開始しています。A県では，発達障害を対象に自校通級に限ったかたちで指導が始まりました。自立活動を中心に修得単位数を修了に必要な単位数に追加するかたちで実践されています。具体的には個々の生徒のニーズに応じた内容になりますが，たとえば目と手の協応や手指の巧緻性を高めるためのトレーニングをした後，コミュニケーション力をつけるための会話ゲームをしたり，進路指導と関連してビジネスマナーを取り入れたりと，モジュール学習を行っています。さらにアイデンティティ形成が重要となる時期でもあることから，進路や職業選択のみならず，ライフキャリアの視点から自己理解を促す指導も行われています。ここでの自己理解は，自分の得意・不得意を知るだけでなく，その途上で障害と向き合い，付き合い方を知ることにもつながります。とりわけ思春期からは自分の特性がわかり，それを他者に説明することまでを含めた自己理解力と，必要な支援を求めていく提唱力を合わせた力としてのセルフアドボカシースキルを身につけたいものです（片岡・小島, 2017）。合理的配慮を得るのは「当事者からの要請があったとき」とされることからも，自ら支援の必要性を訴え，自分に合った支援内容を言えるようにするために，それを学ぶ時間が必要だと考えています。実際，学習指導要領における自立活動の内容にも障害の自己理解や環境調整について明記されていることから，通級指導教室において具体的に指導されることが望ましいでしょう。このときに，グループ指導であればさらに他者理解を通して自己理解を深めたり，支援要請場面をロールプレイで行ったりすれば，指導方法が広がると思います。

6. 通級による指導の実際から見える課題

　通級による指導は，障害特性に応じた支援・指導を行うだけでなく，通級指導教室でつけた力を通常の学級で活用できるようにすることを目的としています。それだけに高い専門性が求められますが，実際には必ずしも有資格者（たとえば特別支援学校教諭免許，特別支援教育士など）や専門的な研修を受けた教員が担当するとは限りません。これには，教室担当を指名する管理職の意識や通級による指導に対する理解が関係していますが，そもそも離島僻地を含む地方では，有資格者や研修そのものの機会が少ないという現実があります。これに対して通級による指導へのニーズは高まっており，教員個人の研修意欲やアイデアにゆだねるのみならず，行政が主体となった研修の機会の増加が求められます。また，通級指導教室数が増加しているとはいえ，悩みを相談したり助言を得たりする同僚が校内にいることは少なく，地域に1人しかいないという場合もあるようです。「孤独な状況下」で「これでよいのか手探りの状態」で実践を積まれている教員も多々存在します。有志で研究会を開いて実践発表や事例検討をするなど自己研鑽されている場合もありますが，十分とはいえません。そこで，東京都で行われているような巡回相談心理士による巡回相談など，教員を支える仕組みやネットワークづくりも必要だといえるでしょう。

《引用・参考文献》

片岡美華・小島道生（編著）（2017）．事例で学ぶ 発達障害者のセルフアドボカシー——「合理的配慮」の時代をたくましく生きるための理論と実践—— 金子書房.

小島道生・片岡美華（編著）（2014）．発達障害・知的障害のある児童生徒の豊かな自己理解を育むキャリア教育——内面世界を大切にした授業プログラム45—— ジアース教育新社.

文部科学省（2017）．特別支援学校 幼稚部教育要領 小学部・中学部学習指導要領（平成29年4月告示）.

文部科学省（編著）（2018）．改訂第3版 障害に応じた通級による指導の手引き——解説とQ&A—— 海文堂出版.

文部科学省（2020）．初めて通級による指導を担当する教師のためのガイド.

23章 院内学級，訪問教育，教育支援センター（適応指導教室），フリースクールなどの支援の実際

川池順也・橋本創一・三浦巧也

1. 心身症等の疾患がある子どもの在籍する学校について

> **✎ キーワード**
>
> **心の病気**：直近病気がある子どもが学ぶ，病弱特別支援学校や病弱身体虚弱特別支援学級においては，心身症やうつ病，適応障害等の精神疾患が多くなっています。その理由の1つとして，医療の進歩による入院の短期化や頻回化があげられます。

　情緒障害や発達障害がある児童生徒には，内部疾患もあることが少なくありません。2019年度の学校保健調査によると，「アトピー性皮膚炎」のある中学生は2.87％，「耳疾患」（中耳炎・内耳炎・外耳炎等）のある高校生は2.87％，「せき柱・胸郭・四肢の状態」の疾病等がある高校生は1.69％と，増加傾向や過去最高の数値を示しています。

　心身症や精神疾患・内部疾患の治療のために入院が必要になったり，骨折やてんかん発作による外科手術のために手術やリハビリが必要になった場合には，地域の通常学級や特別支援学級，特別支援学校から原則として転籍をして，入院した病院にある病弱特別支援学校や特別支援学級の授業を受けたり，または訪問学級が行われている特別支援学校の訪問教育を受けることができます。

　病気療養中の子どもは，長期，短期，頻回の入院などによって，これまで通っていた学校に通えなくなることで，学習に遅れが生じます。また，退院後も治療の継続や副作用，体力の回復に時間がかかるなど，心身の状態が万全でないことなどの理由で学業不振となることも多くあります。病気療養中の子どもに対する教育は，このような学習の遅れなどを補完し，学力を保障するうえでもとても重要なものです。また，そのほかにも，一般に次のような点についての意義があると考えられています。

〔積極性・自主性・社会性を育む〕

　病気療養中の子どもは，長期にわたる療養経験から，積極性，自主性，社会性が乏しくなりやすいといった傾向も見られます。このような傾向を防ぎ，健全な成長を促すうえでも，病気療養中の児の教育はとても重要です。

〔心理的な安定を促す〕

　病気療養中の子どもは，病気に対する不安や家族，友人と離れた孤独感などから，心理的に不安定な状態に陥りやすくなります。また，健康回復への意欲を減退させてしまうと

いうことも起こりえます。病気療養中の子どもに対して教育を行うことは，このような児童生徒に生きがいを与え，心理的な安定をもたらし，健康回復への意欲を育てることにつながります。

〔病気に対する自己管理能力を高める〕

　病気療養中の子どもの教育は，病気の状態や心身の回復具合などに配慮しながら，病気を改善したり，克服するための知識，技能，態度を養うとともに，生活上の習慣および意欲を培い，病気に対する自己管理能力を育てていくためにも有用なものです。

〔治療上の効果を上げる〕

　経験的に，病気療養中に学校教育を受けている子どもは，治療上の効果が上がり，退院後の適応もよいと考えられています。また，再発の頻度も少なく，病気療養中の教育が，健康の回復やその後の生活によい影響を与えることが指摘されています。病気療養中に教育を行うことは，その子どもの療養生活の質の向上にもつながります。

〔実際の授業（病院内でのベッドサイドにおける授業）〕

○支援の手立て

・入院中であるため生徒の体調に留意し健康状態に応じた指導をする。

・授業を行うスペースでは，他の入院患者や家族が利用することもあるため，学習に集中できるように配置を替えたり，声の大きさなどに配慮する。

・介助を依頼するときの合図を決め，依頼を出しやすいようにする。

・毎回の授業の流れを同じにすることで，授業の展開に見通しをもちやすいようにする。

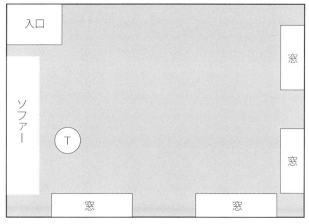

T：教師

図23－1　授業を行うスペースの配置例

○1単位時間の略案（中学部1年に準ずる教育課程：国語）

	学習活動・学習内容	指導上の留意点・配慮事項	評価規準（評価方法）
導入 10分	○健康観察 ・タブレット端末に表示されているカードで健康状態を選ぶ	・選択肢を二者択一にしてプレゼンテーションソフトにして提示する ・タブレット端末はスタンドに設置し，本人が見えやすいように高さや角度を調整しておく	・自分の状態を把握して伝えることができたか（発言の観察）
	○漢字学習 ・学習した漢字を使った短文を作る	・漢字の読み方や意味をプレゼンテーションソフトで確認した後，筆順アプリで書き方の練習をする ・短文が思いつかないときには，例をいくつか提示する	・書き順を見て画面上の漢字をなぞることができたか ・学習した漢字を用いて，短文を書けたか
展開 35分	○故事成語の言葉の意味を確かめる	・故事成語をいくつか取り上げ，どういう言葉を指すのか確かめさせる ・イラストを用いて視覚的にわかりやすいようにする	・故事成語の意味を知り，興味をもつことができたか
まとめ 5分	○次時の見通しをもつ	・次時は漢文の読み方について扱うことを知らせる	

2. 教育支援センター（適応指導教室）における指導の実際

🔑 キーワード

教育支援センター（適応指導教室）：不登校児童生徒の集団生活への適応，情緒の安定化，基礎学力の補充，基本的生活習慣の改善等のための相談・適応指導を行っています。具体的には，個別のカウンセリングを行ったり，小集団での活動，教科指導などを計画的・組織的に行い，学校に復帰する手助けをする施設です。教育支援センターに出席した場合は，在籍している学校に出席をしている扱いとなります。

　教育支援センターは，地方自治体ごとでさまざまな取り組みがなされています。安川（2007）によると，スタッフは指導主事・心理相談員・指導員で構成されているところがあります。

　指導主事は，学校との調整および教育支援センターの運営，事例の管理等を行います。つまり，全体のマネージメントやコーディネートを行う役割を担っています。学校や保護者からの相談は，指導主事のところに集約されます。そこで集団活動か心理面接か，または訪問指導か，適切な支援方法をアセスメントします。また，指導主事は依頼のあった学校等に出向き情報を収集し，コーディネートを行います。

　心理相談員は，児童生徒や保護者への面接，教員へのコンサルテーション等を行います。つまり，心理的支援を行う役割を担っています。児童生徒に対しては，プレイセラピーやカウンセリングを行っています。保護者へは，家族ガイダンスや家族カウンセリングを行っています。児童生徒が自ら面接にやってくることは少ないため，まずは来談意欲の高い保護者に定期的な面接を促す場合があります。また，夕方には，教員へのコンサル

表23－1　教育支援センターのスケジュール

時間	月		火	水		木		金
10:00〜12:00	学習の時間	カウンセリング	学習の時間	学習の時間	カウンセリング	学習の時間	カウンセリング	学習の時間
12:10〜12:40	昼食		昼食	昼食		昼食		昼食
12:40〜13:30	フリータイム		フリータイム	フリータイム		フリータイム		フリータイム
13:30〜14:30	学習の時間		学習の時間	美術		美術		学習の時間
14:30〜16:00	体験活動（卓球）	カウンセリング	体験活動（テニス）	体験活動（朗読会）	カウンセリング	体験活動（創作活動）	カウンセリング	体験活動（レクリエーション）
16:00	帰りの会		帰りの会	帰りの会		帰りの会		帰りの会

出典：安川（2007）をもとに作成

テーションを行う時間を設定するところもあります。

　指導員は，学習等の集団適応支援，引きこもり傾向の児童生徒への訪問等を行います。つまり，教育的支援を行う役割を担っています。通常は学習指導を主に行っていますが，体験的な活動（朗読会・美術・体育・調理・レクリエーション等）を取り入れた時間割が設定されているところもあります（表23－1参照）。また，指導員のかかわりとして，学習面の保障に加えて，小集団で行うことによる対人関係の再構築という側面もあります。互いを認め合う気持ちが芽生えることは，自己肯定感を育むことによい影響を与えます。なお，教育支援センターに来室動機が低い児童生徒には，当該児童生徒が安全感や信頼感，安心感を得ることができる新たな人間関係を体験することをねらいとして，訪問による支援を導入しているところもあります。

　心理相談員は，当該児童生徒の内的世界を理解し，本人らしさを大切にして自己治癒力の回復を目指します。指導員は，登校や受験等の現実的な課題や適応のための支援を中心にかかわります。指導主事は，当該児童生徒の在籍校と連携して再登校の際の居場所を学校内に用意する等の環境調整に携わります。こうした心理的支援と教育的支援が融合し，在籍校の教員との円滑な情報共有によって，それぞれの専門的立場によるコラボレーションを果たすことで，当該児童生徒が安心して再登校することにつながるでしょう。

3. フリースクールにおける支援の実際

🔑 キーワード

教育機会確保法：2017（平成29）年2月に施行されました。不登校児童生徒が行う多様な学習活動の実情を踏まえ，個々の状況に応じた必要な支援を行うことになりました。また，不登校児童生徒が安心して教育を受けられるよう，学校における環境の整備されることになりました。具体的には，不登校特例校および教育支援センターの整

備ならびにそれらにおける教育の充実等に必要な措置がとられることになりました。加えて，個々の不登校児童生徒の休養の必要性についても言及されました。

　日本における「フリースクール」の草分けとして，「東京シューレ」があります（https://www.shure.or.jp/）（図23−2）。東京シューレは，安心していられる子ども・若者の居場所であり，自分が自分であることを大事にしています。また，子どものやりたいことを大切にしています。子どもが自分らしく成長していくサポートをしています。加えて，自分で自分のことを決めることを尊重しています。さらには，子どもたちが互いに意見を出し合い決定・実行し，ときに変更しながら学び成長する場を自分たちで創っていきます。そして，1人ひとりの違いを受け止め合って，個性，違いを大事にしながらともに育っていくことを大事にしています。東京シューレは，奇ら（2019）がまとめたフリースクールにおける学びの性質としてあげた，社会文化的アプローチとしての「自己決定する力」「内発的な学び」「制限のない学び」「主張力」「関係を作る力」がすべて網羅された居場所としての機能を果たしているといえます。

　東京シューレの活動の特徴は，まず，プログラム（時間割）を子どもたちが参画してつくるところにあります。プログラムは，ミーティングで話し合って決めます。どんな時間がほしいか，どんな力をつけたいか，どんなことをやってみたいかについて意見を出し合い，授業や講座がつくられます。次に，日常の活動では，異年齢集団の中でともに学び，人間関係や社会性を豊かにすることが期待されています。また，週に1度，1日を費やした体験や活動が設けられています。行事やイベントづくりを通して，発案・企画・協同作業・表現などを身につけることができます。加えて，楽器演奏，絵画，ものづくり，スポーツ等のサークル活動の時間もあります。なお，教科による基礎学習ができる時間も設

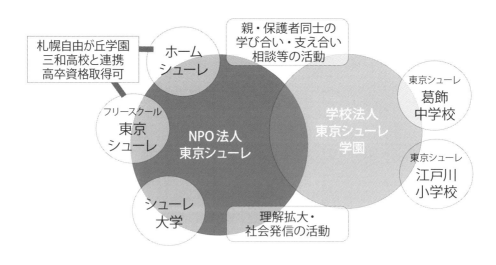

図23−2　東京シューレの全体像
出典：東京シューレのホームページをもとに作成

けられています。これらの活動は強制されるものではなく，自分の興味・関心のあるプログラムを選んで参加することができ，自分のペースで通うことができます。

東京シューレの高校コースでは，通信制・単位制の高等学校と連携し，高校卒業資格が取得できるようになっています。近年では，NPO法人を母体に学校法人を設立し東京シューレの理念をもとにした私立小学校（東京シューレ江戸川小学校）と中学校（東京シューレ葛飾中学校）が開校しました。

4. 発達障害ある児童生徒と不登校

発達障害による不登校などの学校不適応は増加傾向であるとされています。久木田他（2018）によると，教育支援センターの職員に調査をした結果，在籍児童生徒の実態として，約6割の適応指導教室に発達障害を抱える不登校児童生徒が在籍しているということが明らかとなりました。また，その支援に関して，職員が困難であると回答した数は少なくない現状を示しました。加えて，職員の約4割弱は学校との連携に不十分さを感じている実態も明らかとなりました。情報交換の頻度や顔を合わせる連携が少ないことが問題としてあげられました。そして，形式的に連携を図るのではなく，組織的に連携することや質のよい情報交換等，機能的なチーム支援を念頭に置き，役割分担を行いながら学校内外でさまざまな機関・関係者が問題に取り組むことが喫緊の課題であると示唆されました。

発達障害のある児童生徒はその発達特性により，学校や集団で不適応を起こしやすいだけでなく，自己の感情表現が苦手なため，身体化して心身症を発症しやすいとされています。また，不登校に対峙する際は，背景にある児童生徒の発達特性を知り，特性と彼らを取り巻く環境の関係について考え，学校関係者と連携して特性に応じた配慮を求めることが肝要であると指摘されています。しかしながら，当該児童生徒そのものの実態・課題と学校・地域の特色，保護者・家族・家庭環境による影響など複雑にからみ合っており，単純な支援方法の導入では解決に至らないと指摘されています。

これらの課題への対応として，発達障害への理解促進が必要不可欠とされています。加えて，学校と教育支援センターおよび保護者の関係を円滑にするため，スクールカウンセラーやスクールソーシャルワーカー等の専門家がさまざまな機関の間をとりもつ橋渡しの役割を担うことが期待されています。

《引用・参考文献》
病気療養児の教育に関する調査研究協力者会議（1994）．病気療養児の教育について（審議のまとめ）.
奇恵英・斎藤富由起・吉田梨乃（2019）．居場所型フリースクールにおける「学び」とはどういうものか　福岡女学院大学大学院紀要・臨床心理学, *16*, 35-42.
国立特別支援教育総合研究所（2017）．病気の子どもの教育支援ガイド　ジアース教育新社.
久木田裕紀・橋本創一・松尾直博他（2018）．適応指導教室における発達障害が背景にある不登校児童生

23章

　徒の支援に関する調査研究　東京学芸大学紀要・総合教育科学】，*69*(2)，403-409.

文部科学省（2015）．小・中学校に通っていない義務教育段階の子供が通う民間の団体・施設に関する調査について（平成27年8月）．https://www.mext.go.jp/a_menu/shotou/tyousa/1360614.htm（2020年8月3日閲覧）

文部科学省（2017）．不登校児童生徒による学校以外の場での学習等に対する支援の充実〜個々の児童生徒の状況に応じた環境づくり〜報告．https://www.mext.go.jp/component/b_menu/shingi/toushin/__icsFiles/afieldfile/2017/07/25/1382195_1.pdf（2020年8月3日閲覧）

文部科学省（2020）．令和元年度学校保健統計（学校保健統計調査報告書）．https://www.mext.go.jp/b_menu/toukei/chousa05/hoken/kekka/k_detail/1411711_00003.htm（2020年8月22日閲覧）

東京シューレホームページ．https://www.shure.or.jp/（2020年8月3日閲覧）

安川禎亮（2007）．教育支援センターを目指した適応指導教室の取り組み──子どもの笑顔を取り戻すために──　国立オリンピック記念青少年総合センター研究紀要，*7*，99-111.

24章 知的障害児の授業つくりと指導等における工夫と実際１ （教科別の指導：国語／算数・数学）

齋藤大地

1. 教科別の指導とは

　学校教育法施行規則（第126〜128条第2項）によると，知的障害者である児童生徒を教育する特別支援学校の各教科は表24−1の通りです。

表24−1　知的障害者である児童生徒に対する教育を行う特別支援学校の各教科

小学部	生活，国語，算数，音楽，図画工作，体育
中学部	国語，社会，数学，理科，音楽，美術，保健体育，職業・家庭 ＊必要がある場合には外国語を加えて教育課程を編成することができる
高等部	国語，社会，数学，理科，音楽，美術，保健体育，職業，家庭 ＊外国語及び情報については，必要に応じて設けることができる ＊家政，農業，工業，流通・サービス，福祉は主として専門学科において開設される

　表24−1の教科ごとに時間を設けて指導を行うことを「教科別の指導」と呼びます。知的障害者である児童生徒の場合，発達期における知的機能の障害が，同一学年であっても個人差が大きく，学力や学習状況も異なるため，各教科の内容は段階別に示されるとともに，段階ごとに目標が設定されています。各教科の各段階は，知的発達，身体発育，運動発達，生活行動，社会性，職業能力，情緒面での発達等の状態を考慮して目標が定められており，小学部は3段階，中学部・高等部はそれぞれ2段階から構成されています。

　指導にあたっては，各教科および各段階の目標を踏まえ，育成すべき資質・能力を明確にしたうえで，生活に即した活動を十分に取り入れ，児童生徒自身が学んでいることの目的や意義が理解できるよう，指導を創意工夫する必要があります。

　教科別の指導を一斉指導で進める際には，児童生徒の個人差を十分に考慮し，それぞれの教科の特質や指導内容に応じて，さらに小集団を編成し個別的な手立てを講じるなどして，個に応じた指導を徹底する必要があります。

　知的障害教育を特徴づける指導の形態に「各教科等を合わせた指導」がありますが，「教科別の指導」と相互に有機的な関連がもてるように指導計画をマネジメントすることで，児童生徒の確かな学びを育むことができます。具体的には，「各教科等を合わせた指導」で学んだことを踏まえ「教科別の指導」で時間をかけて深めていくことや，「教科別の指導」で学んだことを踏まえ「各教科等を合わせた指導」において発展的に扱っていくなど，双方の指導形態の利点を活かしながら，効果的に関連づけていく必要があります。

2. 教科別の指導：国語

(1) 国語科の目標

　言葉は学習活動を支える重要な役割を果たすものであり，すべての教科等における資質・能力の育成や学習の基盤となるものです。しかしながら，知的障害者である児童生徒においては，話し言葉をもたなかったり，抽象的な言葉の理解に困難を示したりするなど，言語発達に遅れが見られることがあります。そのため，国語科を中心としながら，個々の実態に応じ，持てる力を最大限に活かし，生活に必要な言葉の力を育んでいく必要があります。

　国語科の目標は，小学部から高等部まで共通して，[言葉による見方・考え方を働かせ，言語活動を通じて，国語で理解し表現する資質・能力を育成することを目指す] ことです。

　国語科において育成を目指す「国語で理解し表現する資質・能力」には，国語で表された内容や事柄を理解する側面と，国語を使って内容や事柄を表出する側面が含まれています。知的障害のある児童生徒の場合，障害の程度や発達の状態等により，話し言葉を獲得すること自体が国語科の主な学習内容になる場合があります。このような場合においても，日常生活に関連のある話し言葉の意味や表す内容を理解し，伝えたい内容や事柄を言葉を使って表現するといった資質・能力を育むことが目標となります。また，「言葉による見方・考え方を働かせ」るとは，児童生徒が学習の中で，対象と言葉，言葉と言葉の関係を，言葉の意味，働き，使い方等に着目して捉えたり問い直したりして，言葉への自覚を高めることです。

　表24－2は，小学部から高等部までの「知識及び技能」「思考力，判断力，表現力等」「学びに向かう力等」の3つの柱に位置づけられた目標を示しています。表内の下線部に注目すると，小学部から高等部までの目標の段階性を見出すことができます。

表24－2　3つの柱に位置づけられた国語科の目標（小学部・中学部・高等部）

	小学部	中学部	高等部
(1) 「知識及び技能」	日常生活に必要な国語について，その特質を理解し使うことができるようにする	日常生活や社会生活に必要な国語について，その特質を理解し適切に使うことができるようにする	社会生活に必要な国語について，その特質を理解し適切に使うことができるようにする
(2) 「思考力，判断力，表現力等」	日常生活における人との関わりの中で伝え合う力を身に付け，思考力や想像力を養う	日常生活や社会生活における人との関わりの中で伝え合う力を高め，思考力や想像力を養う	社会生活における人との関わりの中で伝え合う力を高め，思考力や想像力を養う
(3) 「学びに向かう力等」	言葉で伝え合うよさを感じるとともに，言語感覚を養い，国語を大切にしてその能力の向上を図る態度を養う	言葉がもつよさに気付くとともに，言語感覚を養い，国語を大切にしてその能力の向上を図る態度を養う	言葉がもつよさを認識するとともに，言語感覚を養い，国語を大切にしてその能力の向上を図る態度を養う

（2）国語科の内容

国語科の内容は「知識及び技能」と「思考力，判断力，表現力等」の2つから構成されています（表24-3）。さまざまな場面で生きて働く「知識及び技能」として身につけるためには，思考・判断し表現することを通じて育成を図ることが求められます。つまり，「知識及び技能」と「思考力，判断力，表現力等」は，相互に関連づけながら育成される必要があるのです。

表24-3　国語科の内容

「知識及び技能」	(1) 言葉の特徴や使い方に関する事項 (2) 情報の扱い方に関する事項 (3) 我が国の言語文化に関する事項 ＊（2）は小学部3段階から設定
「思考力，判断力，表現力等」	A　聞くこと・話すこと B　書くこと C　読むこと

（3）国語科の指導の実際

特別支援学校学習指導要領には，小学部の1段階から3段階の児童の具体的な姿が書かれています（表24-4）。ここでは，小学部2段階に相当する児童らに対して行った国語科の授業（「色のことばでやりとりしよう！」）を紹介します。2段階の児童に対しては，日常生活の中でふれたり見聞きしたりする物事や出来事について表す言葉を繰り返し聞かせたり，遊びやかかわりなど児童の興味や関心に応じて言葉で表現したりすることを通して，身近な人とのやりとりを深め，興味や関心をさらに広げていくために必要な国語を身につけることが大切です。

表24-4　小学部1段階から3段階の児童の姿

小学部1段階	小学部2段階	小学部3段階
身近な人や興味や関心のある物事との関わりを繰り返しながら，その場面で用いる言葉が存在することや，言葉を使うことで相手の反応に変化があることに気づき始める段階	身近な人や興味や関心のある物事との関わりを繰り返しながら，身近な人からの話し掛けを聞いたり，真似をしたりすることを通して言葉で物事や思いなどを意味付けたり表現したりするなどして，言葉でのやり取りができてくる段階	身近な人や興味・関心のある物事との関わりを繰り返しながら，言葉を用いて，自分の思いや気持ちを伝えるだけではなく，自分のイメージや思いを具体化したり，相手とそれらを共有したりして，新たな語彙を獲得したり，相手に伝わるように表現を工夫したりする段階

本授業は，「かして-いいよ」等の音声での簡単なやりとりができましたが，動詞や形容詞などの語彙を増やしたり，相手を意識して聞いたり話したりする力を育んでいきたい児童たちを対象としたものでした。授業と関連する小学部2段階の国語科の内容を表24-5に示します。

表24－5　小学部2段階〔知識及び技能〕（1）言葉の特徴や使い方に関する事項の内容

〔知識及び技能〕
ア　言葉の特徴や使い方に関する次の事項を身に付けることができるよう指導する。
　（ア）身近な人の話し掛けや会話などの話し言葉に慣れ，言葉が，気持ちや要求を表していることを感じること。
　（イ）日常生活でよく使われている平仮名を読むこと。
　（ウ）身近な人との会話を通して，物の名前や動作など，いろいろな言葉の種類に触れること。

　授業では，色の言葉を含む2語文での児童同士のやりとりをねらって，着せ替えゲームを設定しました。本授業の対象児童たちは，普段から絵本に親しんでいました。学級では絵本をパネルシアター形式で取り上げることも多かったため，児童たちは自分たちでパネルを操作し，絵本の世界を再現するといった遊びをしていました。人形のパネルと，赤・青・黄色の3色の帽子・洋服・靴のパネルを用意しました。着せ替えゲームでは，1人が相手に「あかいぼうし」などと伝える役，もう1人が相手の言葉を聞いて実際に人形のパネルに赤い帽子のパネルを重ねる役にしました。授業の指導略案は表24－6の通りです。

表24－6　小学部国語科「色のことばでやりとりしよう！」指導略案

学習活動	指導内容	指導上の留意点
○色の名前クイズをする	○10種類の色のパネルを見て，対応する色の名称を口頭でこたえる ○色のパネルと色の名称がひらがなで書かれたパネルをマッチングする	○『どんな色がすき』の歌のメロディにのせて，児童に色の名称を問う
○身近なものの色クイズをする	○にんじんやりんごなどの児童にとって身近な野菜や果物の色抜きパネルが，何色かどうかこたえる	○色の名称が分からなくてこたえられない場合には，相当する色のパネルを選ぶという方法でこたえても良いこととする
○着せ替えゲームをする 	○「あかいぼうし」など色と名詞で構成される2語文で相手に伝えることができる ○「あかいぼうし」など色と名詞で構成される2語文を聞いて，正しいパネルを選ぶことができる	○指示を出す人，指示を聞いて着せ替える人に分かれて行う

3.　教科別の指導：算数・数学

（1）算数・数学科の目標

　算数・数学科では，生活の中の数量的事実を取り出して，数字や記号で書き表し，理解することを目指します（たとえば，「水槽にメダカが2匹いました。同じ水槽にカメは3匹います。

水槽の中には生き物は5匹います」という事実を「2＋3＝5」と書き表す）。このように，算数・数学科ではある意味で言葉よりも抽象度の高い事柄を扱うことから，知的障害者である児童生徒がその学習に困難を示すことがあります。そのため，算数・数学科においては，個々の実態に応じ，彼らが日常生活の中で経験している数学的な事象（既有知識）と結びつけながら，学習を進めていく必要があります。

　算数・数学科の目標は，小学部から高等部まで共通して，［数学的な見方・考え方を働かせ，数学的活動を通じて，数学的に考える資質・能力を育成することを目指す］ことです。

　「数学的な見方・考え方」とは，「事象を数量や図形及びそれらの関係などに着目して捉え，根拠を基に道筋を立てて考え，統合的・発展的に考えること」であり，新しい課題に直面した児童生徒が，その課題を自らの問題として捉え，既習事項を結びつけて解決し，新しい概念を形成していく中で育成されます。

　表24－7は，小学部から高等部までの「知識及び技能」「思考力，判断力，表現力等」「学びに向かう力等」の3つの柱に位置づけられた目標を示しています。小学部の算数科では，数量や図形などについての基礎的・基本的な知識及び技能を確実に習得し，これら

表24－7　3つの柱に位置づけられた算数・数学科の目標（小学部・中学部・高等部）

	小学部	中学部	高等部
(1)「知識及び技能」	数量や図形などについての基礎的・基本的な概念や性質などに気付き理解するとともに，日常の事象を数量や図形に注目して処理する技能を身に付けるようにする	数量や図形などについての基礎的・基本的な概念や性質などを理解し，事象を数理的に処理する技能を身に付けるようにする	数量や図形などについての基礎的・基本的な概念や性質などを理解するとともに，日常の事象を数学的に解釈したり，数学的に表現・処理したりする技能を身に付けるようにする
(2)「思考力，判断力，表現力等」	日常の事象の中から数量や図形を直感的に捉える力，基礎的・基本的な数量や図形の性質などに気付き感じ取る力，数学的な表現を用いて事象を簡潔・明瞭・的確に表したり柔軟に表したりする力を養う	日常の事象を数理的に捉え見通しをもち筋道を立てて考察する力，基礎的・基本的な数量や図形の性質などを見いだし統合的・発展的に考察する力，数学的な表現を用いて事象を簡潔・明瞭・的確に表現する力を養う	日常の事象を数理的に捉え見通しをもち筋道を立てて考察する力，基礎的・基本的な数量や図形などの性質を見いだし統合的・発展的に考察する力，数学的な表現を用いて事象を簡潔・明瞭・的確に表現したり目的に応じて柔軟に表現したりする力を養う
(3)「学びに向かう力等」	数学的活動の楽しさに気付き，関心や興味をもち，学習したことを結び付けてよりよく問題を解決しようとする態度，算数で学んだことを学習や生活に活用しようとする態度を養う	数学的活動の楽しさや数学のよさに気付き，学習を振り返ってよりよく問題を解決しようとする態度，数学で学んだことを生活や学習に活用しようとする態度を養う	数学的活動の楽しさや数学のよさを実感し，数学的に表現・処理したことを振り返り，多面的に捉え検討してよりよいものを求めて粘り強く考える態度，数学を生活や学習に活用しようとする態度を養う

を活用して問題を解決するために必要な数学的な思考力，判断力，表現力等を育むとともに，算数で学んだことを他の学習や生活に活用しようとするなど，数学的に考える資質・能力を育成することを目指します。中学部の数学科においては，小学部算数科の学習を踏まえて引き続き具体物などを用いることを通して数学の学習に関心をもち，基礎的・基本的な概念や性質を理解するとともに，日常生活の事象を，数学的に捉え表現したり，処理したりすることを重視しています。

（2）算数・数学科の内容

　算数・数学科の内容は，小学部1段階は「A数量の基礎」「B数と計算」「C図形」および「D測定」の4領域から構成され，小学部2段階から中学部1段階までは，「A数と計算」「B図形」「C測定」および「Dデータの活用」の4領域から構成されます。中学部2段階以降は，「A数と計算」「B図形」「C変化と関係」および「Dデータの活用」の4領域から構成されます。また，各段階には，児童生徒が，日常生活や身のまわりの数学の事象から問題を見出し，主体的に取り組むようにするために，［数学的活動］が新たに設けられています。

（3）算数・数学科の指導の実際

　ここでは，中学部1段階に相当する生徒を対象に行った「重さ」についての授業を紹介します。表24－8には，授業に関係する中学部1段階の「C測定」の内容が書かれています。下線部が授業に直接的に関連する内容です。

　本授業の対象生徒たちは，基礎的な四則演算の方法を身につけていましたが，測りを用いて身のまわりの物の重さを測る経験はほとんどありませんでした。重さの単位の1つである「g」は日常生活で使用頻度が高く，とくに調理活動や買い物といった場面で目にすることが多い単位です。そこで，本授業では，調理や買い物の際に必要となる1000g未満の重さに焦点を当て，「身近なものの重さについて関心をもち，正確に測る力を身に付け，

表24－8　中学部1段階「C測定」の内容

ア　量の単位と測定に関わる数学的活動を通して，次の事項を身に付けることができるように指導する。
（ア）次のような知識及び技能を身に付けること。 　○目盛の原点を対象の端に当てて測定すること。 　○長さの単位（ミリメートル，センチメートル，メートル，キロメートル）や重さ（グラム，キログラム）の単位について知り，測定の意味を理解すること。 　○かさの単位（ミリリットル，デシリットル，リットル）について知り，測定の意味を理解すること。 　○長さ，重さ及びかさについて，およその見当を付け，単位を選択したり，計器を用いて測定したりすること。
（イ）次のような思考力，判断力，表現力等を身に付けること。 　○身の回りのものの特徴に着目し，目的に適した単位で量の大きさを表現したり，比べたりすること。

日常生活に活かそうとする」という目標を設定しました。

授業では，生徒達にとって身近な食べ物であるクッキー作りの場面を設定し，クッキーの材料を正確に測るという活動を設定しました。生徒達の生活の様子を考慮し，重さを測る道具としてはデジタルスケールを使用し，"目盛を読む"活動ではなく"測る"という活動に焦点を当てることとしました。授業の指導略案は表24−9の通りです。

表24−9　中学部数学科「重さを測ろう」指導略案

学習活動	指導内容	指導上の留意点
○デジタルスケール，定規，時計の中から「g」を単位とするものを選ぶ ○「g」は「重さ」の単位であることを確認する ○「g」の読み方を確認して，声に出して読む	○「g」が重さを表す単位であることと，「グラム」と読むことを確認する	○デジタルスケールと結び付けることで，「重さ」の単位であるというイメージをもたせる
○デジタルスケールの使い方の説明を聞き，砂糖100gを測ってみる	○実際に測りながら，デジタルスケールの使い方を学んだり，確認したりする	
○レシピを見て，クッキーの材料（砂糖，小麦粉，アーモンドパウダー，バター）の中から測定したいものを選び，重さを測る	○デジタルスケールの使い方を確認しながら，自分で測ってみようとする	○クッキーの材料を用意し，関心を高める。 ○材料ごとに測る場所を変えることで，集中して活動に取り組めるようにする
○レシピ通りに重さを測れたか確認する	○レシピ通りに書いてある数値とデジタルスケールで表示された数値を比べ，同じかどうか確かめる	○デジタルスケールの使い方や，測る際の丁寧さ，スピード等の観点から，生徒に声をかける

24章

🔑 キーワード

外国語活動：新学習指導要領では，小学部に新たに外国語活動が位置づけられ，［外国語によるコミュニケーションにおける見方・考え方を働かせ，外国語や外国の文化に触れることを通して，コミュニケーションを図る素地となる資質・能力を育成すること］が目標として設定されました。

特別の教科　道徳：特別支援学校小学部・中学部に加え，高等部においては知的障害者に対する教育課程にのみ「特別の教科　道徳」を編成するものと定められています。

学校設定教科：特別支援学校高等部では，生徒や学校，地域の実態および学科の特色等に応じ，学習指導要領に記載されている教科以外の教科を設けることができます。

《引用・参考文献》

阿部芳久（2006）．知的障害児の特別支援教育入門──授業とその展開──　日本文化科学社．

明官茂（監修），全国特別支援学校知的障害教育校長会（編著）（2020）．学習指導要領Q&A　特別支援教

育［知的障害教育］ 東洋館出版社.

文部科学省（2017）．特別支援学校 小学部・中学部学習指導要領.

文部科学省（2019）．特別支援学校 高等部学習指導要領.

25章 知的障害児の授業つくりと指導等における工夫と実際②（領域・教科を合わせた指導：日常生活の指導／遊びの指導）

真鍋　健

1. 日常生活の指導

(1) 日常生活の指導とは

> 🔑 **キーワード**
>
> **ADL（日常生活動作）**：食事・着替え・移動・排泄など，われわれが日常の生活で繰り返し行っているもので，欠かすことのできない基本的な行為。

　この指導形態では，表25-1のように日常生活の諸活動について計画的に指導を行うものとされています。字義的には，「衣食住をはじめとする日常生活上のさまざまな基本的技能」を意味するADL（日常生活動作）を想定しやすく，実際に特別支援学校においても朝の会を挟んだ1時間目に多く設定されていることから，「生活上の諸技能の形成を図る場」「教科や生活単元学習等の補足的な時間」としてのイメージをもちがちです。ただし，学習指導要領（解説）上では，発達期にある児童生徒の実態を踏まえ，さらなる教育的意義や内容が付与されている点を見過ごすことはできません。以下では「安定した生活基盤を形成・発揮する場」「自立に向けた意欲や態度を形成する場」という2つの点を交えて説明します。

　まず前者にかかわって，いわゆる"ルーティン"という言葉を聞いた方もいるかもしれません。決まった手順，という意味合いがありますが，私たちが日々さまざまなことに挑戦したり夢中になれるのも，あるいは落ち込んだり不安定な状態に陥っても普段の状態に戻れるのも，生活の中で大きく変わらず，繰り返される部分（ルーティン）があるからです。一方，障害のある子どもの中には，生活上のルーティンが形成されておらず，それに

表25-1　日常生活の指導の特徴

ア　日常生活の指導
日常生活の指導は，児童生徒の日常生活が充実し，高まるように日常生活の諸活動について，知的障害の状態，生活年齢，学習状況や経験等を踏まえながら計画的に指導するものである。日常生活の指導は生活科を中心として，特別活動の(学級活動)など広範囲に，各教科の内容が扱われる。それらは，例えば，衣服の着脱，洗面，手洗い，排泄，食事，清潔など基本的生活習慣の内容やあいさつ，言葉遣い，礼儀作法，時間を守ること，きまりを守ることなどの日常生活や社会生活において，習慣的に繰り返される，必要で基本的な内容である。

出典：文部科学省（2018）

よってちょっとした環境の変化の影響を受けやすかったり，不安やパニック，落ち着きのなさを示すこともあります。学習指導要領解説に明記されている「児童生徒の日常生活が充実し，高まるように」という側面を理解するうえでは，子どもたちが諸能力を展開・発揮させる舞台である生活を自らのものとすべく，自分なりのルーティンを確立させていくプロセスに注目する必要があるでしょう。

後者の「自立に向けた意欲や態度を形成する場」にかかわって，自立と社会参加に向けて獲得することが望まれる内容が多岐にわたることは容易に想像できます。ただし，それらは大人が一方的に課すものではなく，児童生徒の発達段階や実生活との兼ね合いで吟味すべきです。表25－2に，小学部，中学部，高等部と進む中で，指導内容

表25－2　日常生活の指導の指導内容例

指導内容の例		小学部	中学部	高等部
身辺生活の基本的習慣	衣服の着脱	○		
	食事	○		
	排泄	○		
	物の取扱い	○	○	○
	清潔	○	○	○
	病気・健康	○	○	○
集団生活への参加	手伝い	○		
	遊び	○		
	係・当番		○	
	仲間意識		○	
	時間			○
経済生活への参加	金銭利用		○	○
	整理整頓	○	○	○
	節約			○
社会生活への関心と適応	公共物の利用		○	○
	余暇の利用			○
	交通機関の利用			○
健康・安全	病気	○	○	
	体力づくり	○	○	
	危険物			○

出典：飯田（1983）より筆者作成

として選ばれることの多い事項を示しました。小学部の頃には自分の家族や学校の仲間という範囲で，衣食住にかかわる指導事項が多く選ばれますが，中・高等部になると地域社会との関係の中で就業や余暇にかかわるものも増えていきます。子ども自身が「自分のまわりにいるヒト，周囲にあるモノ・デキゴト」の位置づけを変えていくわけです。生活の中で垣間見える意欲や態度にも寄り添いながら，丁寧に見ていくことが求められる指導形態であるといえます。

（2）日常生活の指導の実際と指導上のポイント

現行の学習指導要領（解説）上では，日常生活の指導を展開させるための5つの指導上の留意点が明記されています。図25－1に実際の指導場面の様子（朝の会）と留意点を合わせて示しました。日常生活の指導を通して，さまざまな技能が獲得され，また友だち・教員間でのやりとりにより活動全体の活発化も見込まれます。ただ，教科や生活単元学習などと比べれば，過度に期待できるものではありません。むしろ昨日，今日，明日と，安定的に繰り返される中で，児童生徒自身が見通しをもって安定的に取り組めることを第一に考えるべきです。

また繰り返しになりますが，日常生活の指導は，生活上の諸活動を成り立たせるために

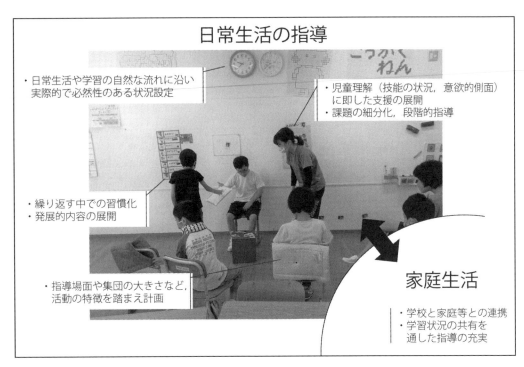

図25−1 日常生活の指導上の留意点（写真は朝の会）
出典：図内の5つの留意点については文部科学省（2018）を参考に作成

必要な能力を訓練する以上の指導機会です。「技能があるかどうか。どの程度獲得されているか」ということに加えて、「家庭や地域社会を含めて、どのような環境で使われているか（技能の生態性）」や「何のために使われるか（技能の機能性）」という側面にも目を向けながら、児童生徒の日常を豊かに理解しようとする姿勢が求められています。

2. 遊びの指導

（1）遊びの指導とは

　遊びの指導は、表25−3の通り、主に小学部段階を想定して取り組まれる活動であり、遊びを学習活動の中心に据えて取り組むものです。一般的に、児童期前半あるいはそれ以前の乳幼児期の子どもたちは、自身の体や言葉を媒介としながら、当たり前の生活や遊びに存在する環境を受け止め、解釈し、そして各々の表現の仕方でかかわっていきます。大人はさまざまな出来事の意味や言葉をとうの昔に得ているわけですが、この時期の子どもたちは、1人ひとりが周囲の環境を独自に意味づけていく途上にあり、遊びを通して自分から環境にかかわる中で、多くの知識・技能、思考力・判断力等を得ていくことになります。「遊び」という活動がもつ魅力や恩恵を教育活動として活かすこと、また子どもが環境に向かおうとする姿を大人が信頼し、認めながら、教育活動を展開することが求められているのが「遊びの指導」です。

表 25 － 3　遊びの指導の特徴

イ　遊びの指導
遊びの指導は，主に小学部段階において，遊びを学習活動の中心に据えて取り組み，身体活動を活発にし，仲間とのかかわりを促し，意欲的な活動を育み，心身の発達を促していくものである。特に小学部の就学直後をはじめとする低学年においては，幼稚部等における学習との関連性や発展性を考慮する上でも効果的な指導の形態となる場合がみられ，義務教育段階を円滑にスタートさせる上でも計画的に位置付ける工夫が考えられる。

出典：文部科学省（2018）

（2）遊びの指導のさまざまなかたち

　遊びの指導を理解し実践を行おうとする際，環境設定や指導の前提にいくつかの種類があることを理解しておくことは，重要なことです。表25－4にその内容を示しました。

　同じように見える遊び場でも，教師による教育環境としての位置づけとそこで得られる児童らの具体的な経験は，上記の条件によって異なります。たとえば，集団を構成する規模が「クラス単位なのか，学年単位なのか」に

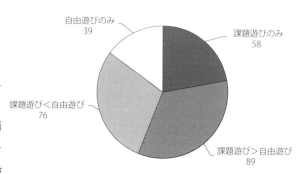

図25－2　知的障害特別支援学校での
遊びの指導に関する調査結果
注：数値は学校数　　出典：菅原（2019）

よって，遊び場にいる児童・教師の人数も変わります。児童の行動や児童同士のやりとりにも影響が及び，遊具の数，場の配置，教師の立ち居ふるまいなどにも細かな調整が必要でしょう。また，遊びには，児童が自らの意思で自由に取り組むことのできる「自由遊び（あるいは児童主導の遊び）」と，たとえばゲーム遊びのように一定の課題・指示が盛り込ま

表25 － 4　遊びの指導の細かい実施条件の違い

活動の前提	児童の集団の規模	遊びや素材の種類	その他，細かな設定等
・自由遊び／設定遊び ・児童主導の遊び 　／教師主導の遊び	・個別単位で ・学級単位で ・学年単位で 　（または低学年等） ・小学部単位で	・運動遊び 　（ボールやアスレチック等） ・感覚遊び（砂，水，粘土等） ・積み木，ブロック遊び ・歌，リズム遊び，リトミック ・ボール遊び	・遊びの指導として 　／生活単元学習の遊びの単元として ・年間を通して 　／年間のうち数回設定 ・帯／コマ

実施場所			
クラス	プレイルーム	体育館	校庭・中庭，地域の公園

表25－5　大型遊具を配置した自由遊び条件での指導略案（一部設定活動を含む）

時間配分	児童の活動	教師の支援上の留意点
30分	○**自由遊び①** 「ワンダーランド」で遊ぶ	☆活動全般において，児童の興味・関心に応じて活動できるように，教師が動きの補助をしたり遊びに加わったりする
	〈児童らに期待する全般的な姿〉 □「自発性」にかかわって：自分から遊具を選んで遊ぶ □「要求」にかかわって：遊びを手伝ってくれるよう教師や友だちに要求する □「模倣」にかかわって：友だちや教師の模倣をする □「共有」にかかわって：友だちと場・遊具を共にする □「協同」にかかわって：友だちや教師が近くにいることを意識して同じ遊びを行ったり，道具を操作したりする	〈期待する姿について，教師が行う基本的な支援〉 ・好きな遊具を選べるように，遊び場の遊具を見渡せるように配置する（慣れてきたころには少し崩す） ・要求表現が不明瞭な場合，「なに？」と聞き返したり，モデルを示したりする ・遊び方がわかりやすいように，教師同士が遊んで手本を示す ・近くにいる児童も遊びに参加しやすいように，スペースを空けたり，まだ使っていない道具を用意したりする ・児童と教師が遊んでいるところに他の児童を誘い，きっかけをつくる ・児童同士が遊び始め，その遊びが児童だけで成立しそうなときは，そっとその場を離れて様子を見守る
15分	○**設定遊び①**「ダンス」を行う ・ワンダーランド内のステージ周辺に集まる ・ステージ上で踊るダンスを，高学年児童ペアが発表。その間，他児童は用意されたベンチや近辺で待つ ・自分が踊りたいダンスの名前が発表された際，（踊りたい場合）その意思を教師や高学年児童に伝える	・ダンスが始まることがわかるように，遊び場全体にBGMを流す。集まったらダンス曲を確認し，やりたい児童を募る ・低学年・中学年児童が，期待感をもって待つことができるよう高学年児童の動きに注意を向ける ・児童が踊りやすいよう，一緒にダンスをしたり，手本を示したりなどする。イメージをもって踊ることができるよう，また多様な動きを誘発できるよう，衣装や手に持って振ることのできる小道具を用意する
20分	○**自由遊び②** 「ワンダーランド」で遊ぶ	・引き続き踊りたい児童がいた場合，自分たちで自発できるよう，ステージ上のCDデッキや衣装を再度整えて，児童に見えやすい状態で配置する ・そのほかの遊具・コーナーに向かう児童に対しては，「自由遊び①」と同様に，児童の様子に応じて遊びが発展するように支援する

れた「設定／課題遊び（教師主導の遊び）」の2つの種類があることが知られています。菅原（2019）による全国の知的障害特別支援学校に対する調査報告（図25－2）では，半数以上の学校が，年間・月・週を通して自由遊びと課題遊びを織り交ぜながら，遊びの指導を展開していることが明らかにされました。これら2つの形態では，集団の規模や環境構成（遊び場のタイプ）にも違いが見られ，児童に経験させたい内容や学んでもらいたい内容，または児童の学年や発達段階などによって，遊びの指導を柔軟に展開させている現状がうかがえます。

　遊びの指導を展開するうえでは，まずは魅力的な遊び場を構成する必要があります。そのために必要な場所や遊具・素材の有無は各学校によって状況は異なるでしょう。保有する資源を教員間で確認し，実行可能な遊びの指導を展開することが求められます。

横軸：遊具等

○週目　名前：　○○　○○

縦軸：ねらいの系列

遊び場での「人と関わる力」についての評価項目		ゆらゆらつるはし	まほうの鏡	魔女の家	トランポリン	すべり台	シーソー	人形	PC絵本	ペープサート	遊具以外での様子
		視覚や聴覚で楽しむ遊び、道具の操作を行う遊びなど			身体・運動遊び			見立て遊び			
協働・イメージ	6 同じめあてをもって一緒に活動する										
	5 友だちを遊具等に誘う、又は誘われて一緒に活動する	◎	◎								
	4 友だちと場を共有する（まずは一緒にいる）										
	3 友だちの模倣をする										
	2 友だちの様子を見る										
	1 一人遊びを行う										
要求	2 教師に言葉や身振りで要求を伝える										
	1 微弱だが要求表現ができる（教師が要求を読み取ることができる）							○			
自発性	5 本児にとって難しい遊びにチャレンジする										
	4 遊具を選んで遊ぶ	○	○	○				○			
	3 遊具を選ばずに目の前にある遊具で遊ぶ					○		◎			
	2 教師に誘われて遊ぶ								△	△	
	1 安心して活動に参加することができる										

（図中の注記）怖い⇒逃げるという認識？／魔女を倒すイメージはあるよう／教師が大事だと思ったこと気になったことに関するエピソー／教師が意図し設定した子どものねらい／「どの遊具で何をしたか」＋エピソード記録／子どもの活動の頻度について ◎：週に何度も行う ○：行う日とそうでもない日がある／日によっていろいろめぐって遊ぶ／見てもすぐに立ち去る／今週に入ってから、シーソーと滑り台の間のところで、A（高学年）の遊びを眺めている／なぜかステージ上にいることが多い

図25−3　自由遊びにて教師のねらいと児童の姿を同時に評価する記録表の例

出典：千葉大学教育学部附属特別支援学校「遊びの記録表」より。詳細については菅原他（2016）を参照

（3）遊びの指導の実際と指導上のポイント

　遊びの指導を展開するうえでは，「遊びを“目的”とするのか，それとも遊びを“手段”とするのか」という問題が長年にわたって指摘されています（たとえば，北島，2003; 進藤他，2015）。「遊びといっても“授業”なんだから，何かを教えないと」「でもそうすると，子どもにとっては遊びじゃなくなってしまうし，教えようとする私の気配を察してか，いつも逃げられてしまう……。あー，昼休みなら思う存分に遊ばせられるのに……」と，遊びと指導の加減に悩む先生も多くいます。またそれは，活動の進行や流れが児童にゆだねられている「自由遊び」で顕著です。

　発達を引き出す遊びの可能性や魅力を考えると，大人から児童への「ねらい」を一切もたない，というのももったいないことです。では大人の教育的な意図をもった「指導」と，児童主体の「遊び」とをどう両立させればいいでしょうか。学習指導要領（解説）上では，遊びの指導を行ううえで5つのポイントが指摘されています（紙面の都合上割愛しますが確認してみてください）。これに加えて，まず児童理解や授業評価において，ねらいの達成状況のみに焦点を当てるのではなく，「どの遊具・場所でどんな遊びを行っているのか」「どのタイミングでその子の遊びが盛り上がっているのか（盛り上がりそうか）」「それが授業の展開に伴い，どう変化していったのか」を確認し，児童の興味・関心に沿うことが肝要です（図25−3参照）。また，複数の遊具や素材が場に配置された環境で，刻一刻と変わる担当児童の姿や集団のダイナミックな動きを理解するには，1人の担任の目では追いきれないという事実を自覚する必要があります。「遊びや生活で見せる姿の解釈は，そ

れを見る教師の立場や関係性によっても変わりうるもので多様であるべき」という前提のもと，図25-3のような記録を定期的に回覧したり，カンファレンスを開いたり，ビデオを用いた事例検討会を開いたりなどして，児童理解を停滞させないこともポイントでしょう。これを保障させることで，個別の指導計画などで同定された児童のニーズに関わる指導機会を，その遊び環境の中に，児童の興味・関心をそらすことなく自然に「埋め込む」(Pretti-Frontczak et al., 2004) ことが可能になり，設定したねらいと適度な距離感をもって児童の遊びに寄り添うことができます。

🔑 キーワード

学習機会の埋め込み：遊びには豊かな学びの機会が豊富に含まれうるという前提のもと，子どもの興味関心を活かした指導を行うためのアイデアの1つ。

同僚性：職務上で共通する目的を持つ教師同士が，お互いを支え，高め合う関係性。授業つくりの下支えとなっている事項でもあります。

《引用・参考文献》

飯田貞雄（1983）．日常生活の指導．山口薫（編著），日常生活の指導（精神薄弱児の指導事例集3）(p.13) 明治図書出版．

北島善夫（2003）．障害児教育における遊びの指導　障害者問題研究, *31*(1), 81-86.

文部科学省（2018）．特別支援学校学習指導要領解説各教科等編（小学部・中学部）．

Pretti-Frontczak, K. & Bricker, D. (2004). *An Activity-Based Approach to Early Intervention* (3rd ed.). Baltimore, MD: Brookes. ［七木田敦・山根正夫（監訳）(2011)．子どものニーズに応じた保育——活動に根ざした介入——　二瓶社］

進藤拓歩・今野和夫（2015）．知的障害特別支援学校における「遊びの指導」についての教師の意識——「遊びの指導」の意義及び課題を中心に——　秋田大学教育文化学部研究紀要（教育科学）, *70*, 125-141.

菅原宏樹（2019）．遊びの指導の実施状況の全国調査——指導形態の違いによる相違に注目して——　日本特殊教育学会第57回大会論文集（自主シンポジウム5-13「知的障害特別支援学校における「遊びの指導」の今（2）」）．

菅原宏樹・真鍋健・綿引朝香・段木佐知子・鈴木幸加・丹野祐介・日向登里（2016）．遊びの記録表が「遊びの指導」の授業作りにもたらした影響に関する研究——フォーカス・グループ・インタビューを通して——　千葉大学教育学部研究紀要, *64*, 295-300.

25章

26章

知的障害児の授業つくりと指導等における工夫と実際③
（領域・教科を合わせた指導：生活単元学習／作業学習）

細川かおり・中山忠史

　知的障害はその障害特性から，学習によって得た知識が断片的になりやすい，生活の場面で活かすことが難しい，成功体験が少なく主体的に取り組むことが難しいなどがいわれています。しかし知的障害の児童生徒も，受け身ではなく，主体的に学習に取り組み，考えていく学びが必要でしょう。学習したことを生活に活かし，1人ひとりの生活の質が向上していくために，知的障害の特性に合わせて考えられた指導方法に，領域・教科を合わせた指導があります。これは教師たちの試行錯誤によって生まれた指導方法です。ここでは生活単元学習と作業学習について解説していきます。

1. 生活単元学習

> **🔑 キーワード**
>
> **生活中心教育**：知的障害の子どもの生活の自立のためには実用的で，生活に根ざした学習を推進するという考え方です。三木安正は，「実用主義的な『日常生活』における課題解決の力，すなわち『生活能力』を養うこと」を目指すとしており，「彼らの生活の世界と隔絶」しない学習課題を設定する必要があるとしています（堤, 2015）。

(1) 生活単元学習とその特徴

　生活単元学習とは，「児童生徒が生活上の目標を達成したり，課題を解決したりするために，一連の活動を組織的・体系的に経験することによって，自立や社会参加のために必要な事柄を実際的・総合的に学習するもの」です（学習指導要領解説）。生活単元学習は，生活上のテーマの実現を目指して，一定期間テーマに沿った活動に取り組みます。実際的，総合的な活動による子ども自身による主体的取り組みを実現することに大きな特色があります。教師の支援的対応のもと，子どもの主体性と，もてる力の最大限の発揮を目指しています（高倉, 2015）。背景には生活中心教育の考え方があります。生活単元学習は，多様な実態の児童生徒が一緒に学習できるという点にも魅力があります。また同じテーマで活動をしてきまますが，その中で，1人ひとりの児童生徒に合った役割や活動と目標を設けて支援していくことができます。

(2) 授業つくりの実際

生活単元学習の授業つくり

　児童生徒の主体的な取り組みを実現することが最も重要であり，そのためのしかけがいくつもあります。教師は児童生徒が目標を捉えているか，どう感じ，考えるのかなど，子どもの目線になって活動を計画することが求められます。

①生活単元学習のテーマ

　実際的な目標や課題が生活単元学習のテーマとして設定されます。テーマの例としては，「花壇づくり」「ベンチを使って，バス停に置こう」（つくる単元），「目指せ動物公園」（校外学習），「ひまわりレストランを開こう」「劇○○をしよう」などがあります。

②児童生徒が「できること」から出発する，できる状況をつくる

　児童生徒が「できること」から出発します。1人ひとりの児童生徒の個性を活かし，力を発揮できる活動内容や役割を考えていきます。また，知的障害の児童生徒が1人でできるように，教師が自助具を工夫する，環境をつくるなどして児童生徒ができる状況を具体的につくっていきます。これらを通して自分から取り組み「できた」経験は，児童生徒の自信になり，さらに取り組む意欲にもつながっていきます。

③児童生徒がゴール（目標）を意識する

　テーマに一定期間取り組むこと，また一連の活動には自然なストーリー（展開）があることによって，児童生徒が，何のためにやっているか，何を成し遂げるかというゴールを意識することができます。これにより意欲的に取り組むこと，主体的に取り組むことができます。

④教師や仲間と一緒に課題を解決する

　児童生徒も活動の中で個性を活かして役割を果たすことによって，仲間と一緒に1つの課題を達成していき，達成感をともに味わいます。これは自信ともなります。

⑤学び

　生活単元学習で児童生徒が目標とするのは，テーマにある実際的な生活上の課題の解決であり，活動を達成することが目標となります。結果として広範囲に各教科等の内容を学習することになります。また，自ら考えたり，主体的に学ぶ態度を学習することができます。

生活単元学習の実際

①単元のテーマ

　「ジュース屋さんをしよう！」の単元は特別支援学校の小学部5〜6年生に13時間で設定されています。「ジュース屋さんをしよう」というテーマ（生活上の課題解決）に向けて，仲間や教師とジュース屋さんを準備し，開店したジュース屋にお客さんを呼びジュースをご馳走しようという活動であり，児童が教師や仲間と協力して，ジュース屋さんを開店します。月〜金の10時半から11時45分の間に設けています。

生活単元学習の指導例（日程計画）

単元名　ジュース屋さんをしよう　（小学部　5〜6年）

日程計画

	授業展開	具体的な活動内容
5／22	導入	なぜジュース屋さんか
23	野菜でジュースを作ってみよう	育てた野菜の収穫，ジュース作り
24	ジュース屋さんを見学しよう	「ジュース屋さん」の見学
27	ジュース屋さんの準備をしよう	メニューを決める，レシピを決める
28		店の名前を決める，看板作り，店の
29		飾りを作る，メニュー表を作る
30		
31	ジュース屋さんの練習をしよう	開店にあたっての役割分担，ジュー
6／3		スの担当と作る練習，接客の練習
4		招待状を作る
5	ジュース屋さんを開店しよう	教員や保護者を呼び，ジュース屋さ
6		んを開店させる
7	まとめ，振り返り，片づけ	

②授業展開，指導上の留意点，工夫

　4月に自分たちが植えた野菜を収穫してジュースを作ろうとすることで見通しをもたせ，期待感を高めています。導入ではジュース屋さんを見学して具体的なイメージをもつことで，活動の見通しをもち，取り組む意欲を高めます。

　展開では，どんなメニューにするか，レシピを考えたり，店の看板や装飾を作ります。ジュース作り，片づけや洗うなどの役割分担を考え，みんなで力を合わせてジュース屋さんをつくっていきます。ジュース作りでは，計量が難しい児童は計量カップに印をつけるなど1人ひとりに合った手立てを考えます。繰り返し活動し，また児童がそれぞれの個性を活かして役割を果たせるようにします。

　最後に，ジュース屋さんを開店して，注文を受け，ジュースを作ります。お客さんに喜んでもらえた経験，協力してジュース屋さんをやり遂げた達成感を得られるようにしていきます。

③児童生徒の学び

　活動に取り組む態度や意欲を育成することは「学びに向かう力」の育成となります。自分がもっている知識や技能を生活の中で活用することは，生きて働く知識技能の獲得につながると考えられます。各教科等の例としては，招待状を書く，メニュー表を作成するでは，「国語（知識・技能）：ウ（ウ）筆記用具を正しく持って，ひらがなや文字を書く」，ジュースを作るでは，「算数（思考力・判断力・表現力等）：C測定　イ量に着目する，違い

がわかる，量の比較，大小を表現する」が扱われています。

2. 作業学習

🔑 **キーワード**

作業班: さまざまな作業種の中で，作業班を何にするかは，機械の使用の有無，基本的な工程，作業内容の幅広さ，活動場所などの作業種の特性や活動内容から，どの生徒にも取り組める活動を用意できるか検討して決めていくことが大切です。多様な生徒にも対応できるように，異なる特性の作業班を複数用意していけるといいでしょう。

(1) 作業学習とは

　特別支援学校の学習指導要領では，作業学習は，各教科等を合わせた指導として位置づけられており，各教科，道徳，外国語活動，特別活動および自立活動の全部または一部について，合わせて授業を行っています。同学習指導要領解説総則編では，「作業学習は，作業活動を学習活動の中心にしながら，生徒の働く意欲を培い，将来の職業生活や社会自立に必要な事柄を総合的に学習するものである」としています。「作業学習の指導は，単に職業及び家庭の内容だけではなく，各教科等の広範囲の内容が扱われる」とあるように，作業技術向上を目指すのではなく，生徒の働く意欲を培いながら，社会自立や就労などの卒業後の生活に向けた基礎的な力を育んでいくことが求められます。作業学習で取り扱われる作業活動の種類は多種多様で，農耕，園芸，紙工，木工，縫製，織物，金工，窯業，セメント加工，などのものづくりの内容，近年では，調理，食品加工，接客，印刷，販売，清掃，クリーニングなど，サービス業の内容も増えてきています。

　作業内容ごとに生徒と教師が所属する班を編制し，工程を分担したり，業務の担当を決めたりしながら作業班の運営を行っていきます。3〜4週間程度の期間の単元を構成することが多く，単元終盤には，販売会や納品など，単元期間内の成果を発揮する機会を設け，その成功を目標に，生徒と教師が力を合わせ，ともに取り組んでいきます。

(2) 授業つくりの実際

目標意識を高める単元づくり

　作業学習では，取り組む喜びや完成の成就感，達成感を味わえることが重要となります。単元化し，一定期間の中で具体的な目標を設定し取り組むことで得られやすくなります。販売会や納品が目標の1つとなりますが，年間計画の時期により，単元の内容は異なってきます。たとえば，年度始めの単元では，新しいメンバーで取り組むため，どんな工程があるのか，業務を担うのか，どんな製品を作るのかなど，わからないことが多くあります。そのような時期では，生徒たちには，これから自分たちが取り組む作業内容を理解し，工程を覚え，製品を作ってみるといった体験が必要となります。「○○を作ってみ

よう！」や「○○班スタートだ！」といった単元名で取り組むこととなります。

　1人ひとりの担当が決まり，製品作りが安定してくると，販売会や納品を目指した単元を組みます。販売会を目指すうえでは，よりよいものが求められます。1人ひとりが担当の工程を行うだけでなく，どういった点に配慮すれば，きれいな製品ができるのか，より質の高い製品となるのか考え，確認しながら取り組むことが必要となります。同じ作業工程を行うとしても，単元の目標が変わることで，1人ひとりの目標や求められる姿は変わります。実際に販売会の際にお客さんから「素敵な○○ね」などの称賛の言葉をもらうと，自分たちの取り組みが認められたことを実感し，成就感や達成感を得られることとなるでしょう。このような時期の単元名は「めざせ開店！○○（店名）オープンだ!!」などとなります。

　お客さんとやりとりをしていると，「もっと○○だと，さらに素敵ね」「こういったものもほしい」などの要望を耳にすることもあります。これらに耳を傾け，新製品の開発に取り組む単元もあります。教師だけで考えるのではなく，生徒自身がアイデアや意見を出しいくことで，この作業班での学習が，主体的な学びの場となっていきます。よりよい，質の高い製品作りを行っていくことで，たくさんのお客さんに製品を届けたいという思いが自然と生徒たちの中で膨らみ，より多くの製品を作ろうという目標も芽生えてきます。販売会や納品を行うことで，生徒自身が新たなことに気づいたり，次の目標を見出したりするきっかけとなります。

　多くの製品を作るためには，必然的に作業量も増加します。作業量が増えることで，安定して同じ工程に取り組むことも可能となります。活動を繰り返すことで作業自体を覚えたり，確実性を増したりする生徒もいます。豊富な活動量を確保することで，生徒自身でできる活動が増え，主体的な姿が見られてきます。そのためにも，原料や材料が入手しやすく，永続性のある作業が大切です。

意欲的に活躍する生徒の姿を目指して

　作業学習は，生徒の実態に応じた段階的な指導ができるものであることが望ましいとされています。作業班の作業種，製品の構造から必要な作業の工程や内容がある程度決まってしまうこともありますが，生徒の様子や目標に合わせて膨らみをもたせていくことが必要です。作業工程には，難易度も含め，工程ごとに求められる力がさまざまです。できそうな生徒を工程の担当にあてていくのではなく，生徒自身の興味関心，意欲を確認しながら，担当を決定していくことが重要です。場合によっては，工程を細分化したり，自助具を用意したりして個に応じた指導を行い，生徒が活躍できる環境を用意します。人気のある工程に希望が偏るなどして，必要な工程の担当が決まらないこともあるでしょう。そうした場合には，担当してほしいと期待する生徒に説明し，納得を得て決定していくことが大切です。1人ひとりが担当する作業に意欲的に取り組んでいくことで，作業班の一体感が生まれてきます。

単元名　「作って・売って・ふれあって！○○祭大成功プロジェクト」
　　　　　　〜よい製品をたくさん作ってたくさん売ろう〜

単元の概略

　工芸班は「レザークラフト」と「手織り」の2グループに分かれて取り組んでいます。それぞれ仕事を覚え，自分の担当する仕事の工程を理解し，任された活動に時間いっぱい取り組むようになってきました。販売会を実施し，自分たちの作った製品が売れたという実感を味わえたとともに，「誰かのために作りたい」という気持ちが高まってきています。

　本単元は，学校祭での販売会に向けた単元です。学校祭のテーマを連想させ，販売意欲が増すようなカラフルな新製品を考えていきます。より質のよい製品をたくさん作ろうとする気持ちと，その実現のために，これまでの単元で出された改善点をキーワードに作業に臨み，目標製作個数を班で確認し，担当する仕事をペースよく時間いっぱいやり抜く姿に期待しています。学校祭当日においては，自分の役割を担って販売活動に取り組み，積極的にお客様とかかわり，時間いっぱい取り組んでほしいと考えています。

本時の目標

○製品の質と作業速度を意識して取り組むことができるようになる。

○自分の担当した役割に責任をもって作業に取り組むことができるようになる。

授業展開

時配 (分)	生徒の活動	手立て・指導上の留意点	道具等
5	○作業準備をする ・出勤札を返し，エプロンを着用する	・作業室内のメンバーと出勤札の状態を確認する ・エプロンはボタンで留めるタイプも用意し，自分でできるようにする	出勤札 エプロン
80	○製品作り 〈手織り〉 ・コインケース機織り 　コインケースに必要な布地を織る ・マフラー機織り ・縫製 　コインケースの裏地を縫う 〈レザークラフト〉 ・キーホルダーの刻印 　革に目の金具を付ける穴を開ける 　羽の模様を付ける ・縫製 　ネームホルダーの縫製作業を行う	・手本となる写真を提示する ・必要な動作を「ななめ，トン」などとリズムで伝え，イメージをもちやすくする ・必要に応じて，見本となる織り生地を提示し，折り目の羽場を一緒に確認する ・クリップでファスナーを固定し，縫いやすくする ・ストッパーで革を固定し縫い目がずれないようにする ・フットコントローラーの踏み具合の調整が必要な曲線や革の向きの変更の際には，手本を見せる	織機 手本の写真 ミシン糸 クリップ 見本の生地 刻印用補助具 木づち ミシン 糸 糸通し 革
5	○片づけ ・時計係の合図で作業を終了し，道具を片づける ・周囲の清掃を行う	・作業の区切りのよいところで終われるように，1人ひとりの進捗状況を確認する	時計

26
章

各担当が決定したあとは，1人ひとりが目標を立てて取り組んでいきます。様子を踏まえ，工程や作業内容を調整したり，自助具の改良したりすることで，できる環境が整えられていきます。生徒たちの慣れもあり，時間内にできる作業量も増していきます。作業量が増えると準備も増えて困るという声も聞かれますが，生徒1人ひとりが，1人で作業を進められる環境が整うことで，教師が行っていた準備や製品の仕上げの作業を授業時間内に行うことができるようになります。作業の効率化だけでなく，生徒たちの目の前で製品が完成していくため，見通しをもちやすくなり，自分が担当している作業の内容の理解も高まります。さらに，作業内容や自助具の工夫により，細かな作業が求められる仕上げを生徒自身が行うことができると，製品を完成させる喜びも得られ，作業への意欲を高めていくことが期待されます。

　新製品開発やちらし作成などの販売会準備などにも取り組んでいくことで，活動内容に広がりが生まれ，生徒1人ひとりの実態に応じた，学習内容を用意することができます。単元期間に掲げた目標の達成に向け，生徒と教師が協力し合い，ともに働いていくことで一体感が生まれます。生徒1人ひとりが役割を担い，協力し合いながら目標を達成することで，お互いが認め合い，ともに成就感を味わうことができる学びの場となります。単なる繰り返しの活動に終始せず，活動に広がりをもたせ，主体的に学ぶ姿を大切にしていくことで，「役割を果たすことを通して自分らしく生きていくことを実現していく過程」として，社会的・職業的自立に向けての必要な基盤となる資質・能力を身につけていくことにもつながります。

《引用・参考文献》

小出進（監修），生活中心教育研究会（編）（1998）．生活中心教育の展開　大揚社．

文部科学省（2019a）．特別支援学校高等部学習指導要領（平成31年2月）　海文堂出版．

文部科学省（2019b）．特別支援学校高等部学習指導要領解説（平成31年2月）　ジアース教育新社．

明官茂（監修），全国特別支援学校知的障害教育校長会（編著）（2020）．学習指導要領Q&A 特別支援教育［知的障害教育］　社東洋館出版社．

名古屋恒彦（2016）．わかる！できる！「各教科等を合わせた指導」──どの子も本気になれる特別支援教育の授業づくり──　教育出版．

高倉誠一（2015）．知的障害教育の指導法 その①　生活単元学習．太田俊己・藤原義博（編著），知的障害教育総論（pp.63-80）　放送大学協会振興会．

東京都教育委員会（2015）．各教科等を合わせた指導の充実（平成27年3月）．

堤英俊（2015）．知的障害教育の場の「集団社会」的機能に関する論理構成──三木安正の精神薄弱教育論を手がかりに──．都留文科大學研究紀要，82，29-50．

知的障害・発達障害・情緒障害児の
授業つくりと指導等における工夫と実際① (教科別の指導：体育・保健体育／音楽／図画工作・美術)

渡邉貴裕・工藤傑史・小倉京子

---

1. 教科別の指導：体育・保健体育

(1) 知的障害教育における体育科および保健体育科の目標

　知的障害のある児童生徒を対象とする特別支援学校の体育科および保健体育科の目標は，たとえば，中学部段階では「体育や保健の見方・考え方を働かせ，課題を見付け，その解決に向けた学習過程を通して，心と体を一体として捉え，生涯にわたって心身の健康を保持増進し，豊かなスポーツライフを実現するための資質・能力を育成すること」(文部科学省, 2017) を目指しています。

　「体育や保健の見方・考え方」の「体育の見方・考え方」とは，「運動やスポーツを，その価値や特性に着目して，楽しさや喜びとともに体力の向上に果たす役割の視点から捉え，自分の適性等に応じた『する・みる・支える・知る』の多様な関わり方と関連付けること」としています。また，「保健の見方・考え方」とは，「個人及び社会生活における課題や情報を，健康や安全に関する原則や概念に着目して捉え，疾病等のリスクの軽減や生活の質の向上，健康を支える環境づくりと関連付けること」としています。

(2) 知的障害・発達障害・情緒障害児における体育・保健体育の指導内容および指導計画

　ここでは体育の指導を中心に取り上げていくことにします。上記の，資質能力を育成するにあたっては，体を動かすことで，情緒面や知的な発達を促していくこと，集団的活動等を通してコミュニケーションの力を伸ばしていくこと，道筋を立てて練習や作戦を考えたり，改善の方法を友だちと話し合ったりする力を育んでいくことが大切です。

　特別支援学校において運動やスポーツ等の身体活動を伴う教育活動は，体育・保健体育はもとより，特別活動，自立活動，各教科領域を合わせた指導，日常生活の指導等さまざまな教科・領域において行われています。そのため，どの教科，領域において，何の学習が行われているかといった全体像を把握し，教育の目的や目標の実現に必要な教育内容等を教科横断的な視点で組み立てていくことが大切です。また，学年および学部間の指導の連続性等を踏まえ指導計画を立てていくことも重要です。

(3) 体育・保健体育の指導上の留意点

　知的障害・発達障害・情緒障害児への体育・保健体育の指導では，児童生徒の障害特性

○学部○学年　**保健体育科学習指導（略案）**

日時　　令和○年○月○日（○）

　　　　○：○○〜○：○○

場所　　体育館

指導者　○○○○（T1）〜（T7）

1. 題材名「パラスポーツ（ボッチャ）で試合をしよう」

2. 目標

・得点の数え方がわかり，試合中の形勢（勝敗）を理解することができる。

・試合の状況に合わせた球種（アプローチ，プッシュ，ヒット）の使い分けができる。

・仲間と作戦を立てながら試合をすることができる。

3. 展開（50分　全○時間）

時配 （分）	生徒の活動内容	指導上の留意点	教材等
5	・始まりの挨拶をする ・アプローチ（ジャックボールのボールを寄せる），プッシュ（すでにあるボールに当てて近づける），ヒット（邪魔になる相手のボールをどかす）といった，3種類の球種についてデモンストレーションを見て確認する	・全員がそろっていることを確認して日直が号令をかけるようにする ・3つの球種があることを，モデルを示しながら説明し，前回の授業の復習をする	モニター パソコン （得点の数え方についてのスライド） 絵手紙の見本 対戦表
10	○得点の数え方について，スライドを見ながら説明を聞く ・クイズに答える ○パラリンピック試合（チーム戦）の映像を見て，作戦を立てることの大切さを知る ・対戦表を見て，自分たちの試合数や対戦相手を知る	・得点の数え方について，スライドを用いて説明する ・仲間同士で作戦を立てているシーンで映像を止め，なぜそのようにしているのかを説明する ・対戦表とチーム分け掲示して，そのつど確認できるようにする	卓上用ホワイトボード モニター
20	○試合をする ・試合がないチームの生徒は審判を行う ・ボールを投げる順番を生徒同士で話し合う ・試合の状況を生徒同士で都度確認し，どんな球種でボールを投げるかについてアドバイスをし合う ・うまくボールを投げることができた仲間に対して称賛する。またそうでない場合は励ましの声をかける ○今日の振り返りをする	・どちらのチームがジャックボール（目標球）に近いかを生徒に問いかけ，ルールを理解しているかを確認する ・仲間への称賛の仕方（ハイタッチ等）を教える ・生徒同士の話し合いがうまく進んでいるかを確認する。 ・絵の具を選んだり，混色したりするときには，本の写真や絵を参照にするように言葉かけをする ・生徒と一緒に振り返りをし，頑張ったことなどを評価する	ボッチャボール 簡易コート（4m×4m）
5	○まとめをする ・今日の振り返りをする ・片づけをする ・次時の予定を聞く ・終わりの挨拶をする	・5分前には，片づけの合図をし，手際よく，使用した道具を片づけられるようにする ・次時は本日の続きをすることを確認し，挨拶をする	

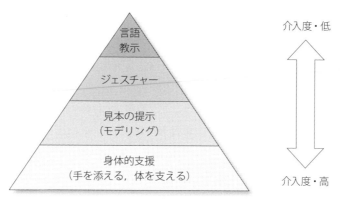

図27-1　うごきをつくるための支援

や心身の発達段階を踏まえ，以下の点を留意しながら進めていきます。

①やるべきことがわかりやすい活動であること。

②児童生徒の実態に合わせた用具が準備されていること。

③仲間と協力したり，かかわり合えたりする場面が設定されていること。

④上達したことを本人にわかりやすく伝え，意欲や自信を育てること。

⑤安心で安全な環境の中で思いきり体を動かすことができること。

　とくに，体育の指導では，求められている運動や動作を児童生徒にどのように理解させ，「うごき」をつくっていくかが大切なポイントとなります。図27-1のように支援のレベル（介入度）を個々に調節しながら指導を進めていきます。言語教示の際には，①内容を絞って，②具体的で平易な表現で，③ゆっくり丁寧に，繰り返し，④言葉だけではなく，実物や写真，絵カードを使って，⑤言葉に具体的な動作も合わせて，⑥1つひとつ手順を追って，⑦聞き直して，理解したかどうかを確認して，⑧可能な範囲で個別化または小グループ化して，⑨名前を呼ぶなどして，注意を向けて，⑩曖昧な表現を避けて，といった点を意識するとよいでしょう。

2．教科別の指導：音楽

（1）特別支援学校学習指導要領における音楽科の目標と学習内容

　知的障害のある児童生徒を対象とする特別支援学校の音楽科の目標は，小学部段階では「表現及び鑑賞の活動を通して，音楽的な見方・考え方を働かせ，生活の中の音や音楽に興味や関心をもって関わる資質・能力を次のとおり育成することを目指す」，中学部段階では「生活や社会の中の音や音楽，音楽文化と豊かに興味や関心を持って関わる資質・能力」（文部科学省, 2017）と示され，育成を目指す3つの柱で整理されています（略案の単元の目標参照）。

　「音楽的な見方・考え方」とは，「音楽に対する感性を働かせ，音や音楽を，音楽を形づくっている要素とその働きの視点で捉え，自己のイメージや感情，生活や文化などと関連

付けること」ですが，知的障害のある児童生徒の場合は，音楽を形づくっている要素（＝音色，リズム，速度，反復，呼びかけやこたえ等）の理解や習得については，音楽を体験的，感覚的に丸ごと捉えるという知的障害の障害特性を考慮し，音楽活動を楽しむという本来的な意義を妨げない範囲で指導することが大切です。

　学習内容については，従前は「音楽遊び」「鑑賞」「身体表現」「器楽」，「歌唱」の5分野で構成されていましたが，新学習指導要領（2017年告示）では，小・中学校の音楽科とのつながりを踏まえ書式を統一し，「A表現」として「音楽遊び」「歌唱」「器楽」「音楽づくり」「身体表現」の5分野，「B鑑賞」の領域で構成されました。知的発達が未分化な段階の「音楽遊び」（小学部第1段階）と言語でのコミュニケーションが困難な児童生徒がいることから「身体表現」は従前より引き継がれ，知的障害ならではの指導分野となります。また，小・中学校にならって「音楽づくり」（中学部では「創作」）が新設されました。

(2) 知的障害・発達障害・情緒障害児における音楽・授業展開と指導上の留意点
①児童生徒にとって興味関心がもて，楽しい活動であること

　知的障害や発達障害，情緒障害のある児童生徒にとって「音楽」はとても身近で，活動に参加しやすい教科です。児童生徒にとって興味関心がもて，楽しい活動であるためには以下の基本的な要件を満たしていることが大切です。

　①安心して参加できる環境であること（空間の広さ，集団の人数，人と人との距離，余剰な感覚刺激の整理），②授業において楽しい雰囲気づくりがなされていること，③児童生徒の実態に合った選曲や活動であること（児童生徒の興味関心が高い内容を含んだ題材，得意な表現分野から始める），④児童生徒が理解できる内容や提示がなされていること（スケジュール表や歌詞表など視覚的な支援を有効に活用する），⑤児童生徒の主体的な表現を引き出すための指導がなされていること，⑥適切な評価がなされていること（表現や鑑賞に関する評価だけではなく，その前提となる情緒の安定や集中して聴きとめる，聴き分ける力，手指や身体の動き，音声言語，集団参加などについてもあわせて評価する），⑦授業者が音楽活動を楽しんで授業を進めること等です。

図27－2　生涯学習の一環でミュージカル活動に参加（左：ダンス，右：二重唱）

中学部1年「音楽」学習指導案（略案）

日時　　令和○年○月○日（○）
　　　　○：○○～○：○○
場所　　○学部○年教室
指導者　○○○○（T1）
　　　　○○○○（T2）

1. 題材名『ビリーヴ（BELIEVE）』（杉本竜一作詞・作曲）を演奏しよう（歌唱と器楽）

2. 目標

①曲名や歌詞の内容を理解し，歌ったり，トーンチャイムを演奏したりすることができる。（「知識及び技能」に関する目標）

②曲名や歌詞の理解に基づき，気持ちを込めて歌ったり，自分なりの表現を工夫したりすることができる。（「思考力，判断力，表現力等」に関する目標）

③本題材に楽しくかかわり，友だちと一緒に演奏することを楽しむことができる。（「学びに向かう力・人間性等」に関する目標）

3. 展開（50分　全○時間）

時配 （分）	生徒の活動内容	指導上の留意点
5	・はじめの挨拶をする ・本日の学習内容の説明を聞く	・本時の活動内容と流れが視覚的にわかるように文字と写真（またはイラスト）で示し確認する
35	〈歌唱〉 ・『みんなで声を出そう』（工藤久美作詞・作曲）を歌う ・『ビリーヴ』の範唱を聞く ・歌詞を音読する ・歌詞について話し合う ・ゆっくりめに歌う ・その日の課題を意識して歌う 　（たとえば，指揮を見て歌う，拍子を意識して歌う，歌詞のある言葉を意識して歌う，など） ・全員で歌う ・一人歌い。友だちとペアやグループで歌う ・自分の演奏や友だちの演奏について感想を述べる 〈トーンチャイムによる器楽演奏〉 ・トーンチャイムの持ち方，音の出し方を知る ・1人ずつ順番に音を出す ・2人組になって音のキャッチボールをしたり，連打して合図で止めるなどいろいろな音の出し方について知る ・『一緒に鳴らそうよ』（小柳玲子作詞・作曲）で演奏する ・『ビリーヴ』の絵譜を見ながら，トーンチャイムを演奏する ・歌唱に合わせてトーンチャイムを演奏する	・軽快なリズムの楽曲に乗って発声し，楽しい雰囲気づくりに心がける（心と身体のウォーミングアップ） ・歌詞を1つの詩として読めるようにする。曲名や歌詞のキーワード，楽曲のイメージについて全体で共有する ・生徒の歌唱の状態に合わせて速さを徐々に調整する 　（毎回，課題のテーマを決めて体験的に音楽のルールを獲得することを目指す） ・全体で繰り返し歌って楽曲の全体像をつかめるようにする ・1人ひとりの表現のよさを積極的に取り上げ，表現することに自信をもたせるようにする。全体でそのよさを認め合うようにする ・楽器の音を出すことや音を聴くこと，その音の楽しむ時間を十分に設定し，音が出る仕組みや音自体の面白さを体験する ・楽曲の中で，拍に合わせて友だちと一緒に（同時に）音を出すことや音の重なりを感じることができるようにする（その瞬間に注目させる） ・簡易的な楽譜（シールを使った楽譜等）を見ながら演奏できるようにする ・歌唱と楽器の合奏のよさについて感じられるようにする
10	・終わりの挨拶をする ・片づけをする	

②音楽活動の日常化と生活化，統合化を図ること

　知的障害特別支援学校では，音楽を伴う活動は教科別の「音楽」の授業のみならず，各教科等を合わせた指導，特別活動，自立活動，交流および共同学習，サークル活動などさまざまな場面で行われます。それぞれの指導領域で取り上げられる題材や内容をうまく関連づけながら，生活場面全体に広げながら展開することで，児童生徒にとって実際的で必然性のある活動になります。生活場面で体験したことに音楽が自然に加わったり，また地域に伝わる音楽活動（お祭りの踊りなど）を「音楽」の授業の中で教材化したりしていくような逆方向の展開も，社会参加や生涯学習支援につながるよい機会となります。

3. 教科別の指導：図画工作・美術

(1) 知的障害教育における図画工作科および美術科の目標

　知的障害のある児童生徒を対象とする特別支援学校の図画工作科および美術科の目標は，「表現や鑑賞の活動を通して，造形的な見方・考え方を働かせ，生活や社会の中の形や色など（美術は，美術や美術文化）と豊かに関わる資質・能力を育成すること」（文部科学省，2017，傍点は筆者）を目指しています。とくに，「造形的な見方・考え方」を働かせることが重要なポイントとなっています。

　「造形的な見方・考え方」とは，図画工作科では「感性や想像力を働かせ，対象や事象を，形や色などの造形的な視点で捉え，自分のイメージをもちながら意味や価値をつくりだすこと」（文部科学省，2018b）です。美術科においては，「表現及び鑑賞の活動を通して，よさや美しさなどの価値や心情などを感じ取る力である感性や，想像力を働かせ，対象や事象を，造形的な視点で捉え，自分としての意味や価値をつくりだすこと」（文部科学省，2018b）です。

　そこで，授業つくりの際には，身近なものを題材とし，児童生徒が形や色などの造形的な視点で捉えながら，意味づけして，作品を仕上げられるように考えます。とくに知的障害のある児童生徒の学習上の特性等に合わせ，具体的に指導目標・指導内容を設定することで効果的な学習ができるようにします。題材については，児童生徒の生活に関連した身近でイメージしやすいものを設定します。

(2) 図画工作科・美術科の授業つくりの留意点

①題材を選ぶ・教材準備のポイント

・児童生徒にとって比較的イメージがもちやすい日常生活で近くにある物をモチーフにします。

・制作する目的がわかりやすく，制作した物の用途がはっきりとわかるほうが意欲的に取り組みやすいでしょう。

・筆などの用具を扱うことを考えると，大きく描くほうが操作しやすいでしょう。

日時　　令和○年○月○日（○）

　　　　○校時　○：○～○：○

場所　　美術室　図書室

指導者　○○○○（T1）～（T7）

1.　題材名「絵手紙を描こう」　　　　　　　　　　　※指導者全員明記

2.　目標

・夏に関係する物（花，果物，野菜，その他身近な物）から自分の好きな物を選んで，絵を描くことができる。

・水彩絵の具の扱い方がわかり，絵筆等を使って着色することができる。

・絵手紙という言葉を知り，自分の描いた絵を送って，夏の挨拶をすることがわかる。

3.　展開（50分　全○時間）

時配（分）	生徒の活動内容	指導上の留意点	教材等
5	・始まりの挨拶をする ○題材「絵手紙を描こう」についての説明を聞く ・見本の絵手紙を見る ・制作の手順を知る ①「夏」にちなんで描きたい物を考える ②参考となる絵や写真を図書室で調べる ③下絵を描く ④着色する ⑤挨拶などの言葉を入れる ⑥完成	・全員がそろっていることを確認して日直が号令をかけるようにする ・何をするのかわかりやすいように，絵手紙を大きく拡大した見本を掲示する ・絵手紙は，絵と言葉があることを生徒がわかるように説明する ・完成までの活動内容がわかりやすいように手順表を掲示して，その都度確認できるようにする	絵手紙の見本 制作手順表
20	○自分が描く物を決める ・「夏」で思い出す物，好きな物を考える ・図書室で描きたい物の写真や絵を探して，本を借りる	・描きたい物は，「夏」に関係する物にすることとし，どんな物があるか生徒とやりとりしながら，具体例をいくつかあげて確認するようにする ・対象となる物をいくつかあげたら，グループごとに，図書室に移動し，参考となる図鑑等を探して借りてくるようにする	卓上用ホワイトボード 参照用図書
20	○下絵を描く ○着色をする ○今日の振り返りをする	・画用紙いっぱいに大きく描き，はみ出てもよいことを伝え，様子を見て，実際に大きさなどを描いて示すようにする ・下絵が描けた生徒から，水彩用具を準備して，着色できるように，用具をまとめて置いておく ・生徒によっては，使いやすい用具や補助具等を工夫する ・絵の具を選んだり，混色したりするときには，本の写真や絵を参照するように言葉かけをする ・生徒と一緒に振り返りをし，頑張ったことなどを評価する	鉛筆 消しゴム 画用紙 水彩絵の具 パレット 絵筆 水入れ 試し紙 補助具等
5	○片づけをする ・次時の予定を聞く ・終わりの挨拶をする	・5分前には，片づけの合図をし，手際よく，使用した用具を片づけられるようにする ・見通しをもてるように，次時は本日の続きをすることを確認しておく	ぞうきん 乾燥棚

27章

②目標の立て方

・**知識及び技能**……造形的な視点に気づくことや用具の使い方，多様な表し方を身につけられるようにします。

・**思考力・判断力・表現力等**……児童生徒の興味・関心を大切にし，好きな物などをモチーフにして，形の面白さやきれいな色に気づいたり，友だちの着色の仕方を見るなどして，自分なりに工夫して着色したりすることができるようにします。児童生徒によっては，太さや形状

図27－3 「夏」をイメージして，ひまわりを画用紙いっぱいに描く

の違う筆など，用具を使い分けることで表現の仕方を工夫することも大切です。

・**学びに向かう力・人間性等**（主体的に取り組む態度）……主体的に活動に取り組むことで，制作の楽しさを味わい，より意欲的に取り組もうと思えるようになります。

③教科等横断的な視点を入れて

・制作するものについてのアイデアを言葉で表したり，タイトルや伝えたい言葉を考えて文字にしたり，鑑賞時に友だちの作品のよいところに気づき，認めて感想を言うなど，国語科の話すこと，書くことや，道徳科の人とのかかわりである相互理解，自立活動の人間関係の形成（他者の意図や感情の理解に関すること）などの指導目標や指導内容とも関連させて授業の目標や内容を考えることが大切です。

④具体的な手立ての工夫（「絵手紙を描こう」の略案〈前頁〉を例に）

・**見本**……「絵手紙」とはどんなものであるか，わかりやすいように見本を提示します。

・**制作手順表**……手順がわかりやすいように視覚的に確認できる板書や表を掲示します。

・**参照用図書**……描きたいものを探したり，形や色をわかりやすくしたりします。

・**試し紙**……塗る色を混色して確かめられるように多めに用意しておきます。

・**用具や補助具**……筆を握りやすくするためにラバー等を巻いて太くしたり，簡単に着色できるようにタンポ等を用意したりします。

・**教師の支援**……大きさや形を確認しながら一緒に下絵を描いたり，児童生徒のそばで，うまくできたところなどを褒めて，より意欲的に取り組めるような言葉をかけたりします。

《引用・参考文献》

工藤傑史（2015）．知的障害特別支援学校における音楽指導のポイントについて．竹林地毅（監修），全国特別支援学校知的障害教育校長会（編著），新時代の知的特別支援学校の音楽指導（pp.23-29）　ジアース教育新社．

文部科学省（2017）．特別支援学校幼稚部教育要領　小学部・中学部学習指導要領（平成29年4月告示）．

文部科学省（2018a）．特別支援学校学習指導要領解説　総則編（小学部・中学部）（平成30年3月）．

文部科学省（2018b）．特別支援学校学習指導要領解説 各教科等編（小学部・中学部）（平成30年3月）．

渡邉貴裕（2013）．アダプテッドスポーツ．石塚謙二・太田正己（監修），くらしに役立つ保健体育（pp. 66-70）　東洋館出版社.

知的障害・発達障害・情緒障害児の授業つくりと指導等における工夫と実際② (自立活動：環境の把握および行動上の問題への指導の実際)

村中智彦

1. 自立活動の指導の実際

(1) 自立活動とは

　自立活動は，障害のある子ども１人ひとりの障害の状態に基づく学習や生活面での困難を改善・克服し，自立を目指す特別な教育課程です。特別支援学校（以下，支援学校）の指導の柱の１つとなります。1971（昭和46）年，学習指導要領改訂の新設領域で，以前は「養護・訓練」と呼ばれていました。その後，1998（平成10）年の教育課程審議会答申で，自立を目指す主体的な活動であることを明確にするため，「自立活動」と名称変更されました。目標は「個々の児童又は生徒が自立を目指し，障害による学習上又は生活上の困難を主体的に改善・克服するために必要な知識，技能，態度及び習慣を養い，心身の調和的発達の基盤を培うこと」です。指導内容は，健康の保持，心理的な安定，人間関係の形成，環境の把握，身体の動き，コミュニケーションの6つ（計26項目）となり，「人間としての基本的な行動を遂行するために必要な要素」と「障害による学習上又は生活上の困難を改善・克服するために必要な要素」で構成されています（文部科学省, 2018）。

　近年，支援学校（知的障害）では，自閉症スペクトラム障害（Autism Spectrum Disorder: ASD）やその傾向をあわせもつ子の割合は4割を超え，小・中学部ではさらに高くなります（国立特別支援教育総合研究所, 2005）。高等部では，地域の支援学級からの入学者，発達障害や軽度精神疾患，心身症等（不登校を含む）を抱えた通常学校からの転学者も少なくありません。障害や不適応の状態は多様化・複雑化しており，自立活動の指導の充実がいっそう求められています。自立活動と合理的配慮のかかわりでは，たとえば，交流学級で知的機能の遅れのために漢字が読めず，プリント課題を遂行できない児童に，他児童と平等に授業が受けられるように，ふりがなを付ける，視覚的にわかりやすい挿絵を付加する，ときには，教師が代わりに読む補助的な人的支援も必要となります。あわせて，自立活動の指導では，漢字を読めない困難に対して，平仮名やカタカナを読む，挿絵をヒントに読解するスキルの形成を行います。

(2) 自立活動「環境の把握」の指導

　自立活動の指導では，個々の障害の状態や発達段階等の的確な把握に基づき，指導目標および指導内容を明確にして，指導を系統的・組織的に実現する「個別の指導計画」作成が

義務づけられています（文部科学省, 2018）。6つの内容から子ども個々に必要とされる項目を選定し，相互に関連づけ，具体的な指導目標・内容を設定します。「時間の指導」と各教科等の指導，「時間外の指導」との関連づけも課題になります。たとえば，「人間関係の形成」や「コミュニケーション」の内容を組み合わせ，個別学習で反復的・系統的に育てたスキルを（時間の指導），他の学校生活場面や集団学習の中で自然に生じる機会でも計画的に指導し，般化や定着を促す方法が考えられます（時間外の指導）。

　指導内容の1つである「環境の把握」の指導を考えてみます。環境の把握は，(1) 保有する感覚の活用，(2) 感覚や認知の特性への対応と，(3) 感覚の補助および代行手段の活用，(4) 感覚を総合的に活用した周囲の状況把握，(5) 認知や行動の手がかりとなる概念の形成で構成されています。このうち (2) 感覚や認知の特性への対応が新たに追加された項目で，自分に入ってくる情報を適切に処理できるようにし，自己の感覚の過敏さや認知の偏り等の特性について理解し，適切に対応できる力を育てます（文部科学省, 2018）。たとえば，大きな音や特定の音刺激にかんしゃくを起こす聴覚過敏性の強いASD児では，不快な音刺激を自ら回避するか，どの程度の強さであれば無理なく耐えられるかや，苦手な音刺激を知ること等が目標になります。また，(3) 感覚の補助および代行手段の活用と組み合わせ，音刺激に耐えられない場面ではイヤーマフを活用したり，「コミュニケーション」の内容と組み合わせ，「イヤーマフを使わせてください」と自ら要求できる力を育てることもできます。LD（学習障害）児の読字障害では，視知覚や音韻認識障害，ワーキングメモリの不全等の認知特性によって，単語や文節の区切りを瞬時把握できない，流暢に読めない，逐次読みや勝手読み，文字から音への想起や解読（デコーディング）の困難が認められます。読めなくても聞けば理解できる，文字間や行間を広げると／文字を指で押さえると読みやすい，図や挿絵があると読解できる等を本人が自覚し，代替・補助手段を使える，選択できるための指導が考えられます。

2. 行動上の問題と支援の実際

(1) 行動上の問題とは

　知的障害児や発達障害児には，障害の状態に基づく行動上の問題（以下，行動問題）を起こす者が少なくありません。子どもが行動問題を改善・克服し，自立的で適切な行動を身につけることは大切な課題となります。ほとんどのケースで，本人は困っておらず，周囲の教師や家族が対応に苦慮しています。教師の研修会では，「(知的障害児) 小4なのに指しゃぶりをします。やめさせたほうがよいですか？」「(ADHD児) 課題を与えると，暴言を吐いたり鉛筆を放り投げます」等の相談は多く，高い関心がもたれています。表28−1に，知的障害やASD児の教室でよく見られる行動問題を示しました。たとえば，目の前で手をヒラヒラさせる行動は，「常同行動」「自己刺激行動」のようにネーミングされますが，研究者の立場で異なり使い分けられますので，「常同？　自己刺激？　どちらが正し

表28－1　ASD児の教室でよく見られる行動問題

行動の例	名　称
目の前で手をヒラヒラさせる，身体を大きく前後に揺らす	常同，自己刺激行動
自分の手を強く噛む，頭を叩いたり壁にぶつける	自傷行動
教師や仲間の身体を叩く，つねる，ひっかく，髪の毛を引っ張る，唾を吐く	他傷，他害，攻撃行動

い？」という議論には実践を行ううえであまり意味がありません。子どもが「なぜその行動を起こすのか」の理解に努め，少しでも改善して，学校生活の充実に向けた支援に力を注ぎます。ADHD児の教室場面で対応を迫られる行動問題として，教師や仲間に暴言を吐く，不規則発言をする，すぐに手や足が出る，激しい拒否やかんしゃくを起こす等が見られます。思春期以降，他害や暴言等が激しい場合，前向きな「投薬療法」も必要になるでしょう。特別支援教育と投薬療法の併用，いわゆる医療連携の必要性です。

(2) 行動問題のアセスメントにあたって

　行動問題であるかどうかは，見た目の異常性や特異性，周囲の環境との関係によって決まり，とくに後者の周囲の環境との関係は大切な視点です。誰もいない個室で大声や奇声をあげても困る人はいませんが，教室の集団場面で大声をあげると，仲間の不穏を引き起こし，行動問題となります。問題視されやすい性的な言動について，3歳のASD幼児が性器をさわっていても，「さわったらダメだよ」と一応制止しますが，早急に解決すべき深刻な行動問題とは捉えないでしょう。しかし，同じ行動でも，15歳のASD生徒だと介入の危急性は途端に高くなります。アセスメントでまず重要なのは，「誰が・どこで・いつ・どのような」行動を問題視し改善すべきかを明確にして，支援者間で情報共有することです。教師間で行動問題の捉え方が異なる，曖昧であることは少なくありません。最も大切なのは，行動問題を起こしている子どもを前に，「向き合う」「なんとかしたい」という姿勢，ともに成長しようとする強い気持ちです。自ら望んで周囲を困らせる行動問題を起こす子どもはいません。必ず理由があり，その多くは教師の支援を含めた環境整備のまずさに起因しています。激しい行動問題の解決プロセスには，教師，子どもの両者にとって，ときにはハードな時間と取り組みも含まれますが，成長を促すチャンスにもなります。

(3) 機能的アセスメントによる支援

　行動問題のアセスメント研究は，主に応用行動分析学（Applied Behavior Analysis: ABA）の立場より1980年代から始まりました。たくさんの研究成果から，行動問題が周囲の環境との相互交渉を通じて（誤）学習されること，話し言葉の未発達な障害児にとって行動問題が他者への伝達手段になることが明らかになっています。たとえば，教室でよく見ら

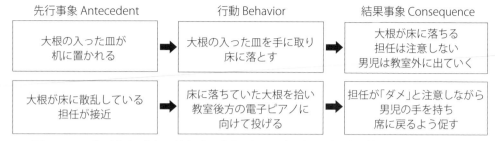

先行事象 Antecedent　　　　　行動 Behavior　　　　　結果事象 Consequence

| 大根の入った皿が机に置かれる | → | 大根の入った皿を手に取り床に落とす | → | 大根が床に落ちる担任は注意しない男児は教室外に出ていく |

| 大根が床に散乱している担任が接近 | → | 床に落ちていた大根を拾い教室後方の電子ピアノに向けて投げる | → | 担任が「ダメ」と注意しながら男児の手を持ち席に戻るよう促す |

図28−1　食べ物を「床に落とす」「手にとって投げる」行動の機能的アセスメント
出典：宮田・村中（2020）をもとに作成

れるADHD児の不規則発言や暴言は，教師にとっては不適切な行動ですが，本人にとっては教師や仲間から注目を得るという望ましい結果が得られています。不規則発言や暴言に対して注目するほど，教師の意図に反して，その生起は高まり定着するようになります。アセスメントでは，「どうすればよいか（How）」の前に，「なぜその行動を起こすのか（Why）」の機能に着目します。行動の機能とは，当該行動が環境事象に及ぼす効果や働き，作用を指し，それを推定するための「機能的アセスメント」が実施されます。観察を通じて，行動障害の前にある状況事象（行動生起に作用した時間的に離れた）と弁別刺激（直前の）と，後続事象の強化子にかかわる情報が収集されます。この分析の枠組みは三項（または四項）随伴性，または先行事象（Antecedent）─行動（Behavior）─結果事象（Consequence）の頭文字をとり「ABC分析」と呼ばれます。代表的な行動問題の機能として，嫌悪事態からの逃避や回避（ひとまず・先に逃げたい），注目の獲得（みてみてかまって），物や活動の獲得（ほしいやりたい），感覚・自己刺激の獲得（この感覚心地よい）の4つが明らかにされています。図28−1は，支援学校・小1のASD男児が給食場面で示した行動問題について，ABC分析を示したものです。男児は，野菜やパン等の口にしたことのない献立を見つけると激しく皿を投げる，床に落とす行動を繰り返しました。大根の入った皿が机に置かれると（先行事象），大根の入った皿を手に取り床に落とし（行動問題），直後に大根は床に落ちました（結果事象）。担任が注意しないと，教室外に出て行きました。これらの結果から，献立や皿を手に取って投げる行動の機能として，嫌いな献立の拒否が推定されました。また，担任の注目によっても強化されていることがわかりました。見た目は同じ行動でも，拒否と注目要求のように，異なる機能を有することは少なくなく，行動ごと，場面ごとに機能推定が必要になります。

　授業場面で，教師が課題を提示すると，「めんどくさい，やりたくない」といった不適切な発言が見られることがあります。ABC分析を行うと，先行事象として難しい課題（正答率の低い）が提示され，「めんどくさい」の発言のあとに，教師が「そんなこと言ったらダメ，どうして？」と理由を尋ねる結果事象が生じ，やりとりが始まります。課題への取り組みは一時的に中断され，課題内容が変わったり課題量が減ったりします。こうした随伴性を繰り返すことで，不適切な発言に「ひとまず逃げたい」の機能が育ちます。文字通

28章

り「面倒くさがっている」「やりたくないんだ」と情緒的に解釈するのは不適切です。「面倒くさくないよ，頑張ろう」の声かけでは課題に取り組めません。課題の難度につまずいているわけで，ヒントを与えたりかみ砕いたりする支援が有効となります。また，不適切な発言を低減するアプローチの1つとして，「機能的コミュニケーション訓練」があります。嫌悪事態からの逃避に支えられている不適切な発言に対して，機能的に等価な「先生，教えて」の教示要求行動を積極的に指導します。子どもが自ら「先生，教えて」と要求し，教えてもらうことで難度は下がり不適切な発言を起こさなくて済みます。不適切な発言をせず課題に取り組むことで，教師から「できたね，すごい」の社会的称賛を受ける機会も増えます。

3．ABA，TEACCHプログラム，支援ツールの活用による支援の実際

(1) ABAによる支援

> 🔑 **キーワード**
> **プロンプト (prompt)**：学習の標的となる子どもの行動が生起しやすいように，行動の直前に提示される補助的な刺激です。

　ABAでは自立的な行動を促す基礎的技法だけでも，シェイピング，プロンプト・フェイディング，分化強化，トークンエコノミー等と多種多様にあり，本章では授業場面でもよく活用される「プロンプト・フェイディング」を紹介します。プロンプトは，教師が子どもに対して行う働きかけ「反応プロンプト」と，環境刺激を変化させたり撤去や追加したりする「刺激プロンプト」に区別されますが，ここでは反応プロンプトについて説明します。反応プロンプトは，子どもの適切な行動が生じやすいように，教師が身体に触れて促す「身体プロンプト」，実演して見せる「モデルプロンプト」，指さしやジェスチャーをする「身振りプロンプト」，話し言葉で伝える「言語プロンプト」の4種類があります。働きかけの強さが最も強力なのは身体プロンプトで，身体→モデル／身振り→言語の順に少なく弱くなり，行動の自発性は高くなります。プロンプト・フェイディングには，段階的減少型（多い・強い→少ない・弱い）と段階的増加型（少ない・弱い→多い・強い）があります。それぞれ長所・短所があり目的に応じて使い分けます。減少型では，子どもが適切な行動を生起するように，最初は身体プロンプトを行い，できるようになったら，モデル／身振り，言語の順にプロンプトを少なく・弱くします。一方で，増加型では，言語プロンプトで適切な行動が起きない場合，モデル／身振り，身体へとプロンプトを多く・強くしていきます。

(2) TEACCHプログラムによる支援

> **🔑 キーワード**
>
> **TEACCH（Treatment and Education for Autistic and related Communication handicapped Children）プログラム**：1964年にノースカロライナ大学チャペルヒル校精神科のショプラー（Schopler, E., 1927-2006）教授の研究プロジェクトに始まり，1971年にノースカロライナ州予算によって確立した，ASD児への生涯にわたる包括的な療育プログラムです。

　ASD児への支援方法は，ABAをはじめ，（認知）行動療法，TEACCHプログラム（以下，ティーチ），太田ステージ評価等と多様にあり，ここではティーチについて紹介します。ティーチに見られるアイデアや技法には，ASD児の自立を促すための大切な要素が含まれています。その特徴は，家庭での療育，学校教育，就労・余暇・地域生活への包括的な支援や療育が実施され，生涯支援の観点からライフサイクルのどの段階においても，それぞれの発達や機能水準に合わせて自立的な学習や生活ができる点です（佐々木, 2007）。考え方や技法の1つに，「構造化」された環境整備があります。この技法には，物理的構造化，明確なスケジュール提示，ワークシステムがあります。物理的構造化とは家具の配置やパーティションでの仕切り，カーペットの色を活用して，活動場所（エリア，コーナー）と課題をマッチングします。「どこでどの課題に取り組めばよいのか」をわかりやすくします。課題に取り組むワークエリアと，遊びや休息のプレイエリアが区別されます。明確なスケジュール提示やワークシステムでは，「どんな順番で，どのぐらいの時間，どこで何の課題に取り組み，どうすれば終わるか」について，絵や写真カード，文字の視覚手がかり（visual cue）で伝えます。課題に取り組む順序では，「上から下へ」「左から右へ」のルールが適用されます。構造化は，知的障害児にも有益で，注意の選択や持続に困難のあるADHD児にも応用できます。個々の多様なニーズや学習スタイルを認め保障する合理的配慮にも通じるものです。

(3) 支援ツールによる支援

　支援ツールは，武蔵博文氏（現・香川大学教授）を中心とする富山大学人間発達科学部の教員と，附属特別支援学校教員との協同的な実践研究を通じて生まれました。オペラント条件づけにおける三項随伴性の枠組みを利用して，①手がかりツール，②実行を助ける手がかりツール，③交換記録ツール，④協働支援ツールの4つに分類されています。その概要や成果については，読みやすい図書がいくつも出版されています（たとえば，藤原・監修, 2012）。各ツールはねらいに応じて単独または組み合わせて使用されますが，本章では授業場面でよく使用され自立的な行動を促ためのツール①〜③を紹介します。

　①手がかりツールは，学校での勉強や掃除，家庭での歯磨きやお手伝い等の課題内容や遂行手順を知らせる，予告する道具です。代表的なものに，スケジュール表や手順表が

28章

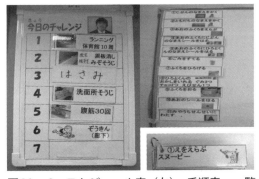
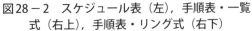

図28−2　スケジュール表（左），手順表・一覧
　　　　式（右上），手順表・リング式（右下）

図28−3　お手玉ふっきん

あります。標的行動を細分化する課題分析（task analysis）を行い，項目を写真カードに表し，一覧で提示する・リングに束ねて提示する方法があります（図28−2）。いずれも，スケジュールや手順を視覚的にわかりやすく伝え，行動の自発やきっかけを促します。また，②実行を助ける手がかりツールは，手がかりツールの機能に加えて，行動生起を容易にする道具です。「お手玉ふっきん」では，1回の腹筋ごとに足下に置かれたカゴのお手玉を頭上に移動させ，なくなると終わりになります（図28−3）。腹筋動作と口頭による数唱を同期できなくても実施可能です。ほかには，水道蛇口のレバーハンドルがあります。ハンドルを取り付けることで，ひねる・回す動作に要する負荷や反応労力（response effort）は減ります。③交換記録ツールは，子どもが行動の結果を見てわかる量で表し，自己評価や他者評価の機会をつくり，主体的な活動参加を動機づける道具です。代表的なものに「チャレンジ日記」があります。学校や家庭で取り組んだ課題について，「いつ・どこで・誰と・何を行ったのか」を記述します。課題内容や目標を自己決定し，遂行結果を自己記録します。記録用紙やシートは，わかりやすいシンプルな書式とします。個々の力に応じて，文字を書く，○で囲む，シールを貼る形式に工夫します。日記を介して，教師や仲間，保護者からの多様で多重な評価機会を生じさせます。日記が貯まることで，子どもは足跡に自信をもち，学習動機は高まり，「自分はやった」の達成感や「自分はできるんだ」の肯定感や有能感を高めていきます。

🐾 調べよう・深めよう！

調べよう：自立活動の6つの指導内容には，どのようなものがありますか？

調べよう：行動問題の機能には，どのようなものがありますか？

《引用・参考文献》

藤原義博（監修・著），小林真・阿部美穂子・村中智彦（編著），富山大学人間発達科学部附属特別支援
　　学校（著）（2012）．特別支援教育における授業づくりのコツ──これならみんな分かって動ける──
　　学苑社．

国立特別支援教育総合研究所（編著）(2005). 自閉症教育実践ケースブック――より確かな指導の追求
　　―― ジーアス教育社.

宮田賢吾・村中智彦 (2020). 自閉症スペクトラム障害児童の給食場面における機能的アセスメントにも
　　とづく適切な拒否行動の形成. 行動分析学研究, *35*, 42-51.

文部科学省 (2018). 特別支援学校教育要領学習指導要領解説（自立活動編).

佐々木正美 (2007). 自閉症療育――TEACCH モデルの世界的潮流―― 脳と発達, *39*, 99-103.

28章

知的障害・発達障害・情緒障害児の授業つくりと指導等における工夫と実際③（自立活動：言語コミュニケーション支援の工夫）

竹尾勇太・溝江　唯・大伴　潔

1. 言語コミュニケーションのメカニズムと言語発達の特性

（1）言語コミュニケーション発達の4領域

> 🔑 **キーワード**
>
> **共同注意**：乳児は生後9ヶ月ごろに，親の視線や指さしの先にある事物に注目できるようになります。他者の注意の方向に沿って対象に注目できるようになることを共同注意の成立と呼びます。

　言語発達にはさまざまな側面があり，大きく4つに分けることができます。発声や発音（構音）といった音の産出にかかわる「発声・発語領域（Speech）」，語彙の知識や文法にかかわる「言語領域（Language）」，人とのやりとりや場面に応じた言葉の使用にかかわる「コミュニケーション領域（Communication）」，文字の使用にかかわる「読み書き領域（Literacy）」です。図29－1は，各領域の発達段階を概略的に示したものです。定型発達では，9ヶ月ごろには「指さし」がわかるようになり，やがて自分のほうが指をさして相手に注意を向けさせるようになります。指さしに代表されるような「共同注意」は，有意味語の獲得の前に見られることが知られています。喃語を土台とした音声表出は，1歳台に有意味語に移行し，二語文・三語文という語の連鎖を経て，助詞を含む文法的な文に展

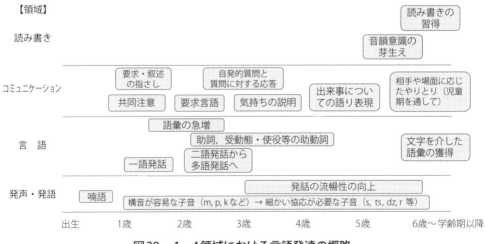

図29－1　4領域における言語発達の概略

開していきます。受動態の使用といった文法的側面の発達と並行して，他者に質問をしたり，状況や自分の気持ちを説明したりできるようになっていきます。なお，図29−1で示した各領域の発達的特徴はほんの一部であり，これらのほかにさまざまな段階があることはいうまでもありません。

(2) 発声・発語領域における制約

　言語発達に困難を示す障害はいくつもありますが，先に述べた4領域のすべてに困難さを示すというよりも，領域間の能力のバランスに不均衡が認められることがほとんどです。発声・発語領域に困難を示すものとしては，構音障害，吃音などがあげられます。構音障害には，口腔器官の構造の異常やまひはないが望ましい発音が困難である「機能性構音障害」，口腔の構造自体に異常がある「器質性構音障害」，脳性まひなどの神経学的な原因のある「運動障害性構音障害」があります。幼児期では機能性構音障害が最も一般的なタイプであり，子音の置換や歪みが中心です。舌を持ち上げる位置が異なる誤り（奥舌の[k]が舌先の[t]になる「からす→たらす」）や，舌先の使い方が異なる誤り（舌先で[s]ではなく，呼気の流れを止める[t]になる「さかな→たかな」）などが見られます。器質性構音障害は，口唇裂や口蓋裂に代表されるものです。これらは母乳を飲むことなど成長全般にもかかわるために，早期に外科的な処置が施されます。しかし，口蓋裂の場合は，術後も呼気が鼻腔に漏れてしまう傾向があり（鼻咽腔閉鎖不全），子音の明瞭度が下がるため聞き取りにくい発話になりがちです。

　吃音は発話の非流暢性に関する言語障害です。発話の例としては，「く，く，くるま（繰り返し）」「く――るま（引き伸ばし）」「k…くるま（ブロック）」などがあります。人によって吃音が生じやすい音が異なり，言いやすい音や言葉に言い換えながら話す人もいます。吃音は，このような発話の非流暢性にとどまらず，発話時に手足をばたつかせるなど不随意的な運動を伴うこともあります。また，自身の吃音を意識するあまり，コミュニケーションに対する不安や恐怖を抱くなど，心理面にも影響を及ぼします（表29−1参照）。

　かん黙は言語障害ではなく，DSM-5では不安症群に含まれますが，音声による伝達が困難な状況の1つです。医学的な診断名は「選択性かん黙（selective mutism）」とされていますが，自らの意思で黙る場面を選択しているわけでありません。心理的な要因で話せない状態にあるという理解が大切であり，教育等の臨床場面や研究者によっては，「場面かん黙」と捉えることもあります。発話と同時に表情や身振りも固まることがあり，重度の場合は，食事や排泄等の日常生活にも影響することもあります。

(3) 言語領域における制約

　言語領域に困難を示す例としては，まず知的障害があげられます。語彙が乏しく，発話の長さが短くなり，単純な文になる傾向があります。語彙や文法面以外の要因として，聴覚性短期記憶（音韻記憶・言語性ワーキングメモリ）の弱さも指摘されています。そのため，

29
章

表29－1　学校生活におけるコミュニケーション行動の問題例

吃音	友人同士の会話であればあまり問題がなくても，「発表」のような場面では吃音の症状を見せることがあります。単に緊張して発話が非流暢になるわけではなく，「頑張れ」のような言葉かけをすることは，さらに発話を難しくしてしまいます。このような子どもたちは，吃音を他人に見られたくないという意識から，人前で話すことを避ける傾向にあります
知的障害	「誰が消しゴムを探してくれたの？」という問いに対して，「○○先生に，探しました」のような格助詞や助動詞の誤用が見られることがあります。また，「○○先生にお礼言った？」という問いに対して，実際は言っていないにもかかわらず，「はい」と答えるなど，問われた内容を正確に理解せず答えることも起こりがちです
ASD	相手の気持ちを考えて話すことが難しい場合，ある生徒を指して，「この人嫌いです」と当該生徒の目の前で平然と言ったり，そのことを教師から指摘されても「言ってはいけない理由」がわからなかったりします。自分が思ったことを言わなければ気が済まず，同級生とのトラブルにつながるケースもあります
ADHD	しばしば見られる実態として，「おしゃべりが止まらない」ことがあげられます。授業開始のチャイムが鳴っており，教師が授業の開始をほのめかしても次から次に話題が移り，教師が「授業を始めましょう」と明確に提示しても「はい」と言った後に別の話題の話を始めるなどといったことがあります

言葉をよく理解しているように思える知的障害児でも，実は文の一部の理解にとどまっていたり，誤った解釈をしたりすることが起こります（表29－1）。知的発達水準から予測されるよりも言語発達が遅れることもあり，助詞や受動文，使役文，やりもらい文の誤りなどが生じることがあります。通常の学校で学ぶ児童の場合，言語発達の遅れを主訴として「ことばの教室」と呼ばれる通級による指導を受ける子どもがいます。語の意味を正確に理解していない，語を想起しにくい，文章を理解することが難しい，格助詞を言い誤るといったことがあります。

(4) コミュニケーション領域における制約

　コミュニケーション領域に困難を示すタイプとしては「自閉スペクトラム症（Autism Spectrum Disorder: ASD）」「社会的（語用論的）コミュニケーション症」「注意欠如・多動症（ADHD）」などがあげられます（DSM-5の分類による）。ASDでは，言語を相手や場面に応じて適切に使用し，相手の発話の意図を理解できるかどうかという語用論的側面の困難が特徴的です。ほかにも，相手と適切なタイミングで発話を交替する，会話を維持する，視線を利用する，皮肉やユーモアを理解する，「これ」や「それ」といった指示詞を理解することなど，困難は多岐にわたります（表29－1）。社会的（語用論的）コミュニケーション症においてもASD児と同様のコミュニケーション面の問題を示しますが，行動や興味の狭さなどの問題が見られない点がASDとの違いになります。

(5) 読み書き領域における制約

　読み書き領域の困難については，学習障害（LD）が代表的です。LDは全般的な知的発達の遅れがないにもかかわらず，聞く，話す，読む，書く，計算する，または推論する能

力のうち，特定のものの習得と使用に著しい困難を示します。教科学習が始まる学齢期以降に問題が顕著になり，読みの遅さ，判別困難なほどの字の乱雑さ，文章の組み立ての困難など，学業に大きな影響を与えることがあります。文字体系によって発症率が異なり，音と文字の対応が規則的なかな文字よりも，不規則さもある英語のアルファベット（"big"と"bite"の"i"の発音が異なるなど）の使用が難しいとされ，視覚的に複雑で，音読みと訓読みなど複数の読み方がある漢字の習得も困難です。

2. 言語コミュニケーションのアセスメント

> 🔑 **キーワード**
> **音韻意識**：しりとり遊びで語頭や語尾の音節を取り出したり，リズム単位である拍・モーラに分解したりするというように，語を構成する音について考える能力。

　冒頭で述べた領域ごとに，さまざまなアセスメントの方法があります（表29-2）。発声・発語領域における構音検査では，特定の子音の入った絵図版（[p]を含む「パンダ」，[s]を含む「さかな」，[k]を含む「ケーキ」など）を子どもに呼称してもらい，構音の正確さを評価します。また，単音節でも誤りが生じるのかどうかを調べるために単音節を模倣してもらったり，音読や自由会話での様子を聞き取ったりします。吃音の評価では，音節の繰り返し，引き伸ばし，ブロックなどの生起頻度から，吃音が生じやすい状況や重症度を判断します。

　言語領域では，子どもの語彙の豊富さを評価したり，理解・表出できる文法的な複雑さ

表29-2　市販されている言語コミュニケーションのアセスメントの例

領　域	検査の例とその概要
発声・発語領域	・新版構音検査：絵カードの呼称，単音節の模倣，音読や自由会話において，構音の正確さや誤りのパターンを評価する ・吃音検査法：自由会話，質問応答，単語呼称，絵の説明などを通して，子どもの非流暢な発話のタイプや重症度などについて評価する
言語領域	・絵画語い発達検査：語に対応する絵を4枚の図版から選ぶ。正確さから語彙年齢を求める ・LCスケール（写真）：言語理解・言語表出・コミュニケーションの3領域を総合的に評価し，LC年齢とLC指数を求める ・LCSA（学齢版言語・コミュニケーション発達スケール）：通級による指導を利用する児童を想定し，聞き取り，語彙知識，言語表出，発想の柔軟性などを評価する総合的な言語発達検査
コミュニケーション領域	・CCC-2子どものコミュニケーションチェックリスト：子どもの言語使用に関する70の質問から構成され，子どもをよく知る大人が回答する
読み書き領域	・STRAW-R 改訂版 標準読み書きスクリーニング検査：かな・カタカナ・漢字を対象として，音読の流暢性や正確性，書取の正確性を評価する

LC：language communication（言語コミュニケーション）

の水準を評価したりするなど，検査ごとに観点の特徴があります。これらを通して，「言葉の遅れ」という印象が，語彙の乏しさを反映するのか，文法的な文の組み立ての難しさによるものかなど，子どもの具体的なプロフィールを明らかにしていきます。

　コミュニケーション領域では，ASD児などのコミュニケーション行動を質問紙により評価する方法があります。また，肢体不自由や知的障害のためにコミュニケーション行動が限られている場合，視線・身振り・発語などの行動を観察し，子どもの表出のレパートリーを明らかにするとともに，それぞれの表出手段によってどのような伝達意図（要求，叙述，挨拶，拒否など）を表しているのかを明らかにし，関係者間で共有します。

　読み書き領域では，読み書きの流暢性や正確さだけでなく，かな文字習得の土台となる音韻意識の発達の程度も調べます。

3. 知的障害児や発達障害児への言語コミュニケーション支援

　言語・コミュニケーション支援では，障害特性や発達の状況に合わせ，目標を立て指導を進めていきます。文部科学省の自立活動では「コミュニケーション」の区分には，「1. コミュニケーションの基礎的能力に関すること」「2. 言語の受容と表出に関すること」「3. 言語の形成と活用に関すること」「4. コミュニケーション手段の選択と活用に関すること」「5. 状況に応じたコミュニケーションに関すること」という5つの区分が設けられています。本節では，冒頭で紹介した領域ごとに述べていきます。

(1) 発声・発語領域

> **🔑 キーワード**
> **マカトンサイン：**イギリスで考案された，手話に似たコミュニケーション方法で，手の動きによるサインと発声を同時に用います。

　構音指導は，学校教育の場においては，自立活動の時間や通級による指導（「ことばの教室」）において行われます。学校外においては，医療機関での言語訓練等が指導の場としてあげられます。機能性構音障害の場合は一貫性のある誤りを示すので，まずは誤りのパターンを明らかにし，単音（子音のみ）または単音節（子音と母音の組み合わせ）で目標音を正しく構音することから取り組みます。正しい舌の構えの手がかりとして鏡を使用し，視覚的フィードバックを行います。また，かな文字や指文字等の視覚的支えを用い，音を意識化させる場合もあります。単音や単音節での構音が習得できると，次に，音節の繰り返しへと移行し，徐々に有意味語（単語）や文・会話の中での構音の指導に移行していきます。

　肢体不自由の特別支援学校に通う児童生徒のように，音声表出が顕著に困難な場合には，AAC（Augmentative and Alternative Communication：補助代替コミュニケーション）の活用も重要な選択肢です（表29-3）。タブレット端末やスイッチを使用して音声を再生する

	音声系： 音声を用いる	非言語系： 音声は用いない
補助系： 道具を用いる	・VOCA：録音されたメッセージを再生する。文字盤で言葉を構成し音声として産出する（写真左 Mini-Message Mate，右と中央 BIGmack） 	・実物や絵，写真，シンボル，文字などを指さしなどで示す ・「コミュニケーションボード」「コミュニケーションブック」など
非補助系： 道具は用いない	（通常の音声言語）	・表情，視線，身振り ・マカトンサイン

VOCA（Voice Output Communication Aid）や，イラストや図案化されたシンボルの指差しによる伝達のように，道具を用いる方法があります。また，ジェスチャーや手話のようなサインのように，道具を使わない伝達方法が有効な場合もあり，子どもの実態や生活環境に沿って選択します。発語の乏しいASD児では，視線が合いやすくなったり，表出言語を促進したりすることも，AACの副次的な効果として示されています。

（2）言語領域

　知的障害のある子どもの場合には，日常生活全般を通して語彙を増やしたり，適切な表現を例示して場面に応じた言語表現を身につけてもらったりします。通級による指導を利用する児童との活動の例として，絵カードなどを使って，「動物」「楽器」など，上位概念に基づいて共通性のあるものを選ぶ「仲間あつめ」があります。絵カードの分類のような操作にとどまらず，たとえば車と飛行機はなぜ同じ仲間なのか，どこが違うのかなどを考えて，自分の言葉で表現できるように導くことが重要です。

（3）コミュニケーション領域

　コミュニケーションスキルには，適切な方法で要求する，他者と協力する，相手の気持ちにも配慮して会話するなど，さまざまな側面があります。目標とするコミュニケーション行動を習得するのに適した場面を設定し，1対1や少人数でのグループでそれらを身につけていきます。大人の適切な行動のモデルをまねてもらうだけでなく，他者の内面を推測し，自分の言動についての自覚やコントロールの仕方についても学んでもらいます。

（4）読み書き領域

　「がっこう」を「がこう」や「がっこ」と書くというように，促音や長音の表記に誤り

29章

のある児童は，かな文字の読み書きの土台となる音韻意識が十分に育っていない可能性があります。表記に誤りがある場合には，モーラ（拍）と呼ばれる日本語のリズム単位への分解の練習から始めます（図29－2）。また，文字を読むためには文字を構成する線の向きや長さ，交差する位置などを正しく認知する視覚認知の力や，とくに漢字の書字には，目と手を協応させて書く運筆の力も必要です。ペグボードなどで，見本と同じ形を作ることから始めたり，文字の書き出しのヒントに続けて漢字を完成させたり，書き方を唱え言葉に置き換えるなど，個々の状況に合わせて指導をしていきます。

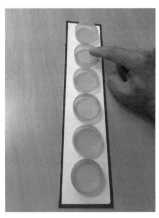

図29－2　言葉を言いながらモーラ単位で指を動かす分解課題

　作文で文章を書く際には，語彙を選んだり，文法的な文を書いたりするだけでなく，何を書くのかを想起し，情報をどういう順番で書くのかという計画性も必要になります。作文が苦手な児童の中にはこのような過程に困難が見られることもあります。「いつ」「誰が」「どうした」といった5W1Hを確認するシートを活用しながら，作文を書く前に作文の素材となる情報を書き出しておくといった，実行機能の弱さを補う支援をします。

調べよう・深めよう！

調べよう：表29－2に示したようなアセスメントを実際に手に取り，評価の方法や内容について調べてみよう。

深めよう：「自立活動」には，「コミュニケーション」以外にも，言語コミュニケーション支援にかかわる区分があります。それらは何か考えてみよう（たとえば，「3. 人間関係の形成」の「他者とのかかわりの基礎に関すること」などがあります；文部科学省，2018）。

《引用・参考文献》

加藤正子・竹下圭子・大伴潔（編著）（2012）．特別支援教育における構音障害のある子どもの理解と支援　学苑社.

文部科学省（2018）．特別支援学校学習指導要領・学習指導要領解説 自立活動編（幼稚部・小学部・中学部）（平成30年3月）.

日本言語障害児教育研究会（編著）（2017）．基礎からわかる言語障害児教育. 学苑社.

大伴潔・林安紀子・橋本創一（編著）（2019）．言語・コミュニケーション発達の理解と支援——LCスケールを活用したアプローチ——　学苑社.

大伴潔・大井学（編著）（2011）．特別支援教育における言語・コミュニケーション・読み書きに困難がある子どもの理解と支援　学苑社.

30章 生涯発達支援・生涯学習／障害者スポーツ・パラリンピック教育

今枝史雄・杉山友里子

　障害の有無に関係なく，私たちの多くは学校卒業後，「やっと宿題やレポートがなくなるぞ，自由な時間だ」と思ったのもつかの間，就職してみるといろいろ学ばなくてはならないことが多いことに気づきます。近年，生涯学習の必要性が強調されていますが，まだまだその環境は整備されていないのが現状です。本章では，知的障害者に焦点を当て，成人期の姿と，生涯学習の機会を紹介します。また，生涯学習の1つとして障害者スポーツを取り上げ，その参加の意義や指導の実際，各競技大会等について概説します。

1．知的障害者の成人期の姿

　成人期を迎えると重要な支援領域は「就労」と「生活」になると考えられます。
　「就労」について，成人期知的障害者の働く場は大きく，企業就労と福祉的就労の2つに分かれます。さらに企業就労は障害者枠の一般就労と特例子会社への就労に分かれます。福祉的就労は障害者総合支援法における障害福祉サービス事業所に通所等しながら工賃を稼ぐことであり，代表的なものとして，就労継続支援事業があげられます。就労継続支援はＡ型（雇用契約有）とＢ型（雇用契約無）に分かれており，主な作業内容は農作業，部品製作，手工芸，製菓（パンやクッキー）などがあります。就労継続支援は利用に年限はありませんが，あくまで企業就労を目指す訓練の場です。また，障害福祉サービスには就労移行支援事業というものがあり，2年という年限を設け，職業習慣の確立や職業マナーの習得などの就労訓練を通して，企業就労を目指していきます。このほかにも，「就労」に関する支援には，ハローワークや地域の障害者職業センター，障害者就業・生活支援センターなどの関係機関と連携し，取り組まれています。
　「生活」について，成人期知的障害者の生活の場も働く場と同様に，家族と同居，一人暮らし，グループホーム等，多様です。家族も，父母と一緒に住む場合もありますが，結婚して婚約者と一緒に住む場合もあります。グループホームは正確には「共同生活援助」という障害者福祉のサービスの1つであり，1つの建物もしくは部屋で，2名以上で共同生活を行います。今は，「施設から地域へ」の考えのもと，地域にたくさんのグループホームがつくられています。一人暮らしやグループホームで生活するためには，生活習慣を確立したり，代行のサービスはたくさんあるものの，家事をしたりすることが必要です。そのために障害者総合支援法の障害福祉サービスの中には自立訓練（生活訓練）事業という

30
章

事業があり，2年という年限を設け，日常生活にかかわる活動（調理，洗濯，掃除，金銭管理，服薬など）について訓練を受けることができます。障害者相談支援事業所で作成される個別支援計画の目標に基づき，1人ひとりに応じた生活的自立に向けて利用されています。また，日々の生活を充実させるためには，趣味をもつことも大切です。スポーツ，旅行，買い物など，知的障害者も定型発達者と同様にさまざまな趣味をもっていますが，なかには「趣味なんかない」という方もいます。こうした「自分のしたいこと＝趣味になること」が見つかるような「余暇支援」も，障害福祉サービスやNPO法人を中心に取り組まれています。

　成人期の中心となる支援領域は「就労」と「生活」ですが，それぞれを充実させるために，その基礎には「学習」があると考えられます。知的障害者の知的機能は学齢期や青年期（20歳前後）をピークに，その後下降していくものではなく，40歳・50歳台であっても維持し，かつ向上し続けていることがわかっています（菅野，2009）。知的障害者も定型発達者と同様に生涯にわたって発達し続ける存在であるため，生涯発達を支えるために，生涯学習支援が必要であるとされています。では，知的障害者の生涯学習の機会は保障されているのでしょうか？

2．知的障害者の生涯学習の機会

> **✎ キーワード**
> **オープンカレッジ東京**：東京学芸大学で1995年に開始された成人期知的障害者を対象とする生涯学習支援の取組の1つです。

　2006（平成18）年の改正された教育基本法の第3条には「生涯学習の理念」が追加され，国民1人ひとりが豊かな人生を送ることができるよう，いつでも，どこでも学習する機会をつくり，学習成果を適切に活かすことのできる社会の実現を図ることを規定しています。これは知的障害者も同様であり，生涯学習の保障のため，さまざまな学習機会を設けてきました。現在の知的障害者を対象とした主な生涯学習の機会を表30-1にまとめました。

　障害者青年学級は1964（昭和39）年に墨田区につくられた「すみだ教室」をはじめ，全国に波及していきました。実施の主体は教育委員会，公民館，特別支援学校・学級の同窓会などさまざまですが，大都市を中心に全国で300ヶ所ほどあるといわれています。特別支援学校の卒後支援は障害者青年学級と重複する場所もありますが，多くは同窓会組織です。卒業直後も参加することが多いものの，元担任の異動などが関係して，数年後には参加しなくなるケースがよく見られます。就労系の生涯学習の機会としては，地域の就労生活支援センターなどで金銭管理，携帯電話の安全な使い方，パソコンスキル等の学習講座が開催されています。また，近年では，障害者総合福祉法の障害福祉サービスである「自

表30－1　知的障害者を対象とする生涯学習の機会

取り組み名	概　要
障害者青年学級	教育委員会，公民館，学校が主催する取り組み。取り組みの多くは大都市圏にある。調理やスポーツ，行事的な活動に取り組んでいることが多い
特別支援学校の卒後支援	同窓会が主体になることが多い。学校によってはパワーアップセミナーなどと称した学習講座を開講している場合がある
就労系生涯学習支援	就労生活支援センター等で取り組まれている学習講座である。パソコンスキルなど，就労に関わる内容や趣味づくりといった生活支援にかかわる内容まで，多岐にわたる
福祉型専攻科福祉型カレッジ	社会福祉法人鞍手ゆたか福祉会が開始し，その後全国に波及している障害福祉サービス2つを組み合わせた取組。就労と生活支援の2つを掲げ，4年間の学びを保障している
オープンカレッジ	大学施設を活用した取り組みであり，実施主体は大学だけでなく，NPO法人等も含まれる。大学資源を活かし，法学，経済学，生物学などの内容を学習する

立訓練（生活訓練）事業」（2年間）と「就労移行支援事業」（2年間）を組み合わせ，計4年間の「福祉型専攻科」または「福祉型カレッジ」と称する取り組みも見られるようになってきました。

　オープンカレッジは全国に20ヶ所ほどあります。東京学芸大学で行われている「オープンカレッジ東京」は，大学教員，学生，特別支援学校教員，特例子会社職員等，約30名で構成される運営委員会により運営されています。講師は大学教員等が担当し，講座は年3〜4回行っています。毎講座，東京都だけでなく，神奈川，埼玉，群馬，新潟，福島などから40名程度が参加し，いくつかのグループをつくって取り組んでいます。図30－1は講座の様子です。学習内容は「学ぶ・楽しむ」「くらす」「はたらく」「かかわる」をテーマに，開講以来，100講座以上を作成しました。図30－2は学習領域ごとの学習内容の一部を示したものです。

　みなさんはこうした内容を学校卒業後までに学習してきたでしょうか？　現在，知的障害のある受講生に人気なのは「サイエンスラボ（科学講座）」と「ディスカバー講座（地理）」の2つです。「サイエンスラボ」では，「ものの溶け方」「酸性とアルカリ性」，「ディスカバー講座」は「日本のだしの違い」「世界の茶の違い」などを題材にしています。大

図30－1　オープンカレッジ東京の様子　　図30－2　オープンカレッジ東京の学習領域・内容

人になって理科と地理？と思うかもしれませんが，人気の理由の多くは「学校で習わな
かったから」だそうです。理科は洗濯や料理といった日常生活に，地理は旅行といった趣
味に活かされているそうです。やはり，「就労」や「生活」の基礎には「学習」があります
すね。

　こうした知的障害者の生涯学習の課題には，①生涯学習の場をどのように増やしていく
か，②生涯学習を提供する支援者の養成，③学習内容と方法の開発・パッケージ化，④学
習成果を活かすことのできる機会の設定などがあげられます。こうした課題を解決する
ため，文部科学省は2017年4月文部科学大臣がメッセージを発し，「特別支援教育の生涯
学習化」という方向性を打ち出しました。そして，生涯学習政策局内（現在は総合教育政
策局男女共同参画共生社会学習・安全課内）に障害者学習支援推進室を設けるとともに，2019
（平成31）年3月には「障害者の生涯学習の推進方策について──誰もが，障害の有無に
かかわらず共に学び，生きる共生社会を目指して──（報告）」を発表したり（文部科学省，
2019），障害者活躍推進プランとして「学校卒業後の生涯にわたる多様な学びを応援する
──障害者の生涯学習推進プラン──」を発表したりしました。今後，障害者の生涯学習
はさまざまな基盤整備がなされていくことが考えられます。

🔧 調べよう・深めよう！
　調べよう：オープンカレッジ以外の生涯学習の機会をさらに調べてみよう。

3. 障害者スポーツとは

(1) 言葉の定義

　障害のある人が行うスポーツは，「障害者スポーツ」や「パラスポーツ（Pala-Sports）」，
「アダプテッドスポーツ（Adapted Sports）」等，さまざまな表記が用いられています。こ
れらは，単にパラリンピックで実施されるスポーツ種目のような狭義のスポーツを指すの
ではなく，実施者のニーズに合わせて行う広義のスポーツとして使われています。また，
「障害者スポーツ」には，用具やルールを実施者に合わせることや，すべての人が一緒に
参加できること等の視点も含まれています。これらを踏まえ，本章においては，「障害者
スポーツ」を用いることとします。

(2) スポーツ参加の意義

　障害者スポーツは，障害のある人の積極的な自立と社会参加を促進するうえで重要な役
割を果たしています。障害者が感じるスポーツの効果として，ストレスの解消や身体機能
の向上などの心身の健康効果に加え，外出機会の増加，行動範囲の拡大，友人が増えた
といった日々の生活の充実があげられています。しかしながら，健常者（成人）の週1日
以上のスポーツ実施率が53.6％であるのに対し，障害者（成人）の週1回以上のスポーツ・

レクリエーション実施率は20.8％で，障害者の実施率が健常者に比較してきわめて低いことが課題となっています。スポーツ参加の意義は認識されながら，実際にその恩恵を受けている人は少ないというのが現状です。

4. 学校教育における障害者スポーツ

（1）学校教育の役割

　特別支援学校に在籍する児童生徒（以下，障害児）の運動・スポーツの場として，学校における体育・保健体育をはじめ，特別活動における体育的行事や運動部活動・クラブ活動などが大きな役割を担っており，学校教育全体を通じて行われています。障害児が早い時期にスポーツを「知る」ことが重要であり，スポーツに出会う場を提供することは大きな意味をもっています。第二期スポーツ基本計画では，スポーツの参画の仕方として「する」・「見る」・「ささえる」の3つを提唱しています。実際にスポーツを「する」楽しさだけではなく，スポーツを「見る」ことで得られる感動や，スポーツをしている人を応援で「ささえる」など，多様な楽しみ方や学び方があります。また，自治体によっては，特別支援学校体育連盟を設置し，スポーツ大会を開催するなどスポーツ参加の機会を創出しています。たとえば，千葉県は特別支援学校体育連盟が主体となり，幅広い生徒が競技に親しめるよう県独自の種目「Tスロー」を開発し，スポーツ大会の種目に取り入れたり，卒業生のスポーツ環境の拠点に特別支援学校を活用したりしています。

（2）特別支援学校の運動部活動やクラブ活動

　通常の小学校，中学校，高等学校と同様，特別支援学校においても，運動部活動やクラブ活動（以下，運動部活動等）などがありますが，通年で実施している学校は全体の6割にとどまっています。スポーツ活動を積極的に行うことで，児童生徒の社会性の向上につながると期待し，部活動が行われています。特別支援学校では，「ボッチャ」や「サウンド

表30－2　障害種・学部別運動部活動・クラブ活動の実施上位種目

		視覚	聴覚	知的	肢体	病弱
小学部		サウンドテーブルテニス	ドッジボール	フライングディスク	ボッチャ	ドッジボール
		陸上競技	バドミントン	陸上競技	ハンドサッカー	バドミントン
		グランドソフトボール	サッカー（ブラインド含む）	サッカー（ブラインド含む）	野球	サッカー（ブラインド含む）
中学部		フロアバレーボール	卓球	陸上競技	陸上競技	バドミントン
		グランドソフトボール	陸上競技	サッカー（ブラインド含む）	ボッチャ	バスケットボール
		サウンドテーブルテニス	バレーボール	バスケットボール	ハンドサッカー	フライングディスク
高等部		フロアバレーボール	陸上競技	陸上競技	陸上競技	バドミントン
		グランドソフトボール	卓球	サッカー（ブラインド含む）	ボッチャ	バスケットボール
		サウンドテーブルテニス	バレーボール	バスケットボール	ハンドサッカー	フライングディスク

出典：笹川スポーツ財団（2017）より筆者作成

30章

テーブルテニス」「ハンドサッカー」などの障害特性に合わせたルールや用具を利用して行われるスポーツがあります。障害者スポーツとして独自に開発されたスポーツを体育の授業や運動部活動等において実施しています（前掲表30-2参照）。

(3) 障害児のスポーツの場

学校教育の一環で障害者スポーツ施設を効果的に活用することにより，スポーツを体験し，スポーツに興味・関心をもち，さらには学校卒業後のスポーツ活動の場を知るなど，さまざまな教育的効果が考えられます。東京都では，都立学校活用促進モデル事業を2016年より開始し，特別支援学校が障害者スポーツの拠点の1つとなるよう，体育施設の開放や障害者スポーツの体験教室を実施しています。

(4) 通常学校における障害者スポーツ

> **🔑 キーワード**
>
> **オリンピック・パラリンピック教育**：オリンピックやパラリンピックの理念について学ぶとともに，オリンピック・パラリンピックの価値を体験的に教えていこうとする教育的活動のことを指します。

文部科学省が，2016（平成28）年に示した答申の中で，「オリンピック・パラリンピック教育（以下，オリパラ教育）」に関する内容が明記され，学校教育においてオリパラ教育が行われています。オリパラ教育の一環として，障害者スポーツを普通教育の体育授業に取り入れるようになってきました。多様性を重視しながら行える障害者スポーツは，体力や運動能力などの異なるさまざまな子どもたちが，一緒に楽しめる体育授業の教材として実践することができます。たとえば，バレーボールでは風船やビニール袋を代用する，バスケットボールでは高さの異なるゴールを用意するなど，子どもたちの実態に合わせた工夫をすることができます。

5. 障害者スポーツと各競技大会

(1) パラリンピック

障害者が参加する最も大きな国際競技大会の1つにパラリンピックがあります。パラリンピックの原点は，ストーク・マンデビル病院の医師であったルードウィッヒ・グットマン（Ludwig Guttman）博士が，戦争で負傷した兵士の治療と社会復帰を目的にスポーツを取り入れ，病院内でアーチェリー大会を開催したことにあり，これがのちのパラリンピックへと発展していきます。日本では，1964年に東京パラリンピックが開催されて以降，翌年の1965年には日本身体障害スポーツ協会が設立されるなど，パラリンピックの開催が障害者スポーツの普及・振興に大きな役割を果たしました。オリンピックと同様に，4

年に1度夏季と冬季に大会が開催されます。

(2) デフリンピック

　デフリンピックは聴覚障害者を対象とした「ろう者のオリンピック」として，障害当事者であるろう者自身が運営する，ろう者のための国際的なスポーツ大会です。また参加者が国際手話によるコミュニケーションで友好を深められるところに大きな特徴があります。パラリンピックと同様に，4年に1度夏季と冬季に大会が開催されます。海外では，オリンピックとデフリンピックの両大会に出場し，両大会でメダルを獲得した選手もいます。

(3) スペシャルオリンピックス

　スペシャルオリンピックスとは，知的障害のある人たちに継続的なスポーツトレーニングとその発表の場である競技大会の提供を使命とし，活動を通して彼らの自立と社会参加を促進し，生活の質を豊かにすることを目的とする活動です。オリンピック・パラリンピックと同様に4年に1度夏季と冬季に大会が開催されます。スペシャルオリンピックスの名称が複数形で表されているのは，大会に限らず，日常的なスポーツトレーニングから世界大会までさまざまな活動が年間を通じて，世界中で行われていることを意味しています。また，頑張ったすべてのアスリートを称え，全員を表彰するといった特徴があります。

(4) 日本の障害者スポーツ大会

　日本では，障害者のスポーツ大会として「全国障害者スポーツ大会」が開催されています。「全国障害者スポーツ大会」は，障害のある選手が競技を通じ，スポーツの楽しさを体験するとともに，国民の障害に対する理解を深め，障害者の社会参加の推進に寄与することを目的とした障害者スポーツの全国的な祭典として開催されています。前身である全国身体障害者スポーツ大会と全国知的障害者スポーツ大会を統合し，2001年に第1回全国障害者スポーツ大会が開催され，2008年には，精神障害者も出場するようになりました。

　障害児に対し，学校卒業後の競技スポーツの機会として，学校から情報を提供することにより，生涯にわたってスポーツに取り組める環境を創出することが大切です。

🏸 調べよう・深めよう！

調べよう：「ボッチャ」と「ゴールボール」のルールと競技特性について調べよう。

深めよう：ボッチャを特別支援学校の授業で行うときの簡易ルールや教材について考えてみよう。

30章

《引用・参考文献》

菅野敦（2009）．ダウン症候群の知的機能の生涯発達的変化　障害者問題研究，*37*(2)，30-36.

文部科学省（2019）．障害者の生涯学習の推進方策について――誰もが，障害の有無にかかわらず共に学び，生きる共生社会を目指して――（報告）．

オリンピック・パラリンピック教育に関する有識者会議（2016）．「オリンピック・パラリンピック教育の推進に向けて」最終報告．

オープンカレッジ東京運営委員会（編）（2010）．講座づくりの実践マニュアル　知的障害者の生涯学習支援――いっしょに学び，ともに生きる――　東京都社会福祉協議会．

笹川スポーツ財団（2017）．「地域における障害者スポーツ普及促進事業（障害者のスポーツ参加における障壁等の調査分析）」報告書．

田中良三・藤井克徳・藤本文朗（編著）（2016）．障がい者が学び続けるということ――生涯学習を権利として――　新日本出版社．

丹野哲也（監修），全国特別支援学校知的障害教育校長会（編）（2016）．知的障害児・者のスポーツ　東洋館出版社．

■編者紹介　　　渡邉貴裕・橋本創一・尾高邦生・霜田浩信・熊谷　亮・今枝史雄
　　　　　　　田口禎子・杉岡千宏・細川かおり・真鍋　健・大伴　潔

■著者紹介
（50音順）

李　受眞	浜松学院大学	Ⅱ－17章
今枝史雄	大阪教育大学	Ⅰ－3章・Ⅲ－30章
大伴　潔	東京学芸大学名誉教授	Ⅲ－29章
小倉京子	千葉県立特別支援学校市川大野高等学園	Ⅲ－27章
尾高邦生	順天堂大学	Ⅱ－19章
片岡美華	鹿児島大学	Ⅲ－22章
加藤宏昭	文部科学省	Ⅱ－14章
川池順也	山梨大学	Ⅲ－23章
日下虎太朗	明治学院大学	Ⅰ－9章
工藤傑史	東京福祉大学	Ⅲ－27章
熊谷　亮	宮城教育大学	Ⅰ－4章
齋藤大地	宇都宮大学	Ⅲ－24章
霜田浩信	群馬大学	Ⅰ－2章
杉岡千宏	明治学院大学	Ⅰ－6章
杉山友里子	さいたま市立さくら草特別支援学校	Ⅲ－30章
高野聡子	東洋大学	Ⅱ－11章
田口禎子	駒沢女子短期大学	Ⅰ－9章
竹尾勇太	東京学芸大学附属特別支援学校	Ⅲ－29章
田中里実	東京都立大学	Ⅱ－13章
爲川雄二	帝京大学	Ⅲ－21章
丹野哲也	東京都立多摩桜の丘学園	Ⅱ－15章
堂山亞希	目白大学	Ⅰ－8章
中村大介	東京都教育庁	Ⅱ－12章
中山忠史	千葉県立松戸特別支援学校	Ⅲ－26章
橋本創一	東京学芸大学	Ⅰ－7章・Ⅱ－13章・17章・Ⅲ－23章
細川かおり	千葉大学	Ⅲ－26章
細谷一博	北海道教育大学	Ⅱ－10章
増田謙太郎	東京学芸大学	Ⅱ－16章

真鍋　健　　千葉大学　　　　　　　Ⅲ－25章

三浦巧也　　東京農工大学　　　　　Ⅰ－8章・Ⅲ－23章

溝江　唯　　医療法人岡田こどもクリニック　Ⅲ－29章

村上祐介　　順天堂大学　　　　　　Ⅰ－5章

村中智彦　　上越教育大学　　　　　Ⅲ－28章

森下由規子　明星大学　　　　　　　Ⅱ－18章

山口　遼　　国立特別支援教育総合研究所　Ⅰ－7章

涌井　恵　　白百合女子大学　　　　Ⅲ－20章

渡邉貴裕　　順天堂大学　　　　　　Ⅰ－1章・Ⅲ－27章

特別支援学校・特別支援学級・通級による指導・通常の学級による支援対応版

知的障害／発達障害／情緒障害の教育支援ミニマムエッセンス
──心理・生理・病理、カリキュラム、指導・支援法

2021年5月10日　初版第1刷発行
2023年8月25日　　第2刷発行

編著者　　渡邉貴裕・橋本創一・尾高邦生・霜田浩信
　　　　　熊谷　亮・今枝史雄・田口禎子・杉岡千宏
　　　　　細川かおり・真鍋　健・大伴　潔

発行者　　宮下基幸

発行所　　福村出版株式会社
　　　　　〒113-0034　東京都文京区湯島 2-14-11
　　　　　電話 03 (5812) 9702　FAX 03 (5812) 9705
　　　　　https://www.fukumura.co.jp

装　丁　　臼井弘志（公和図書デザイン室）

印刷・製本　中央精版印刷株式会社